# 全面薪酬
# 平衡感知与平衡激励

董青 ◎ 著

BALANCED PERCEPTION FOR
TOTAL COMPENSATION AND BALANCED
INCENTIVES

中国社会科学出版社

## 图书在版编目（CIP）数据

全面薪酬平衡感知与平衡激励/董青著.—北京：中国社会科学出版社，2021.9

ISBN 978 – 7 – 5203 – 8736 – 1

Ⅰ.①全… Ⅱ.①董… Ⅲ.①企业管理—工资管理—研究 Ⅳ.①F272.923

中国版本图书馆 CIP 数据核字（2021）第 138002 号

---

| | |
|---|---|
| 出 版 人 | 赵剑英 |
| 责任编辑 | 刘凯琳　李凯凯 |
| 责任校对 | 王　龙 |
| 责任印制 | 王　超 |

---

| | |
|---|---|
| 出　　版 | 中国社会科学出版社 |
| 社　　址 | 北京鼓楼西大街甲 158 号 |
| 邮　　编 | 100720 |
| 网　　址 | http://www.csspw.cn |
| 发 行 部 | 010 – 84083685 |
| 门 市 部 | 010 – 84029450 |
| 经　　销 | 新华书店及其他书店 |
| 印　　刷 | 北京君升印刷有限公司 |
| 装　　订 | 廊坊市广阳区广增装订厂 |
| 版　　次 | 2021 年 9 月第 1 版 |
| 印　　次 | 2021 年 9 月第 1 次印刷 |

---

| | |
|---|---|
| 开　　本 | 710×1000　1/16 |
| 印　　张 | 15.5 |
| 插　　页 | 2 |
| 字　　数 | 208 千字 |
| 定　　价 | 85.00 元 |

---

凡购买中国社会科学出版社图书，如有质量问题请与本社营销中心联系调换
电话：010 – 84083683
**版权所有　侵权必究**

# 自　序

　　管理始终面临一个核心问题，即如何读懂人心并给人持续有效的激励。多年来，我在管理理论研究和实践探索过程中最关注的一个问题就是对人的激励问题。管理思想史上有很多经典的激励理论，近年来学界也涌现出了诸多关于激励理论及问题的研究成果，但并不能完全充分地解释中国文化背景下一些特有的激励现象及问题。如果理论无法充分解释现象、无法有效解决问题，那么理论研究就需要进一步探索和发展，也正是因为实践中管理现象及问题层出不穷，管理情境千变万化，管理理论研究才有不断开拓创新的意义。我在攻读博士学位期间，虽然管理理论研究主要以实证为主，但由于受到导师关于平衡计酬卡理论和中国传统文化与哲学思想体系中阴阳平衡思想的深刻影响，所以我在博士学位论文的选题上，确立了从平衡视角探讨对人的激励问题，尝试运用基于解释主义范式的质性研究方法探索和创新理论，试图解释一些现有理论不能充分合理解释的管理现象及问题。虽然从新的视角创建一套新的理论是一项艰难且无法预期的研究，但我还是踏上了漫长的理论探索之旅，依靠浓厚的研究兴趣和强大的研究信念，经过几年的不断探索和反复求证，最终创建了全面薪酬平衡感知理论，完成了博士学位论文。本书即是在博士学位论文的基础之上，进一步优化和完善后所出版的一部具有理论开创意义的学术专著。

激励是通过满足人的各种需求来激发动机及行为的，其关键在于把握人的本质需求。人本质上有各种物质和精神需求，而且还追求人生的和谐与平衡。中国传统文化与哲学思想体系中蕴含着深刻的阴阳平衡思想，即阴阳的消长转化保持协调互补，没有"过"或"不及"，呈现出一种"和谐"且"良好运转"的状态。人对"平衡"有着天然诉求与渴望，总是试图保持其内部认知系统的平衡，人只有处于相对平衡的状态，才能和谐顺利地朝着良好的方向全面发展。因此，人不仅有全面多元需求，而且还有相对平衡地满足自己关心的各种需求的需求，可以说人是有全面多元需求且追求平衡满足的人，所以对人的激励原本就应该是全面平衡的。知识经济和网络信息时代的到来，正在不断影响和改变着人的需求，越来越多的"80后"和"90后"员工成为职场主力，而"00后"也即将陆续进入职场，新生代员工的职场需求明显呈现出全面多元且追求平衡的特征。现代组织管理普遍面临着一个关于员工激励的主要矛盾，即员工全面多元且追求平衡满足的需求与组织不平衡不充分的激励之间的矛盾，主要体现为重经济性激励而轻非经济性激励，员工的全面多元需求得不到相对平衡充分的满足，而经济性激励在很多情况下也并不充分。

组织激励员工的方式不仅仅是经济性回报，而且还可以运用员工认为有价值或有意义的所有经济性与非经济性回报，当组织综合运用这些回报进行激励时，就构成了"全面薪酬"。实践中，尽管一些组织不同程度地运用了全面薪酬，为员工提供了多样化的激励回报，但是激励的主要矛盾仍然存在，原因在于很多基于全面薪酬的激励策略只体现了方式的多样性，并没有关注各种激励方式之间的平衡性，不符合员工追求平衡满足的需求，一些重要需求的满足程度也并不充分。事实上，激励员工的效果并不取决于组织究竟运用了多少种激励方式，而是取决于员工如何看待和评价其得到的各种激励回报以及形成了怎样的平衡感知。无论从理论研究还是实践应用来看，现代组织要想对具有全面多元且追求平衡满足需求的员工进行有效激励，必然要平衡地运用全面薪酬实施激励，使员工内心对全面薪酬及其包含的各种回报之间的关系进行内部认知评价并产生心理平衡感知。本书正是以组织中员工个体的这种心理平衡感知现象作为研究对象，围绕全面薪酬平衡感知这一主题进行逐层深入的探索性展开研究的。

本书运用多种研究方法，对组织中员工个体的全面薪酬平衡感知是什么、如何形成、如何对个体产生影响、如何测量以及组织管理者如何提高员工全面薪酬平衡感知等问题进行了系列研究。首先，基于组织中典型激励现象进行相关问题反思，运用案例研究方法，建立案例研究的理论假设，按照复制逻辑选取多案例进行分组比较分析，根据分析结论和假设检验结果，提出全面薪酬平衡感知概念、界定其内涵并建构概念模型；其次，运用程序化扎根理论研究方法，对基于理论抽样原则和复制逻辑选取的多案例资料进行三级编码分析与理论饱和度检验，分析全面薪酬平衡感知的形成机理和作用机理并建构理论模型；再次，运用问卷调查和统计分析方法，开发全面薪酬平衡感知量表，并对量表的信度、内容效度、建构效度及效标关联效度进行检验；最后，在理论建构与量表开发的基础之上，提出组织管理者提高员工全面薪酬平衡感知的平衡激励策略及建议。

本书的研究，既以推动理论发展为目的，同时也以服务管理实践为导向，在理论发展和实践应用方面都试图做出创新和贡献。本书是对现有激励理论、全面薪酬理论以及平衡计酬卡理论解释组织中员工激励现象及问题的有益补充和新的理论探索，在一定程度上拓展了理论视野和研究领域；同时，本书也为实践中组织管理者解决常态化的激励失衡及无效问题提供了新的分析视角与应对思路；

此外，本书可以为那些同样想运用案例研究、扎根理论研究等质性研究方法进行理论探索和建构的研究者提供参考和借鉴。随着现实中员工和管理者越来越意识到全面薪酬平衡感知与平衡激励对组织管理日益凸显的重要性，理论研究者也将会逐渐聚焦于这一研究主题，并关注从被激励者心理平衡视角出发研究员工激励的平衡性问题。本书的研究是关于员工全面薪酬平衡感知和组织全面薪酬平衡激励的初步理论探索，未来仍有继续探索和研究的理论价值与现实意义。期待有更多的学术研究者和职业管理者关注员工全面薪酬平衡感知与组织全面薪酬平衡激励的理论与实践问题，欢迎广大读者互动交流。希望本书能够帮助更多的职场人士平衡地面对职业回报并拥有更好的获得感和幸福感，也希望更多的管理者能够从人的全面多元且追求平衡满足的需求出发，对员工实施以人为本的平衡激励。

本书写作过程中，得到了很多人的支持和帮助，在此向他们表示衷心感谢！感谢导师李宝元教授和北京师范大学经济与工商管理学院的老师们，他们对本书的研究提供了很多宝贵意见和建议；感谢西北师范大学商学院的同事们对我的鼓励和帮助；感谢本书研究涉及的访谈对象及相关企事业单位主管为研究提供便利和数据资料。特别感谢家人对我的理解和鼓励，她们付出了大量时间和精力支持我的研究和写作，在此向她们表达深深的谢意！

如果将人生看作一场在社会这样一个超级无边界组织中供职谋生求发展的漫长历程，那么所有从这一历程中获得的自认为有价值的有形与无形回报也构成了一份人生给予的"全面薪酬"，那么人又何尝不需要在各种回报得失之间取得"平衡"呢？对自己人生"全面薪酬"的平衡追求也即是对人生幸福的追求，而追求"平衡"即在当下！

# 目 录

**第一章 绪论** ……………………………………………… (1)
  第一节 问题的提出 ……………………………………… (1)
  第二节 研究意义 ………………………………………… (6)
  第三节 研究目标与内容 ………………………………… (8)
  第四节 方法论与研究方法 ……………………………… (11)
  第五节 相关概念说明 …………………………………… (14)

**第二章 全面薪酬研究综述** …………………………… (17)
  第一节 概念名称及定义 ………………………………… (17)
  第二节 内容构成与维度 ………………………………… (18)
  第三节 测量与实证研究 ………………………………… (25)
  第四节 评价与反思 ……………………………………… (29)

**第三章 理论基础与内在逻辑** ………………………… (32)
  第一节 激励理论 ………………………………………… (32)
  第二节 平衡计酬卡 ……………………………………… (39)
  第三节 认知失调理论 …………………………………… (44)
  第四节 阴阳平衡思想 …………………………………… (47)
  第五节 理论与主题的内在逻辑 ………………………… (49)

## 第四章 全面薪酬平衡感知的概念模型 ………………… (54)

- 第一节 典型现象及问题反思 ………………… (54)
- 第二节 基于案例研究的理论假设 ………………… (58)
- 第三节 个案选取与分析策略 ………………… (62)
- 第四节 案例对比分析及检验 ………………… (65)
- 第五节 概念提出与模型建构 ………………… (80)

## 第五章 全面薪酬平衡感知的形成与作用机理 ………………… (83)

- 第一节 扎根理论及研究选择 ………………… (83)
- 第二节 案例资料的收集与分析过程 ………………… (89)
- 第三节 编码分析与理论饱和度检验 ………………… (96)
- 第四节 形成机理模型建构与阐释 ………………… (117)
- 第五节 作用机理模型建构与阐释 ………………… (127)
- 第六节 研究效度评估 ………………… (135)
- 附　录 扎根理论研究中的备忘录节选 ………………… (137)

## 第六章 全面薪酬平衡感知量表开发与检验 ………………… (148)

- 第一节 相近概念辨析 ………………… (148)
- 第二节 初始量表编制 ………………… (152)
- 第三节 量表提纯与结构探索 ………………… (160)
- 第四节 量表结构验证分析 ………………… (168)
- 第五节 量表信度与效度检验 ………………… (171)
- 第六节 正式量表形成 ………………… (180)

## 第七章 基于全面薪酬平衡感知的平衡激励 ………………… (182)

- 第一节 平衡激励与平衡感知的关系 ………………… (182)
- 第二节 平衡激励的实施框架 ………………… (183)

第三节　平衡激励的管理流程……………………………（187）
　　第四节　平衡激励有效实施的支撑条件……………………（191）

**第八章　结论与展望**……………………………………………（200）
　　第一节　主要结论……………………………………………（200）
　　第二节　研究贡献……………………………………………（206）
　　第三节　未来展望……………………………………………（210）

**参考文献**…………………………………………………………（213）

# 第一章

# 绪　论

## 第一节　问题的提出

20世纪70年代起,一些世界知名企业逐步开始尝试从人的全面多元需求出发,探索如何为员工提供一份全面整体的薪酬回报,以此对员工进行有效激励。1990—1993年,IBM连续三年巨额亏损,公司面临严峻的经营危机,临危受命的CEO郭士纳(Louis Gerstner)对公司传统薪酬模式进行了改革,建立了由薪酬、福利和工作体验构成的"全面报酬体系",并取得了成功。郭士纳的薪酬改革并不是消除员工对传统货币薪酬的需求,而是通过全面报酬体系满足员工全面、多元、平衡的需求,其改革的关键点是通过加强工作体验这种内在激励方式来平衡对员工货币薪酬激励的不足;而员工也因为工作体验需求得到更好的满足,平衡了在货币薪酬需求上较低水平的满足。随着知识经济与人本管理的发展,人们的工作目的不仅是为了赚钱谋生,而且越来越注重心理收入和精神回报,越来越注重工作本身给自己带来的内在需求的满足。组织惯用的单一经济性薪酬的激励效用逐渐受到质疑,直接经济性薪酬的激励作用非常有限,工作体验、学习成长等非经济性薪酬越来越发挥着重要的作用(黄顺春,2007:50),薪酬也不再是狭义的货币工资,而是逐渐涵盖了各种非经济性回报,全面薪酬概念也由此出现。相比传统薪酬，全面薪酬更关注员工的成长和心理状态（Giancola，2009），且更加灵活多样。

从组织对员工的激励理念及方式的发展历程来看，其发展主线是围绕员工的薪酬回报演变的，是从工业革命初期的狭义货币工资激励逐渐演变成为今天的全面价值回报激励的过程，薪酬管理也因此成为现代管理理论和实践的核心管理原则（Dulebohn and Werling，2007）。21世纪以来，组织对人的激励逐渐呈现出全面平衡关注人性需求的特征，组织薪酬管理在战略层面呈现出从注重外在薪酬逐渐向注重外在和内在薪酬的整合互补转变，从短期策略性经济刺激向长期战略性人本激励转变（李宝元，2012：7），而在运营管理层面呈现出包含全面多元薪酬回报项目及形式的全面薪酬体系设计与管理的趋势。

随着我国经济的快速发展，各类组织也普遍遇到了管理危机，尤其是对人的管理，集中体现在组织对员工的激励问题上。组织的人力资源管理特别是绩效管理与薪酬管理工作往往围绕货币薪酬设计与绩薪挂钩展开，管理者在强化财务绩效提升的同时，员工也在不断索取经济回报。组织习惯于通过提高员工的货币报酬或物质奖励来刺激员工并以此实现更高的财务绩效产出，并以员工创造财务绩效的多少论功行赏；员工的工作目的和动机主要是获取金钱和物质利益，员工以组织给予的货币薪酬或物质奖励多少决定以何种态度、何种行为在多大程度上积极努力工作。显然，管理者和员工双方的行为都是"工具理性"思维下的短期经济人行为，这必然导致双方在经济利益上的矛盾与冲突，尤其是当组织经营业绩不佳时，矛盾与冲突会更加激烈。

新时代背景下，在推动社会经济发展更加平衡与充分的同时，应该从关注人的主体需要出发，分析人心理层面的需要。人们美好生活需要中最突出和紧迫的是"心理平衡感"的满足，"心理平衡感"的缺失会造成人们社会心理的"认知失调",这不仅会导致人的情感或情绪的不满与不悦、减少应有的幸福感,而且很有可能导致个体出现心理焦虑等问题(胡江霞,2018:61—62)。因此,在组织管理活动中,管理者对人的激励也应该越来越关注人的全面需求的发展,不仅要关注当前员工需要什么,而且要明确"不平衡不充分的发展"在组织管理尤其是员工激励中到底体现在什么方面。显然,对于现代组织来说,员工激励的主要矛盾就在于,员工日益增长的全面多元且追求平衡满足的需要和不平衡不充分的组织激励之间的矛盾。实践中,很多组织对员工的激励都存在严重的"失衡"问题,主要表现为重外在经济性报酬而轻内在非经济性回报,员工的全面多元需求得不到相对平衡的满足,尤其是当外在经济性报酬水平及其增长不能满足员工时,激励失衡对员工积极性的负面影响是巨大的。

然而,即使是令人满意的、持续增长的外在经济性报酬也未必会产生有效持久的激励效果。近年来,很多实证研究显示,外在薪酬激励与个体工作动机及行为绩效之间并不存在稳定的正向关系(Deci,1972;Deci and Ryan,2000;Grant and Shin,2011;Cerasoli et al.,2014;Kanfer and Chen,2016),其边际作用会随着个体需求满足程度及认知变化而逐渐递减,而内在薪酬对个体具有直接稳定的激励效果。有研究表明,内在薪酬激励和外在薪酬激励之间存在一种挤出效应,二者是互补替代的关系,即外在薪酬激励的增强会减弱个体内在需求及动机,从而弱化内在薪酬的激励效果(贺伟、龙立荣,2011:94)。当外在薪酬水平一旦下降或停止增长时,外在薪酬的激励效果也会随之降低(陈琳、李珍珍,2009:40)。可见,组织对员工的激励必须同时关注外在薪酬激励和内在薪酬激励两个方面,而且还要保持这两个方面的相对平衡。建立全面薪酬体系的目的,就是通过满足员工全面多元的需求并且平衡员工的各种所得，使员工所关心的各种需求得到相对平衡的满足，提高其"心理平衡感"。管理实践中，很多组织的薪酬管理已经向"全面薪酬"转变，且都对员工实施了不同程度的全面薪酬激励，以实现组织与员工的双赢（Zingheim and Schuster，2000；吴喜雁，2011；童忠民，2013）。

目前，学界已对全面薪酬展开了一系列研究，形成了丰富的研究成果，主要涉及全面薪酬概念的内涵（Tropman，1990；WAW，2000；Black，2007；薛俊峰，2009）、内容构成与维度划分（Milkovich and Newman，2004；Giancola，2009；Kwon and Hein，2013；Kochanski and Ledford，2016；刘昕，2005；成琼文，2010；李宝元，2011；邢赛鹏等，2017）、量表开发与应用（Chen et al.，1999；Vandenberghe et al.，2008；Nazir et al.，2012）以及全面薪酬对个体的工作态度及行为的影响（Tornikoski，2011；Hulkko-Nyman et al.，2012；Cao et al.，2013；曾湘泉、周禹，2008；黄志坚，2013；姜金秋、杜屏，2014；杨玉梅等，2017）。然而，关于全面薪酬的维度和测量学界尚未形成一致的观点，同时，相关的质性研究、定量实证研究及应用性研究也相对不足，而关于组织管理者究竟如何有效实施全面薪酬激励、员工如何看待全面薪酬等问题更是少有人研究。李宝元（2009）在全面薪酬概念基础之上，充分吸取经典激励理论精华，借鉴平衡计分卡（Balanced Score Card，BSC）理论思想方法，提出了一套新的战略性薪酬平衡管理工具——平衡计酬卡（Balanced Compensation Card，BCC），旨在回应并解决在组织战略落地执行过程中如何对员工进行战略性全面薪酬平衡激励的问题，其核心思想是注重薪酬激励的内在与外在、直接与间接的四维平衡，以战略为导向对员工实施全面平衡激励。目前，BCC理论仅提出了一种战略性全面薪酬平衡激励的理论思想及框架，至于员工如何看待或评价基于BCC的全面薪酬平衡激励、全面薪酬平衡激励对员工会产生什么影响、如何实施全面薪酬平衡激励等重要问题，还需要进一步深入探讨。

无论从理论还是实践视角来看，面对具有全面多元、动态复杂需求的个体，现代组织要想实现对员工的有效激励，就必须全面平衡关注员工全面多元的需求，为员工提供全面薪酬平衡激励，即组织管理者相对平衡地运用全面薪酬的各种回报并使它们之间互补协调，从而实现对员工更有效的激励。而中国传统文化中本身就蕴含着深刻的"平衡"思想，可以说人们对"平衡"有着天然的诉求与渴望，人总是试图保持其个体内部认知系统的平衡与和谐。因此，员工面对组织给予的全面薪酬及其包含的多种回报时，必然会在内心对全面薪酬及各种回报之间的平衡关系进行认知与评价。

鉴于以上，本书最初提出了一个相对宽泛的议题：组织如何实现对员工的全面薪酬平衡激励？其中，核心问题是如何认识与判断组织对员工实施的全面薪酬激励是否"平衡"，也即如何理解全面薪酬平衡激励中"平衡"的内涵与评价标准。针对初始议题，通过前期观察、访谈及专家咨询进行了初步探索。随着研究的深入发现，可以从两个方面认识全面薪酬平衡激励中的"平衡"：一是平衡与否应该由组织管理者作出判断和调控，毕竟组织管理者最清楚已经实施了哪些激励，其中哪些激励是充足的、哪些激励是不足的，从而通过调整激励措施来实现平衡激励，但组织管理者又无法抛开员工被激励的状态和效果而做出判断和决策；二是平衡与否是员工受到全面薪酬激励之后在其内心形成的一种心理感受，应该由员工评价与判断。因为不同个体对同样的回报或激励有不同的评判标准，个体对全面薪酬各维度的需求及期望也是不同的，其平衡关系也自然不同，即便是经济性或物质性回报，也同样要经过个体的内部认知与评价才会形成平衡与否的感知。事实上，激励本质上是激励者与被激励者双向互动的过程，应该将这两个方面结合起来认识"平衡"问题：组织管理者应通过发现和判断员工内心对全面薪酬及其各维度回报之间的关系是否具有平衡认知，再去判断所实施的全面薪酬平衡激励是否"平衡"。

由此，研究方向从原来的组织如何实现对员工的全面薪酬平衡激励，转向了员工如何评价所获得或感知到的全面薪酬以及各种回报之间的平衡关系。在进一步研究中发现，现实中员工个体会同时具备多种自己所关心的需求，他们期望这些需求能得到较好的满足；同时，员工受到"平衡需求"的驱使，他们还期望这些需求能相对同步、协调、平衡地得到符合期望的满足。对于员工来说，他们面对全面薪酬激励时，内心会对各种所关心的需求被不同回报满足的状态以及各种满足状态之间的关系进行评价，从而产生是否平衡的主观感受。然而，关于个体如何通过内部认知对所得到的全面薪酬及各维度回报之间平衡关系做出评价的问题，现有激励理论、全面薪酬理论及平衡计酬卡理论并没有给予充分合理的解释。因此，接下来的研究主要聚焦于如何理解员工对自己得到的全面薪酬及其各方面回报之间关系的平衡感知。

综上，本书提出五个具有内在逻辑关系的研究问题：第一，什么是组织中员工个体的全面薪酬平衡感知？第二，员工个体的全面薪酬平衡感知是如何形成的？第三，员工个体的全面薪酬平衡感知对其工作态度及行为有何影响以及如何影响？第四，如何对员工个体的全面薪酬平衡感知进行测量？第五，组织管理者如何实施以提高员工全面薪酬平衡感知为导向的平衡激励？

## 第二节　研究意义

本书的理论研究意义在于，从被激励者心理平衡这一视角出发，对组织中员工个体对组织实施的全面薪酬激励的主观评价及平衡认知这一心理活动现象进行探索性研究，由此提出全面薪酬平衡感知这一新的概念，并围绕这一概念进行理论建构及测量工具开发，为激励理论、全面薪酬理论、平衡计酬卡理论对组织激励现象及问题的解释进行补充和创新，同时针对"现实中员工激励无效或失衡"的常态化问题提供一种新的视角下的理论解释。理论意义具体表现为：第一，在相关激励理论、全面薪酬、平衡计酬卡等理论基础之上，将认知平衡理论和中国传统文化与哲学思想体系中的阴阳平衡思想，引入基于组织员工个体视角如何看待与评价全面薪酬激励这一心理活动之中，探讨个体对全面薪酬的"平衡满足需求"；第二，基于"平衡满足需求"，从实际激励现象出发，探讨组织员工全面薪酬平衡感知这一概念的现实存在性及其内涵维度，为全面薪酬理论和激励理论提供新的研究方向；第三，通过对全面薪酬平衡感知这一新的概念进行理论建构，揭示这一心理平衡感知现象的形成过程及其对个体工作态度与行为的重要影响，为深入理解组织中员工个体的全面薪酬平衡感知及其对员工态度与行为这类结果变量的影响提供有力的理论基础和线索；第四，开发全面薪酬平衡感知这一概念的测量量表，为相关的实证研究提供可靠有效的测量方法及工具。

本书的实践研究意义在于，启发并呼吁实践中的组织管理者应关注容易被忽视的员工"平衡满足需求"，以及由此引发的员工全面薪酬平衡感知心理现象，揭示这一现象的本质、形成过程及其对员工工作态度及行为的重要影响，并提供测量和判断这一现象的工具方法以及一般意义上的管理策略及建议。实践意义具体表现为：首先，要使实践中的组织管理者明确，组织运用全面薪酬对员工进行组合激励的效果主要取决于员工如何看待及评价自己得到的全面薪酬激励；其次，为组织管理者提供一个新的思考员工激励问题的视角，使管理者认识到员工不仅有各种不同的需求，还有想让自己关心的需求都得到同步平衡满足的需求，管理者应重视员工的全面薪酬平衡感知这一心理现象的客观存在及重要作用；再次，使组织管理者更加真实地了解员工全面薪酬平衡感知是如何形成以及如何对个体产生重要影响的，以便在实际工作中做出合理的应对；其四，针对员工心理失衡的现实问题，为组织管理者提供能够判断员工全面薪酬平衡感知程度高低及其原因的有效工具，为动态优化激励策略提供重要决策依据；最后，建立全面薪酬平衡激励实施框架、管理流程并提出相应的支撑条件，为组织提高员工全面薪酬平衡感知进而提升员工的工作积极性，提供管理启示与实践参考。

## 第三节　研究目标与内容

本书的研究目标主要包括：一是提出全面薪酬平衡感知概念并对这一概念进行内涵界定与模型建构；二是揭示全面薪酬平衡感知的形成机理，建构形成机理模型并对模型进行理论阐释；三是阐明全面薪酬平衡感知的作用机理，建构作用机理模型并对模型进行理论阐释；四是开发全面薪酬平衡感知测量量表并对量表的信度与效度进行检验；五是在理论建构与量表开发的基础之上，为组织管理者提高员工全面薪酬平衡感知提供全面薪酬平衡激励的实施策略及管理建议。

基于研究问题和研究目标，本书的内容框架设计为八个部分：绪论、全面薪酬研究综述、理论基础与内在逻辑、全面薪酬平衡感知的概念模型、全面薪酬平衡感知的形成与作用机理、全面薪酬平衡感知量表开发与检验、基于全面薪酬平衡感知的平衡激励、结论与展望。具体内容安排如下：

第一部分主要分析并阐述本书的研究问题、研究的理论与实践意义、研究目标与内容框架、方法论与研究方法的选择等问题，并对本书研究将要涉及的相关概念进行说明。

第二部分围绕研究问题及研究目标，进行全面薪酬相关研究的文献综述。综述的目的是为了明确关于本书的研究问题，国内外其他研究者如何看待、已经做了哪些相关研究、形成了什么观点，并以此为依据进一步明确本书研究的理论起点。根据目前国内外研究现状来看，并没有关于本书研究问题的直接研究，所以主要针对与研究主题密切相关的全面薪酬及其相关研究进行文献综述，包括概念提出、内涵界定、内容构成与维度划分、测量工具及相关实证研究。

第三部分针对研究主题及问题，寻找适合的理论基础并进行梳理与阐述，主要涉及相关激励理论、平衡计酬卡理论思想、认知失调理论、阴阳平衡思想等，在此基础上进一步分析理论基础与研究主题之间的内在逻辑关系。通过理论基础及内在逻辑的分析，明确现有相关理论思想对研究主题及问题的支撑与启示，为开展研究提供理论依据与线索。

第四部分主要研究并回答"什么是组织中员工个体的全面薪酬平衡感知？"这一问题。通过观察分析现实中组织管理存在的两种典型激励现象，反思现象中蕴含的相关激励问题，建立案例研究的理论假设，根据理论抽样原则与复制逻辑选取适合的多个案例进行分组对比研究，验证全面薪酬平衡感知心理现象的存在，并基于对实践激励现象的解释和案例研究结论，提出全面薪酬平衡感知的概念并进行内涵界定，建构全面薪酬平衡感知的概念模型。

第五部分主要研究并回答"员工个体的全面薪酬平衡感知是如何形成的？""员工个体的全面薪酬平衡感知对其工作态度及行为有何影响以及如何影响？"这两个问题。以全面薪酬平衡感知为核心概念，采用程序化扎根理论研究方法，按照开放式编码、主轴编码、选择性编码过程对通过观察和深度访谈收集到的多案例资料进行分析，同时运用撰写备忘录的方法帮助理论分析与建构，并进行理论饱和度检验。揭示全面薪酬平衡感知的形成机理并构建理论模型，分析全面薪酬平衡感知对个体努力意愿和离职倾向等激励效应的影响及边界条件，构建全面薪酬平衡感知作用机理模型，同时对全面薪酬平衡感知的形成与作用机理模型进行理论阐释。

第六部分主要研究并回答"如何对员工个体的全面薪酬平衡感知进行测量？"这一问题。按照规范的步骤，开发全面薪酬平衡感知量表。量表开发前，先对与全面薪酬平衡感知相关和相近的概念进行辨析，明确概念之间的关系与区别，相关概念主要是全面薪酬和全面薪酬感知，相近概念主要是薪酬满意度和工作满意度。然后，基于扎根理论的分析结果，设计全面薪酬平衡感知初始量表题项，并邀请专家评议研讨及修正，之后编制问卷进行预调查，对收集到的数据进行统计分析并提纯初始量表题项，再进行正式调查检验量表的信度、内容效度、收敛效度、区分效度以及效标关联效度，最终完成量表开发。

第七部分主要研究并回答"组织管理者如何实施以提高员工全面薪酬平衡感知为导向的平衡激励？"这一问题。在前面几章的研究基础之上，根据全面薪酬平衡感知的内涵、形成机理、作用机理及测量方法，从组织管理者视角出发，提炼以提高员工全面薪酬平衡感知为导向的全面薪酬平衡激励实施框架、管理流程及所需的组织支撑条件，为实践中的组织管理者分析诊断员工全面薪酬平衡感知状态及原因，并适时做出激励优化决策以提高员工全面薪酬平衡感知，提供有效的激励策略及管理建议。

第八部分总结全书的研究过程并得出主要研究结论，阐明研究的主要理论贡献与实践价值，并对未来相关研究进行展望。

## 第四节 方法论与研究方法

研究方法应该根据研究问题的类型和特性来选择,即研究方法要适合所要解决的研究问题,而不能用研究方法反过来限制研究者对问题的思考。方法论是人们认识和处理问题的根本方法,它与研究者对本体论和认识论的认知是密不可分的,本体论与认识论决定了方法论(吴刚,2013:62)。人文社会科学的研究要面对的是复杂的人文社会现象,其研究范式也有多种形式,不同的研究范式体现研究者所持的不同的本体论、认识论和方法论。人文社会科学研究范式可以从价值取向与研究目的、理论导向、研究方法、研究形态等不同角度整合划分为实证主义、解释主义和批判理论三种研究范式(陈向明,2008:4),如表1—1所示。

表1—1　　　　　　人文社会科学研究的主要范式

| 价值取向、研究目的 | 学术导向(Academic Orientation)（求真,了解"是什么"） | | 实践导向(Praxis Orientation)（求善,追求"应该是什么"） | |
|---|---|---|---|---|
| 理论　方法　形态 | 实证主义(Positivism) | 解释主义(Interpretivism) | 批判理论(Critical Theory) | |
| | | | 取径 | 行动研究(Action Research) |
| 实证的(经验的)(Empirical) | 量化研究(Quantitative Research) | 质性研究(Qualitative Research) | 质性方法为主,量化方法为辅其他方法(如实验方法等) | |
| 思辨的(Speculative) | | 定性研究 | | |

资料来源:陈向明:《质性研究:反思与评价》,重庆大学出版社2008年版,第2页。

与本书研究密切相关的范式主要有实证主义与解释主义,在此从本体论、认识论和方法论上对这两种范式进行比较,以明确本书的研究范式及方法选择。实证主义认为,社会现实是独立于人的意志而真实存在的，具有规律性且能够通过科学研究手段被发现，研究者应该运用规范的研究程序、工具及方法进行经验性研究，通过对假设进行证实或证伪来发现社会规律及其内在的因果逻辑关系，这强调研究结果的客观性与有效性，而与研究者本人的主观理解并无关系；解释主义认为，人们眼中的社会现实或现象是基于人的经验和解释的构建，并不是客观存在的，那些所谓的研究结果或发现并不是早已等待着被研究者发现的客观存在，而是研究者将自己作为主要研究工具，通过与被研究对象进行互动并基于经验资料所建构出来的有意义的解释，而人对社会现实或现象认知的有限性也决定了研究结果或发现是一种对社会现实或现象有意义的解释性理解，而并非绝对客观的理解。因此，属于实证主义范式的量化研究与属于解释主义范式的质性研究虽然都是学术导向的经验性研究，但两者仍是有根本区别的。此外，质性研究的"实征的"特性和量化研究是"实证的"特性也是有区别的，"实征"要求研究者深入实地获取一手资料，而"实证"强调的是一种研究的主客体分离的科学主义。同时，质性研究和定性研究也有异同之处：两者都属于"解释主义"范式，即都是对研究现象进行的有意义的解释；区别在于，定性研究是用思辨方法对研究现象进行解释，而质性研究要求研究者不仅运用思辨研究方法，还需要通过实地调研获取一手资料并在此基础之上进行分析解释（陈向明，2008：5—7）。

　　研究方法论试图将研究工作纳入清晰、可观测、能重复进行的科学研究轨道。然而，管理学研究由于自身特性，新的研究发现并不能完全依靠科学研究方法。例如问题的发现与构思，在自然科学研究中都无法离开主观思辨方法，很多自然科学研究中思辨研究方法就起到了决定性作用，涉及人的心理与行为活动的管理学研究更是如此。因此，方法论规范的研究过程只是研究工作的一部分或大部分环节，而不是所有环节。从方法论层面来看，自然科学的研究是运用科学研究方法与逻辑思维,而人文学科的研究主要是运用思辨研究和直觉判断,社会科学和管理学科的研究方法介于自然科学和人文学科之间,社会科学的研究更靠近自然科学的研究方法,而管理学科的研究则更倾向于人文学科的研究方法(李怀祖,2000:12—15)。

鉴于此,根据本书提出的五个研究问题的类型及特性,在研究范式与方法论的选择上,针对不同的研究问题分别采用不同的研究范式与方法论。具体来说,针对"什么是组织中员工个体的全面薪酬平衡感知?""员工个体的全面薪酬平衡感知是如何形成的?""员工个体的全面薪酬平衡感知对其工作态度及行为有何影响以及如何影响?"等问题,采用基于解释主义范式的质性研究;针对"如何对员工个体的全面薪酬平衡感知进行测量?"的问题,则采用基于实证主义范式的量化研究。

明确研究范式与方法论后,需要进一步明确具体的研究方法。研究方法是基于研究范式和方法论,并根据研究需要,所选用的资料收集与资料分析的具体方法,而研究技术与工具是研究中用来收集数据和分析数据的具体的技术及辅助工具。本书在问题提出、相关概念说明、全面薪酬研究综述、理论基础与内在逻辑阐述、研究方法选择以及各部分主体研究过程中,持续运用文献研究法,从理论阐释与文献比较的视角对研究问题、研究路径及相关研究结果进行理论分析。除此之外,本书在各章主体研究部分,按照所要分析和解决的研究问题,主要运用了案例研究方法、扎根理论研究方法、问卷调查与统计分析方法以及其他研究方法。

案例研究方法主要用于关于全面薪酬平衡感知概念的提出与概念模型建构的研究中。本书第四章的研究选择运用解释性多案例研究法,针对研究中通过观察和深度访谈所发现的典型激励现象,通过理论抽样和复制逻辑选取典型个案作为样本进行分组对比研究,并基于案例研究的结论，提出全面薪酬平衡感知概念并界定其内涵，构建全面薪酬平衡感知的概念模型。

扎根理论属于方法论，扎根理论研究方法主要是指扎根理论的具体研究程序及资料收集与分析方法。本书第五章的研究主要运用程序化扎根理论研究方法，对全面薪酬平衡感知的形成机理与作用机理进行质性分析并建构理论。基于理论抽样原则和复制逻辑，选取适合的多案例样本并进行观察和深度访谈，收集一手资料，运用NVivo10.0质性分析软件作为辅助分析工具，对收集到的访谈记录、录音及其他相关资料进行三级编码分析，同时进行备忘录分析，从而建构全面薪酬平衡感知的形成机理模型与作用机理模型，并对形成机理模型与作用机理模型进行理论阐释。

问卷调查与统计分析方法将运用于本书第六章量表开发的研究过程中。具体研究工作包括：设计全面薪酬平衡感知初始量表题项，编制预调查和正式调研问卷，通过实地发放和网络在线调查获取数据，运用SPSS 19.0和AMOS 24.0等统计分析软件对数据进行探索性因子分析（EFA）、验证性因子分析（CFA）、回归分析（Regression Analysis）以及结构方程模型（SEM）分析，开发全面薪酬平衡感知量表并进行信度与各种效度的检验。

此外，在理论建构及量表开发的基础之上，通过观察和访谈，运用定性分析方法，建立全面薪酬平衡激励的实施框架、管理流程及相应的组织支撑条件。同时，在运用以上各种方法进行研究的过程中，根据研究的实际需要，还运用了专家调查法。

## 第五节　相关概念说明

本书在研究过程中，会涉及一些多次频繁使用的概念，为了使读者更好地理解本书的论述与观点，在此对相关概念进行说明。

全面薪酬与回报。关于全面薪酬概念的界定和理解，将在第二章中详细阐述，在此只进行简要说明。本书研究中的"全面薪酬"是指员工在为组织供职的整个过程中，所获得或感知到的一切自认为有价值的回报组合，主要包括货币收入、福利待遇、工作氛围与环境、工作价值与体验四个方面。本书中的"回报"特指员工得到或感知到的自认为有价值的全面薪酬某一维度或方面的有形或无形的具体项目或激励要素。分析论述中也将组织管理者运用全面薪酬对员工实施的组合激励称为"全面薪酬激励"，以突出组织对员工全面多元化组合激励的特点。

需求、期望与满足。需求和需要都可以表达个体处在未得到某种满足的状态，也可以表达个体渴望得到的某种特定的回报，两者在很多情况下可以替代使用。但严格来讲，两者是有区别的，但本书为了与一般性分析及文字表达中所用的"需要"一词进行区分，将用"需求"一词特指员工在组织供职的整个过程中，其内心感到缺失且渴望得到的各种有形与无形的回报。"期望"在本书中特指个体在某种需求上想得到回报的数量或质量，也可以理解为个体在某种需求上想得以满足的水平或程度。期望并不是一个特定精确的取值，而是一种大于最低期望值、小于理想期望值的范围。"满足"是指个体获得或感知到某种回报，并对照某种需求以及需求上的期望，做出这种回报是否符合需求及期望的判断，如果所得回报恰好是需要的内容，回报的数量和质量又能够达到期望的范围，那么此时就认为对于这一需求来说有较好的满足。因此，如果说个体的某种需求被其所得到或感知到的某种回报较好地满足了，那么就可以说个体所得到或感知到的这种回报是符合期望的。

平衡与平衡感知。"平衡"在不同的中文语境下有不同的解释，如解释为协调、均衡、和谐、稳定、静止、适度、得当、匹配等。与本书研究的"平衡"相关的平衡计酬卡理论（BCC）和平衡计分卡理论（BSC）中的"平衡"，可以解释为：为避免顾此失彼或只强调注重应同属于一个有机系统的某一方面却忽视其他方面而采取的一种动态协调，目的是让密切关联的多种要素构成的整体事物或系统达到和谐且良好运转的状态。BSC 正是强调组织不能仅重视最终的财务绩效产出，而忽视了员工成长、内部流程及外部客户等维度的绩效优化，应该根据组织战略全面平衡考虑四个维度的绩效产出；BCC 也是强调组织不能仅通过经济与物质报酬激励员工，却忽略了员工所关心的其他更为重要的需求，如对工作内在价值的需求、对良好工作氛围的需求等。可见，BSC 和 BCC 中的"平衡"主要是相对于失衡来讲的，意思就是保持系统的协调稳定，不能出现系统的各个组成部分顾此失彼的现象。本书研究中所指的平衡是针对组织中的员工个体心理而言的，个体在与外界环境相互作用的过程中，会不断将外界信息内化于自己的认知结构，并会不断改变认知结构以适应外界环境，如果两者能够协调一致便可达到心理平衡（林崇德等，2003：902）。人的一切行为都是受动机驱使的，而动机则是由未满足的需求引发的，心理平衡不仅涉及个体对自己所关心的各种需求同步协调地得到较好满足的认知，还涉及对各种需求满足感之间形成积极的互补作用关系的认知。事实上，个体希望自己关心的各种需求能够得到协调互补的满足，人基于这种平衡需求就会不断产生各种新的需求，以追求心理平衡。心理平衡不是静止不变的，而是在一定情境下的平衡，当情境发生变化时，个体原有的心理平衡状态会被打破，而新的心理平衡状态又会被建立。因此，本书研究的"平衡"即是"心理平衡"，是指个体的内部认知相互协调和互补作用后所产生的心理和谐状态，"失衡"则是与"平衡"相反的一种心理状态，"平衡感知"即是个体对自我"心理平衡"状态的感知。

# 第二章

# 全面薪酬研究综述

## 第一节 概念名称及定义

追溯全面薪酬概念的源头,有研究者认为是由埃德·劳勒于1971年提出,如谭安洛(2009);也有研究者认为是R. 韦恩·蒙迪和罗伯特·M. 诺埃于20世纪90年代提出,如张健等(2010)。一般认为,全面薪酬概念是由约翰·E. 特鲁普曼(John E. Tropman)于1990年提出的。之后,不同研究者提出了与全面薪酬概念相似或相近的概念。学界关于全面薪酬及与其相近概念的名称与定义,如表2—1所示。

表2—1　　　　　　全面薪酬及相近概念的名称与定义

| 作者 | 时间 | 概念名称 | 定义 |
| --- | --- | --- | --- |
| Tropman | 1990 | 全面薪酬 | 组织能够提供且对员工有价值的资源与环境条件 |
| Chen等 | 1999 | 全面报酬 | 个体看重的各个方面,包括内部报酬、外部经济性报酬、认可与赏识、工作与生活平衡、职业发展、组织文化、人际关系等 |
| Worldat Work | 2000 | 总报酬 | 能够吸引、激励和留住员工的薪酬方案,包括员工从雇佣关系中感知到的一切有价值的东西,并开始将非经济性报酬作为薪酬要素 |

续表

| 作者 | 时间 | 概念名称 | 定义 |
|---|---|---|---|
| Rumpel 和 Medcof | 2006 | 全面报酬 | 员工感到有价值的和从工作中获得的回报要素，体现整体的"员工价值需求主张"，即员工在为组织工作的整个过程中获得的一切价值 |
| Black | 2007 | 全面报酬 | 员工在与企业组织的雇佣关系中所感受到的所有有价值的回报要素 |
| Nazir 等 | 2012 | 全面报酬 | 包括员工重视的所有与职业相关的方面 |
| 王平换和王瑛 | 2007 | 全面报酬 | 所有货币和非货币的回报，是多种有形和无形报酬的结合 |
| 薛俊峰 | 2009 | 全面薪酬 | 是指在雇佣关系下员工从雇主那里所获得的所有价值 |
| 李宝元 | 2009 | 广义薪酬 | 泛指社会从业者从所供职组织中获得的各种形式的报酬或好处的总和，凡是员工从组织得到的一切收益性要素都属于此范畴 |

资料来源：根据相关文献资料进行归纳整理后形成。

全面报酬（Total Rewards）、全面薪酬（Total Compensation）、总报酬（Total Rewards）以及广义薪酬（Generalized Compensation）等概念都出现在相关的研究中。尽管这些概念的名称及内涵表述存在差异，但其内涵的核心都是"员工自认为有价值的一切、全部或所有的回报"，并且这些概念的内涵都强调了员工与组织的雇佣关系及整个工作过程中所能感受和获得的一切自认为有价值的回报。在以下的论述中，本书将主要采用"全面薪酬"（Total Compensation）这一名称，系统回顾相关文献研究现状。

## 第二节 内容构成与维度

由于全面薪酬包含的内容比较宽泛，以致于研究者难以清晰界定全面薪酬内涵的边界。目前，研究者在分析全面薪酬所包含的内容时，主要采用两种方式，即内容构成和维度划分，前者重在列举全面薪酬的具体内容，后者侧重划分全面薪酬的维度。

关于全面薪酬内容构成的研究包含两种主要形式：一是直接罗列全面薪酬所有可能的具体要素，以展现全面薪酬的内容构成，这类研究比较少，如 Zingheim 和 Schuster（2000）、Tropman（2001）等；二是将众多具体的薪酬要素按照其属性或形式进行归类，形成诸如工资、奖金、福利等内容构成（O'Neal，1998；Gross and Friedman，2004；Kaplan，2007；刘昕，2005；薛俊峰，2009；黄志坚，2013）。本质上，这两种形式都是对全面薪酬内容构成的直接反映。研究者关于全面薪酬内容构成的主要研究观点，如表2—2所示。

表2—2　　　　全面薪酬内容构成的主要研究观点

| 作者 | 时间 | 全面薪酬的内容构成 |
| --- | --- | --- |
| O'Neal | 1998 | 薪酬、福利、学习与成长、工作环境 |
| Zingheim 和 Schuster | 2000 | 值得信赖的前途、鼓舞人心的工作场所、个人成长和所有报偿，报偿包括基本工资、绩效工资、福利、认可和反馈 |
| Tropman | 2001 | 基本工资、附加工资、间接工资（福利）、工作用品补贴、额外津贴、晋升机会、发展机会、心理收入、生活质量、私人因素 |
| Kochanski 和 Ledford | 2016 | 工作内容、从属关系、直接经济报酬、间接经济报酬、职业（事业） |
| Kochanski 等 | 2003 | 按重要性排序：工作本身、职业机会、独特的工作文化、现金报酬 |
| Richard 和 Tina | 2004 | 直接财务类、间接财务类、工作相关类、职业发展类、社会关系类及其他因素 |
| Giancola | 2009 | 薪酬、福利、工作—生活平衡、认可绩效、职业机会与发展 |
| Nazir 等 | 2012 | 直接薪酬、福利、家庭工作平衡、跨文化培训、非财务报酬、岗位工作建议 |

续表

| 作者 | 时间 | 全面薪酬的内容构成 |
|---|---|---|
| Worldat Work | 2000 | 薪酬、福利和工作体验 |
| | 2006 | 薪酬、福利、工作与生活平衡、绩效和赏识、个人发展和事业机会 |
| | 2015 | 薪酬、福利、工作与生活有效平衡、绩效管理、认可、人才开发 |
| 刘爱东 | 2004 | 薪酬、福利、事业、环境 |
| 刘昕 | 2005 | 全面报酬包括薪酬、福利和工作体验 |
| 李芳 | 2005 | 工资类、奖金类、福利类 |
| 李焕荣和周建涛 | 2008 | 由核心至边缘依次为：薪资、福利、工作体验和工作环境 |
| 谭亚伟 | 2011 | 激励薪酬、保障薪酬、工作发展报酬、工作舒适报酬 |
| 黄志坚 | 2013 | 内部报酬、外部经济性报酬、精神奖励、专业认可和晋升机会 |

资料来源：根据相关文献资料进行归纳整理。

学界关于第一种形式的文献较少，直接罗列无法反映所有可能存在的薪酬要素，无论是对于理论研究还是实践应用都没有太大贡献；关于第二种形式的文献相对较多，虽然学界对要素归类后的内容构成存在差异，但整体上存在着很大程度的一致性。根据现有要素归类的观点，全面薪酬的内容主要包括：薪酬（基本工资、绩效工资、奖金等）、福利（法定福利、自设福利等）、学习和成长（培训学习、职业发展等）、工作体验（成就感、挑战性、趣味性等）、工作环境（软环境、硬环境等）。

关于全面薪酬维度划分研究有多种形式，按照划分之后形成的维度数量，可归纳为三种主要类型：二维划分、三维划分和四维划分。二维划分，是指将全面薪酬的众多内容及具体要素按照某种依据或逻辑标准划分为两大维度，形成全面薪酬的二维度结构；三维划分，是在二维划分的基础上，再对其中某一维度进行二次划分，进而形成三维度结构；四维划分，是通过运用两种二维划分的依据对全面薪酬进行交叉划分形成四维度结构。

无论是哪种维度划分,其所用的划分依据主要来自二维划分的三种主要依据。目前,研究者对全面薪酬二维划分的依据主要有三种:内在与外在、经济性(物质性、货币性或财务性)与非经济性(非物质性、非货币性或非财务性)、直接与间接。内在与外在薪酬的划分,主要取决于某种薪酬要素起到的作用是基于人的内在动机还是外在动机,如果某种薪酬要素起到的作用是基于人的内在动机,则属于内在薪酬,反之则属于外在薪酬。当个体为得到工作以外的某些回报(工资、奖金、福利等)而从事该工作任务时,其行为即是受到外在动机的作用;当个体工作行为主要由工作任务本身的特性(如兴趣、成就感等)引发并维持时,其行为即是受到内在动机的作用(Ryan and Deci,2000)。经济性与非经济性薪酬的划分,主要是看组织为员工提供的薪酬要素能否用货币或物质来衡量,如果可以即属于经济性薪酬,如果不能则属于非经济性薪酬。直接与间接薪酬的划分,主要是判断某种薪酬要素是直接还是间接满足员工的某种需求,如果能直接满足则属于直接薪酬,如果间接满足则属于间接薪酬。

关于全面薪酬的二维划分,国内有很多相关的研究,如顾琴轩和朱勤华(2003)、谭安洛(2009)、童忠民(2013)认为全面薪酬包括"经济性薪酬"和"非经济性薪酬"两大类;蒋胜永(2008)、李卫东等(2008)、李海红和刘永安(2010)、李坦英和王素珍(2010)、姜金秋和杜屏(2014)认为全面薪酬包括"内在薪酬"和"外在薪酬"两大类;另外,王吉鹏(2014)将全面薪酬因素划分为保健性因素和激励性因素。国外相关研究较少,如Byars(2005)和Martocchio(2010)将全面薪酬划分为内在薪酬和外在薪酬。国内外研究者对全面薪酬的二维划分基本上是一致的。其中,外在薪酬和经济性薪酬基本是等同的,是指为员工提供的工作之外的、能够用货币或物质衡量的、通过激发员工追求外在需求的动机来激励员工的要素，如工资、奖金、福利、股权等；内在薪酬和非经济性薪酬基本上是一致的，是指组织为员工提供的与工作本身相关的、不能用货币或物质衡量的、能激发员工内在动机的激励要素，例如工作价值及体验、工作氛围与环境、培训与成长机会、发展空间及文化氛围等。合益集团（Hay Group）于2008年将总报酬划分为有形和无形两大维度，前者包括现金、年度浮动薪酬、福利和长期激励计划，后者则包括工作的质量、工作与生活的平衡、发展机会、环境、价值观等方面（刘昕，2017：52—53）。

关于全面薪酬的三维划分，大多是在二维划分的基础上，用三种划分依据中的某一种对二维划分中的某一维度进行再次划分。国内外关于三维划分的主要研究，如表2—3所示。

表2—3　　　　全面薪酬三维度划分的主要观点

| 作者 | 时间 | 划分依据（标准） | 全面薪酬三维度划分 |
| --- | --- | --- | --- |
| Chen 等 | 1999 | 内在薪酬—外在报酬<br>货币性—非货币性报酬 | 将全面报酬划分为内在报酬和外在报酬，又将外在报酬划分为货币性和非货币性报酬，对内在报酬内容列举了具体项目 |
| Milkovich 和 Newman | 2004 | 直接薪酬—间接薪酬<br>内在薪酬—外在薪酬 | 全面薪酬包括直接薪酬、间接薪酬及所有内在薪酬要素<br>直接和间接薪酬的内容都属于外在薪酬范畴 |
| Vandenberghe 等 | 2008 | 直接薪酬—间接薪酬 | 将全面薪酬划分为直接薪酬、间接薪酬、心理收入 |
| 薛琴 | 2007 | 内在薪酬—外在薪酬<br>经济性—非经济性薪酬 | 将全面薪酬划分为外在薪酬和内在薪酬，外在薪酬划分为经济性和非经济性薪酬，内在薪酬罗列出了几种要素 |
| 高友民 | 2012 | 直接薪酬—间接薪酬<br>经济性—非经济性薪酬 | 将员工工作收益分为全部报酬形式和其他报酬形式，又将全部报酬（经济性）分为间接的福利和直接的金钱，其他报酬形式（非经济性）列出了几种主要项目 |

续表

| 作者 | 时间 | 划分依据（标准） | 全面薪酬三维度划分 |
|---|---|---|---|
| 杨富 | 2016 | 内部回报—外部回报<br>直接薪酬—间接薪酬 | 将全面薪酬分为内部回报（自身以外）和外部回报（心理感受），又将外部回报分为直接薪酬和间接薪酬 |

资料来源：根据相关文献资料进行归纳整理后形成。

全面薪酬的三维度划分，虽然通过进一步区隔某一维度从而深入窥探全面薪酬的内部结构，但另一维度仍然是要素罗列式的整体性描述，尤其是对内在薪酬、非经济性薪酬或心理收益等维度未能进一步探讨其内部结构。目前，国内外研究者更多是通过运用两种二维划分的依据对全面薪酬进行交叉划分形成四维度或四象限的内部结构，如表2—4所示。

表2—4　　　　全面薪酬四维度划分的主要观点

| 作者 | 时间 | 划分依据（标准） | 全面薪酬四维度划分 |
|---|---|---|---|
| Kwon 和 Hein | 2013 | 财务要素—体验要素<br>个体报酬—集体报酬 | 针对个人的体验要素、针对个体的财务要素、针对集体的体验要素、针对集体的财务要素 |
| 孙健和韩峰 | 2007 | 经济性—非经济性薪酬<br>直接薪酬—间接薪酬 | 将全面薪酬划分为经济性薪酬和非经济性薪酬，又将前者划分为直接和间接薪酬，将后者划分为成果型和过程型激励要素 |
| 罗燕 | 2009 | 直接薪酬—间接薪酬<br>内在薪酬—外在薪酬 | 设计全面薪酬激励模型，将全面薪酬划分为直接外在薪酬激励、直接内在薪酬激励、间接内在薪酬激励、间接外在薪酬激励 |
| 成琼文等 | 2009 | 直接薪酬—间接薪酬<br>经济性—非经济性薪酬 | 将研究型大学教师的全面薪酬划分为直接经济性、间接经济性、直接非经济性和间接非经济性薪酬 |
| 成琼文 | 2010 | | |
| 李宝元 | 2009<br>2011 | 直接薪酬—间接薪酬<br>内在薪酬—外在薪酬 | 将广义薪酬划分为内在直接薪酬、内在间接薪酬、外在直接薪酬、外在间接薪酬 |

续表

| 作者 | 时间 | 划分依据（标准） | 全面薪酬四维度划分 |
|---|---|---|---|
| 邢赛鹏等 | 2017 | 内在—外在激励<br>长期—短期激励 | 内外在和长短期激励框架下的全面薪酬激励矩阵模型，包括物质型激励、工作型激励、发展型激励、文化型激励四个维度 |

资料来源：根据相关文献资料进行归纳整理。

全面薪酬四维划分的研究，国外文献较少，国内文献研究相对较多但大多数没有阐明清晰的划分标准，并且部分文献中的维度划分及其具体内容存在逻辑瑕疵。例如，罗燕（2009）认为间接内在薪酬激励中包含了工作的趣味性、挑战性、成就感等要素，而这些要素应该能起到直接内在的激励作用。成琼文等（2009）认为直接非经济性薪酬中包含校园环境，间接非经济性薪酬中则包含工作成就感、个人发展等要素，而这些要素一般会起到直接激励作用。由于目前关于全面薪酬的四维度划分，并没有形成统一的划分依据或标准，所以全面薪酬维度划分出现了不同观点。相对而言，孙健和韩峰（2007）的四维度划分与李宝元（2011）的四维度划分比较合理，后者是运用了内在与外在、直接与间接两种对称的划分依据或标准进行的交叉划分。

总之，由于全面薪酬概念的内涵范围广泛，所以研究者对全面薪酬维度的划分与具体内容的界定呈现出多种不同的观点。关于全面薪酬的内部构成与维度划分的研究，国内外研究者已形成丰富多样的研究结论。全面薪酬内容构成的研究，旨在回答"全面薪酬具体包含什么"的问题，这也在一定程度上反映了全面薪酬的内部结构，但是很多研究者对某些具体的薪酬要素的归类是不够合理的，而且全面薪酬所包含的很多具体要素也无法理所应当地归入某一特定类型。全面薪酬的维度划分研究，旨在回答"全面薪酬内部结构如何"的问题，可以更好地分析全面薪酬的内部结构、各维度及要素之间的构成关系以及不同维度薪酬项目的特定功能。从二维度划分和三维度划分的整体情况来看，现有研究并不能对全面薪酬的内部结构问题给予清晰的描述和解答，全面薪酬的四维度划分是相对合理的。

## 第三节 测量与实证研究

对全面薪酬概念的测量，学界主要是运用国外研究者开发或改编的 Likert5 点或 7 点量表进行。全面薪酬的测量量表最早是由国外研究者 Chen 等（1999）开发，包括内在报酬、个体经济报酬、象征性报酬、专业认可、晋升、团队业绩奖励、组织业绩奖励 7 个维度，共 23 个测量题项。近年来，随着全面薪酬概念逐渐在国内广泛得到研究与实践，国内研究者在国外研究者开发的量表基础之上进行翻译、改编及相关的实证研究，也有研究者进行全面薪酬量表的自主设计与开发。关于全面薪酬概念的国内外测量量表，如表 2—5 所示。

表 2—5　　　全面薪酬及相近概念的主要测量量表

| 作者 | 时间 | 量表名称 | 测量维度 | 题项 |
| --- | --- | --- | --- | --- |
| Chen 等 | 1999 | 全面报酬量表 | 内在报酬、个体经济报酬、象征性报酬、专业认可、晋升、团队业绩奖励、组织业绩奖励 | 23 个 |
| Vandenberghe 等 | 2008 | 全面报酬量表 | 工作和社会关系质量、可变薪酬、间接薪酬、发展和职业机会、灵活的工作环境、工作声望、奖励、工作负荷 | 28 个 |
| Hulkko-Nyman 等 | 2012 | 全面报酬感知量表 | 薪酬感知、福利感知、反馈和参与影响、工作稳定性、工作感受 | 10 个 |
| 曾湘泉和周禹 | 2008 | 外在和内在报酬量表 | 外在报酬、内在报酬 | 15 个 |

续表

| 作者 | 时间 | 量表名称 | 测量维度 | 题项 |
|---|---|---|---|---|
| 罗燕 | 2009 | 全面薪酬激励现状问卷 | 直接外在、直接内在、间接外在、间接内在薪酬激励 | 20个 |
| 张廷君 | 2010 | 全面薪酬满意度测量体系 | 经济薪酬满意度、非经济薪酬满意度 | 25个 |
| 黄志坚 | 2010 | 动漫人才全面报酬问卷 | 内部报酬、外部经济性报酬、精神奖励、专业认可与晋升机会 | 23个 |
| 崔维军等 | 2015 | 科技人员收入满意度问卷 | 薪酬满意度、薪酬水平、公平感知、工作感受 | 11个 |
| 杨菊兰和杨俊青 | 2015 | 整体薪酬量表 | 工资、福利、工作生活平衡、绩效与认可、发展与职业机会 | 29个 |
| 谭春平等 | 2018 | 全面薪酬量表 | 货币报酬、福利、学习发展、工作环境 | 16个 |

资料来源：根据相关文献资料进行归纳整理。

虽然文献中使用了全面薪酬量表、全面报酬感知量表、全面薪酬满意度量表、全面薪酬激励现状问卷等不同名称，但是本质上都是测量组织中员工个体对全面薪酬或全面报酬获得的感知程度的测量。然而，现有的量表也存在局限：一是翻译改编后的国外量表很可能不适合本土组织全面薪酬激励的情境，如黄志坚（2010）翻译改编 Chen 等（1999）开发的量表；二是国内研究者设计开发的量表，其测量维度及题项的设置缺乏合理的内在逻辑，如罗燕（2009）的量表，还有的量表维度设置过于简单且测量题项数目较少，如曾湘泉和周禹（2008）编制的量表。而张廷君（2010）、崔维军等（2015）的研究中所设计并使用的量表其实是在测量全面薪酬的满意度，而非全面薪酬这一构念。由于学界尚未对全面薪酬的结构维度及其所包含的内容形成相对统一的观点，所以基于不同结构维度开发的量表也有较大差异。

目前，全面薪酬的实证研究中，关于其前因变量的研究很少，如 Vandenberghe 等（2008）实证分析了个性与全面报酬不同回报项目的吸引力之间的关系，结果显示在控制了人口统计学变量影响后，五大人格特质会显著影响个体对一些全面报酬项目的吸引力，具体项目包括工作和社会关系的质量、发展和职业机会、可变薪酬、间接薪酬、灵活的工作条件以及声誉；谭春平等（2018）研究了员工的随和性对全面薪酬的影响，其中随和性的六个维度在影响关系中起到了调节作用，通过改善和调节员工的随和性，可以提升全面薪酬水平。关于全面薪酬的实证研究，主要集中在全面薪酬对员工个体的态度与行为等后果变量的影响方面，相关研究情况如表2—6所示。

表2—6　　全面薪酬对后果变量影响的主要实证研究

| 作者 | 时间 | 后果变量 | 主要结论 |
|---|---|---|---|
| 曾湘泉和周禹 | 2008 | 创新行为 | 内在激励对员工创新行为有显著且稳定的促进，外在报酬对创新行为也有积极作用，但过度的外在报酬反而会侵蚀创新动机，内在激励与外在报酬对创新行为有积极的互补效应 |
| 成琼文和曹兴 | 2009 | 激励效应 | 研究型大学教师全面薪酬四个维度，即直接经济性、间接经济性、直接非经济性、间接非经济性，均对其激励效应有显著正向影响，性别、年龄、职称、工龄、区域等五个变量对正向影响关系均起到调节作用 |
| 姜金秋和杜屏 | 2014 | | 实证分析内外在薪酬对中小学教师激励效应的影响，发现内在薪酬激励效果大于外在薪酬，教师特征、学校特征、地区特征均起到了调节作用 |
| 张廷君和张再生 | 2010 | 忠诚度 | 经济薪酬满意度与非经济薪酬满意度均显著正向影响科研员工的态度忠诚度，后者的影响更大，二者对科研员工的行为忠诚度并没有显著影响 |
| Tornikoski | 2011 | 情感承诺 | 与有形薪酬相关的积极心理契约并不能提高外派人员的整体情感承诺，与包含无形特殊回报的全面报酬相关的心理契约与情感承诺之间存在很显著的积极关系 |

续表

| 作者 | 时间 | 后果变量 | 主要结论 |
|---|---|---|---|
| Nazir 等 | 2012 | 绩效 | 理论和实践都表明,非财务或非货币报酬对绩效均具有正向的积极影响 |
| 黄志坚 | 2013 | | 内部报酬、集体薪酬和晋升机会对绩效有显著正向影响,可变薪酬和专业认可对绩效有显著负向影响;固定薪酬和精神奖励对绩效影响不显著 |
| Trevor 等 | 1997 | 离职倾向 | 薪水增长对员工的离职具有关键的负面影响 |
| Cao 等 | 2013 | | 酬劳、福利、工作—生活平衡、绩效或认同、发展或职业机会这五种因素与离职倾向负相关,分配公平和互动公平显著负向调节全面报酬和离职倾向的负相关关系;程序公平仅显著负向调节工作—生活平衡和发展或职业机会与离职倾向的负相关关系;薪水、福利和绩效的调节作用不显著 |
| Hulkko-Nyman 等 | 2012 | 工作投入 | 员工对非货币报酬的感知,尤其是体验到的工作认可与欣赏,和员工工作投入的各方面都是相关的,组织应重视开发非货币报酬以提高员工的工作投入,而物质报酬可能会因国家背景不同而有所差异 |
| 朱菲菲和杜屏 | 2016 | 流动意向 | 内外在薪酬对中小学教师工作满意度有显著正向激励作用,内在薪酬激励作用更大;外在薪酬不仅通过工作满意度间接影响流动意向,还会直接对流动产生显著负向影响 |
| 杨玉梅等 | 2017 | 工作满意度 | 总报酬对工作满意度有直接影响,其中,非物质薪酬对工作满意度有显著正向影响,但福利对工作满意度却有负向影响 |

资料来源:根据相关文献资料进行归纳整理。

全面薪酬对组织员工的态度及行为相关的主要后果变量,基本上都起到了正向的影响,但相对而言,非经济性、非物质性薪酬或无形薪酬对员工的工作态度与行为有更加直接和显著的正向影响,而经济性、物质性或其他有形薪酬对员工工作态度与行为的影响需要结合具体情境来分析。事实上,大部分研究都表明,内部报酬对于绩效有着重要影响(Gerhart and Milkovic,1993),甚至是最有效的因素（Chen et al.，1999）。同时，在部分研究中，全面薪酬对后果变量的影响也有不同的路径，通过不同的中介效应和调节效应产生影响。此外，还有研究者将全面薪酬作为调节变量进行相关实证研究，如所静等（2013）将内在薪酬与外在薪酬作为调节变量，实证研究知识型员工的入职年限对组织承诺的作用机制；张廷君（2014）将全面薪酬满意度作为调节变量，研究科技工作者的职业驱力对科研绩效的影响。

## 第四节　评价与反思

全面薪酬日益受到研究者的关注，并已形成比较丰富的研究成果，但是目前的研究仍处在探索阶段。关于全面薪酬的研究，主要集中在全面薪酬的概念界定、内容构成、维度划分以及相关实证研究等方面。尽管学界对全面薪酬概念的内涵基本达成了一致，但由于概念本身涵盖内容及范围广泛，所以学界对其内容构成和维度划分的研究呈现出多样化的观点；相关研究中改编使用的测量工具多以国外量表为参照，缺乏情境适应性，自主开发的各种量表其维度和题项也均未形成统一的观点；全面薪酬作为整体概念与其他变量关系的实证研究相对较少，缺乏对全面薪酬前因变量的深入研究，现有实证研究多数都是探讨全面薪酬对员工个体态度与行为等后果变量的影响，但缺乏对全面薪酬的影响机制的系统深入阐释。同时，关于全面薪酬的质性研究也相对缺乏，很少有研究展开对全面薪酬及其相关问题的深层次、多视角的探索性研究，全面薪酬研究领域缺乏运用质性研究方法开展的理论探索与建构。因而，需要进一步拓展全面薪酬研究的理论视角，加大理论研究的深度并深化实证研究。

全面薪酬关注的是员工全面多元化的需求，相比传统货币薪酬而言，具有更加有效且人本化的综合激励功能，也是薪酬管理研究的前沿问题。因此，很有必要在现有研究基础之上，进一步拓展全面薪酬研究的理论视角及框架，加大理论研究的深度，积极探索关于全面薪酬的应用研究。根据现有相关研究的特点，全面薪酬的进一步研究有必要关注以下五个方面。

一是进一步提炼和优化全面薪酬概念的内涵和维度。现有文献主要是站在管理层的视角并通过量化研究的方法来界定概念、划分维度。然而，组织中员工个体心中感知到的全面薪酬才能起到真正的作用。因此，有必要从被激励者——员工的视角出发，通过案例研究、扎根理论等质性研究方法，研究全面薪酬的内涵、内容构成及维度划分问题。

二是基于本土文化情境，开发成熟的全面薪酬或全面薪酬感知量表，为实证研究提供高质量的测量工具。根据全面薪酬概念的内涵，全面薪酬量表实质上测量的不是某一种或几种回报绝对数量的多少，而是员工对这些回报的主观评价与感受，因而量表题项设计应考虑员工对获得回报的主观感知。

三是深入探讨全面薪酬的前因变量及其对后果变量的影响机制。首先，尝试从个体和组织层面发掘全面薪酬的前因变量，探讨前因变量对全面薪酬起到重要影响的因素及其影响机制；其次，研究全面薪酬对员工个体、群体和组织的相关结果变量的影响效果及机制，实证检验不同机制的相对解释力，进而整合已有相关研究，构建包含前因与后果变量在内的全面薪酬理论框架。在探究不同情境下全面薪酬对结果变量的影响机制时，应注重考虑情境因素的影响，加强调节变量的相关实证研究，拓展影响机制的边界条件研究。

四是探索全面薪酬研究新的视角和领域。在现有的相关研究基础之上，同时从管理者和员工双方视角出发，进一步探索关于全面薪酬研究的新视角和新领域。例如，组织所实施的全面薪酬内部各维度回报之间应该形成怎样的平衡关系、全面薪酬各维度回报之间如何协调互补才能产生更好的激励合力和效应、组织管理者如何测评对员工实施的全面薪酬的激励效应、组织如何将全面薪酬激励与员工绩效管理有机整合、管理者如何根据员工对全面薪酬激励的反馈做出动态调整决策、组织中员工感知到的全面薪酬和组织提供的全面薪酬之间的关系及差异、员工如何看待和评价组织提供的全面薪酬并会因此产生什么态度及行为，员工受到来自组织的全面薪酬激励后会形成怎样的心理平衡感知等问题。这些问题，会将全面薪酬的理论研究引向更加深入、更加面向实践的领域。

五是开展面向全面薪酬激励实践的应用研究。从组织管理者开展全面薪酬激励应用出发，研究组织全面薪酬激励的内容构成或政策设计，为组织实施有效的薪酬激励、激发员工的主动性和创造性提供有针对性的指导，促进全面薪酬理念与理论走向应用，同时丰富对影响全面薪酬激励的组织层面因素的研究。

需要说明的是，既然全面薪酬是员工自认为有价值的一切回报的组合，那么不同员工心中认可的全面薪酬是有差异的，即便是在同一组织中工作的不同员工所得到或感知到的全面薪酬也是不同的，即每个员工心中的"全面薪酬"都会带有明显的个人价值评判属性。组织应该制定符合员工价值观和期望的回报组合来构成整体的"全面薪酬"，所以组织管理者必须以员工的价值观、需求及期望为核心，否则脱离了员工价值观与需求而仅依靠被管理者认为有价值的"全面薪酬"本质上是无效的。可见，全面薪酬的内涵就决定了这一概念应该从员工视角去分析，其本质就是基于员工全面多元需求的全面回报组合，而运用全面薪酬对员工的激励效果也应该从员工的角度进行分析和评价。

# 第三章

# 理论基础与内在逻辑

## 第一节 激励理论

根据激励原理，激励是从人未满足的需求以及由此引发的动机出发，通过满足需求来实现动机并提高人的积极性、激发人的潜能、推动人的行为，进而促使人完成工作任务及目标。当需求满足之后，个体又会产生新的需求及动机，激励过程开始新的循环。人的需求及动机涉及人性假设的问题，根据国内外学界关于人性假设的理论演变与发展[①]，本书对人性假设给予一个综合性判断，即：有限理性下追求效用最大化的自利人。其中，"自利"和"效用"都是广义的，"自利"是指个体不断追求和获取自认为有价值或有意义的一切有形与无形的利益或回报，"效用"即是指这些利益或回报为个体带来的各种需求的满足或作用。从这一判断可知，人的需求是全面多元且动态变化的，所以人期望得到的回报也是全面多元且动态调整的。经典激励理论就是通过从不同角度分析人的全面

---

① 国外关于人性假设的理论演变主要经历了经济人、社会人、自我实现人、复杂人、决策人及文化人等阶段；中国关于人性的认知以"性善论"和"性恶论"为代表（朱华桂，2003）。21世纪以来，国内研究者基于本土文化也提出了一些人性假设观点，如道德人（王玉珍，2003）、动态人（李大元、陈应龙，2006）、全面发展人（柯闻秀、黄健柏，2012）、广义利己人（孙丽，2013）、综合人（刘战、解学文，2015）等。纵观国内外关于人性假设的理论演变历程，都体现出从忽略人到重视人、到关心人、再到全面发展人的演变轨迹。

多元需求及其变化规律，提出如何有效激励人的路径和方法。正是由于人的需求具有全面多元与动态变化的特征，所以才为管理者提供了持续有效激励员工的可能性。经典激励理论概况，如表3—1所示。

表3—1　　　　　　　　　经典激励理论

| 激励理论 | 提出者（时间） | 理论框架 |
| --- | --- | --- |
| 需要层次理论 | 马斯洛（1943） | 自我实现、尊重需要、社交需要、安全需要、生理需要 |
| 双因素理论 | 赫兹伯格（1959） | 激励因素、保健因素 |
| 成就需要理论 | 麦克利兰（1950s） | 成就需要、权力需要、合群需要 |
| ERG理论 | 奥尔德弗（1969） | 生存需要、关系需要、成长需要 |
| 期望理论 | 弗洛姆（1964） | 激励力 = 期望值 × 效价 |
| 公平理论 | 亚当斯（1965） | $O_p / I_p = O_a / I_a$ |
| 目标设置理论 | 洛克、休斯（1967） | 目标设置合理、员工愿意接受、行为及时调整 |
| 强化理论 | 斯金纳（1956） | 正强化、负强化、惩罚、忽视 |
| 归因理论 | 海德（1958）、维纳（1972）等 | 海德的朴素归因理论、维纳归因理论以及其他相关归因理论 |
| 综合激励模型 | 波特、劳勒（1968） | 期望、公平、双因素理论的结合，包括内在与外在激励因素 |

资料来源：根据相关文献资料进行归纳整理。

经典激励理论大多是在20世纪50—60年代提出的，主要是从被激励者的需求及其变化视角进行的研究。但自20世纪70年代末以后，有关动机的理论研究与早期的激励理论有所不同，很多研究开始从个体动机的产生、分类及作用等视角对激励问题进行探讨（Kanfer and Chen，2016），如认知评价理论、计划行为理论、自我决定理论、自我调节理论等。对人的激励关键在于掌握被激励对象的全面多元需求，并在此基础之上激发个体的工作动机，而工作动机就是个体指导、激发和保持其对一项工作、任务、角色或项目的行动的心理过程（Kanfer，1990）。

研究者将关于工作动机的理论区分为两种主要类型：内生过程（Endogenous Process）理论和外生原因（Exogenous Cause）理论（Katzell and Thompson，1990）。内生过程理论主要关注能解释员工个体内在动机的心理机制，如期望理论、公平理论等；外生原因理论主要关注能够被调整或改变的工作动机的情境影响，如目标设定、工作设计、外在强化的影响（Grant and Shin，2011）；而也有激励理论可以兼顾解释个体动机的内在心理机制和外在情境因素，如综合激励模型。基于内生过程理论的激励方式或手段通常即是内在薪酬，基于外生原因理论的激励方式或手段通常即是外在薪酬，而同时兼顾个体工作动机的内生心理过程与外生影响因素的激励则是内在薪酬与外在薪酬的综合运用，也即全面薪酬。

与本书的研究问题密切相关的激励理论涉及ERG理论、公平理论、期望理论、综合激励模型以及自我决定理论，以下将对这些理论进行阐述。

ERG理论。该理论是奥尔德弗（Alderfer）于1969年提出的对马斯洛（Maslow）需要层次理论的改进理论，将五个层次的需要分为三大类：生存需要、关系需要、成长需要。Alderfer并没有对需要类型进行严格的分层，而是提出了跨需要类别移动的两种主要机制，并认为更高需要的满足将增加成长需要的欲望（Kanfer and Chen，2016）。ERG理论认为，个体的生存、关系、成长三种需要可以同时存在并且一起发挥激励作用，其中任何一种需要的缺失都会使个体努力追求这一需要的满足；当其中某种需要满足受到阻碍时，作为替代性选择，个体可能去追求更高一级层次的需要满足，也可能去追求更低一级层次的需要满足。根据ERG理论可知，个体的需要并不是有明确先后顺序和层级区分的，而是同时共存于个体身上，而且不同需要的满足状态之间是存在互相替代关系的。

公平理论（Equity Theory）。公平理论的核心假设是：当员工的付出（如努力、知识、技能、忠诚）与回报（如工资、奖金、福利、认可）相匹配时，个体就会受到激励，从而产生公平的感觉。当二者不匹配时，员工便会由此产生不公平感以及痛苦，这会使其采取某种行动以减少这种不公平感及痛苦。员工是通过一系列的比较来判断其内心是否感到公平的，一种是结果和投入之间的比较；另一种是"付出/回报"之间的比较，包括个体与其他人的"付出/回报"的比较和个体与自己以往经历的"付出/回报"的比较。当员工与某一比较对象进行"付出/回报"比较后，如果感到不公平，通常会通过减少自己的工作付出、使其他同事也减少工作付出甚至影响他人工作效率、要求更多的回报、向组织要求降低其他人的过高回报以及转移比较对象等方式来降低自己的不公平感；如果比较后感到自己得到了超出付出的回报，则员工会通过增加个人的工作投入、以某种方式进行回报重新分配等方式进行弥补，但这种努力很可能会随着工作任务或比较对象的转移而有所减少；如果比较后的公平感适中，即个体感到和别人的"付出/回报"相当时，其工作动机会保持在一个相对稳定的积极状态。相关研究一致表明，回报过低及其带来的不公平感会对员工的动机及行为有消极影响，但是回报过高带来的结果是不确定的，有些员工的积极性增加了，有些员工的积极性似乎降低了，还有些员工的积极性没有明显改变（Ambrose and Kulik，1999）。这是由于个体在公平敏感性方面是有差异的。根据公平感的偏好，可以将员工分为三种类型，包括：仁慈型，偏好与他人对比后的较低"付出/回报"比；敏感型，即偏好与他人对比后的平等"付出/回报"比；荣誉型，即偏好与他人对比后有更高的"付出/回报"比（Huseman et al.，1987）。因此，当公平感较低时，仁慈型偏好的员工会比敏感型和荣誉型员工的积极性更好（Miles et al.，1989）。

期望理论（Expectancy Theory）。期望理论认为，员工的工作积极性取决于他们对完成工作并得到预期结果的可能性和相应回报效价的衡量（Vroom，1964）。因此，员工个体的积极程度是三个因素的函数：期望（个人努力会产生工作绩效）、工具性（工作绩效会带来回报）和效价（回报对个体的重要性与价值性）。这三个因素互相作用、不可或缺，共同影响个体的积极性，缺乏期望员工会觉得努力是徒劳的，没有工具性员工会怀疑结果的可靠性，没有效价员工就会认为不值得付出努力。而不同个体的回报构成与效价取值是不同的，因此基于期望理论的激励策略也会因人而异。可见，期望理论解释的是员工做出关于是否、在哪里以及如何投入时间和精力的内部决策，而不是对不同员工之间努力差异的解释。期望、工具性和效价相比行为指标能更好地预测积极性的心理指标（Van Eerde and Thierry，1996）。然而，关于期望理论的研究也产生了一些问题和争议，例如，期望理论常被认为是过度算计的（Mitchell and Daniels，2003），不足以解释个体的期望、工具性及效价随着时间的变化（Mitchell and Biglan，1971），未说明三个因素的性质与来源（Grant and Shin，2011）。然而，当员工以自我成长、享受工作体验为导向时，个体往往将工作本身视为一种预期奖励，即使没有相关的外在回报时，个体也会将效价聚焦在工作本身上（Eisenberger，1992；Grant，2008）。

期望理论（Expectancy Theory）与公平理论（Equity Theory）之间存在一个重要争论，即两个理论对个体回报不足及不公平的综合感知情境下对工作动机的竞争性预测。当个体的工具性较高时：按照公平理论，回报不足会使个体感到不公平，进而会痛苦并降低付出；同时按照期望理论，个体感到回报不足后，会被激励去实现更高的绩效，因为他们认为自己有信心通过完成绩效来得到应有的回报（Grant and Shin，2011）。Harder（1991）通过研究为这一争论提供了解释：当个体的工具性较低时，不公平导致的消极绩效影响是明显的；但当个体的工具性较高时，个体就会保持他们的绩效。面对不公平的回报，员工一般会选择降低付出与绩效，但如果个体的绩效下降将会对其未来回报产生不利的影响，那么个体将想办法恢复公平感。

综合型理论（Comprehensive Theory）。综合型激励理论是整合了多种激励理论而形成的，同时考虑了人的全面多元需求，并用整合的视角看待工作动机，以波特和劳勒的综合激励模型为代表，除此之外，还包括豪斯的综合激励力量理论和罗宾斯的综合激励模式。综合激励模型是在期望理论模型的基础之上，又综合引入了个人能力与素质、外在工作条件与环境、个人对组织战略及目标的理解、个人对奖酬公平性的感知四种重要的影响因素。员工的工作努力程度取决于其对"努力与绩效之间的关系"和"绩效与奖酬之间的关系"的主观判断，以及其对内在薪酬和外在薪酬价值的主观评价。综合激励模型将薪酬划分为内在薪酬和外在薪酬两大类，并认为内在薪酬对工作绩效具有更直接的激励，而外在薪酬与工作绩效之间并没有直接必然的因果关系。豪斯（House）的综合激励力量理论也认为，激励因素包括内部激励因素和外部激励因素，前者主要是工作任务本身价值和完成任务的效价，后者主要是个体完成工作任务后所得到的外在报酬的效价，提升员工的工作积极性应该同时运用内部激励与外部激励。

自我决定理论（Self-Determination Theory）。Deci（1972）提出了认知评价理论（Cognitive Evaluation Theory），认为当员工感觉到外在薪酬奖励是一种控制而非支持时，运用外在的业绩奖励会破坏员工的内在工作动机及业绩。认知评价理论引发了多种相关的研究，研究者围绕这一理论的各个方面提出了正面、负面以及混合的研究观点。该理论提出之后，关于外在薪酬奖励对内在动机有害影响的争论有起有落。Deci 和他的同事提出了一个修正后的理论，被称为自我决定理论（Deci and Ryan，2000；Ryan and Deci，2000；Gagné and Deci，2005），该理论将之前的认知评价理论纳入更广泛的自我决定理论中，并解释了为什么外在薪酬奖励并不总是对员工的内在动机和业绩产生负面的影响。但认知评价理论是自我决定理论的一个核心理论，除此之外，自我决定理论还包括有机整合理论、因果定向理论和基本需要理论（Sheldon et al.，2003；赵燕梅等，2016）。自我决定理论关注的焦点问题是，个体的态度及行为在多大程度上是由自我决定的（刘丽虹、张积家，2010：53），并强调个体在自我动机决定过程中的能动作用。该理论认为，内在动机的关键驱动因素是任务和行为选择是否被认为是自我决定的（Kanfer et al.，2017），该理论也能够很好地解释关于回报和激励在何种条件下产生积极与消极影响的争论（Grant and Shin，2011）。

　　根据自我决定理论，个体的行为有自我决定和非自我决定两种，而将人的动机看作一个从无动机、到外部动机、再到内部动机的连续过程，并且在不同的动机状态下对应的自我决定程度是有所差异的，这一连续过程又包括六种自我调节状态，无调节对应着无动机，内部调节对应着内部动机，而外部动机则对应着外部调节、内摄调节、认同调节和整合调节。动机连续状态过程中，无调节意味着个体处于和自我无关的无价值、无意向状态；外部调节和内摄调节是一种个体受到外部控制的动机状态，此时更多地表现出非自我决定行为；认同调节和整合调节是个体将外部环境与自我进行了整合，此时有较大的自我内部控制和决定倾向；内部调节状态则是一种享受与满足的内部自我控制状态，此时个体的行为完全是自我决定的（Ryan and Deci，2000；刘丽虹、张积家，2010：54）。

　　自我决定理论提出，员工有三个基本的心理需求：自主、胜任和关系（Ryan and Deci，2000）。自主是指选择和判断的感觉，胜任是指胜任能力和效率的感觉，关系是指与他人的联系和归属感。当这三种心理需求满足之后，员工更有可能受到内在激励，并将外部目标内化。外在报酬是否具有负面影响，取决于所产生的激励被个体如何解释，是理解为尊重支持还是监管控制。当外在奖励和激励以一种威胁或控制的方式传递给员工时，其自主性、能力和关系都有一种被威胁或控制的感觉，员工往往会对此做出消极的反应；当外在奖励或激励以一种支持自主性、能力和关系的形式传递时，员工产生内在动机的可能性更大。因此，自我决定理论认为与外在报酬的运用联系在一起的员工绩效产出，在一定范围之内是变动的（Kanfer and Chen，2016）。Cerasoli 等（2014）的研究则发现，外在报酬对内在动机的不利影响还取决于绩效目标的性质和报酬结构的本质。

  基于上述激励理论可知，人的需求是全面多元、动态变化的，对人的激励并不能仅仅运用某一种激励理论去解释或实现。对人的激励应该全面综合考虑其多元动态的需求，在此基础之上制定综合的激励策略并实施动态调整，以激发人的内在动机。以上激励理论本质上都说明了人的多种需求是并行存在的，包括有形的外在需要和无形的内在需要，所以人的动机也由内在动机和外在动机以及二者的作用关系决定，满足人的需要并激发动机必须综合使用外在薪酬激励和内在薪酬激励，而且不同需求的满足状态之间是存在互相替代关系的。

## 第二节　平衡计酬卡

  平衡计酬卡（Balanced Compensation Card，BCC），是李宝元于2009 年在全面薪酬概念和战略性激励及综合平衡思想的基础之上，提出的一套战略性薪酬管理工具。BCC 是对全面薪酬概念从战略性综合平衡激励视角出发的一种全面薪酬管理功能的工具性细化，是多种管理理论的整合与实践运用的工具化，涉及战略管理理论、人力资源管理理论、双因素理论、全面薪酬理论、公平理论、目标管理理论以及平衡计分卡理论。BCC 就是要回应并解决组织战略落地实施过程中如何对员工进行战略性全面薪酬平衡激励的问题。

BCC 按照全面薪酬所包括的项目属性及其对员工的作用，将全面薪酬项目划分为内在薪酬与外在薪酬两类。内在薪酬是指员工在为组织供职的过程中，从工作本身所获得或感知到的心理回报以及与工作密切相关的无形回报；外在薪酬是指员工在为组织供职的过程中，所获得的以货币和物质为体现形式的各种回报。在两者内部，又可以按照某种回报判断对员工的激励、弥补或支持作用是直接还是间接产生的，将内在薪酬划分为内在直接薪酬和内在间接薪酬，将外在薪酬划分为外在直接薪酬和外在间接薪酬（李宝元，2011：49—50）。因此，BCC 将全面薪酬所包含的项目划分为内在直接、内在间接、外在直接、外在间接四个维度。

内在直接维度。内在直接薪酬是指能够对员工的内在动机产生直接影响与作用的薪酬项目，这类薪酬项目与工作本身的性质密切相关，主要包括工作的内涵性意义、主体性意义、职业性意义、社会性意义。工作内涵性意义即工作本身有意义，内涵性意义高意味着员工在某一组织所从事的工作，在价值上具有重要性，内容上具有丰富性，任务上具有完整性；工作主体性意义，即从事某项工作的人能在多大程度上尽情发挥自己的主观能动性和才艺技能，主体性意义高意味着从事工作的人有足够的自主决策、自主挑战性及工作成就感；工作职业性意义，即员工在组织中工作所获得的有利于自己职业生涯的成长机会与发展提升空间，职业性意义高意味着员工所从事的工作与自己的职业生涯方向一致，能力提升、职务晋升与个人发展的机会较多；工作社会性意义可以理解为角色匹配性和协作默契性，社会性意义高意味着员工在组织的工作系统中所扮演的角色及其承担的责任与本人的性格和能力非常匹配，与组织及工作团队的目标、理念及行为的协同性和默契性程度高。显然，对于在某一组织从事某种工作的员工来说，其内涵性意义、主体性意义、职业性意义和社会性意义均高的话，则该员工在为组织供职的过程中所获得的内在直接薪酬就很高，在工作中就能体会到应有的乐趣和享受。

内在间接维度。内在间接薪酬是指能够对员工的内在动机产生间接影响与作用的薪酬项目，这类薪酬项目与完成工作所需要的条件及环境是密切相关的。这类薪酬项目本质上是工作所需的潜在隐含因素，员工可以从中获得间接的内在激励，主要包括工作氛围适宜性、工作条件保障性、工作时空便利性、工作职衔荣誉性等四个方面的激励。工作氛围适宜性，即员工从其所供职的组织内外部环境及氛围中所获得的一种工作满意感、荣誉感及归属感，员工可以从组织品牌美誉度、组织文化契合度、人际关系和谐度以及领导风格适宜度四个方面获得间接的内在回报；工作条件保障性，即组织为了使员工更好地工作而提供的优越的保障条件，包括工作所需的设施设备与办公环境及条件，员工拥有更好的保障条件则意味着可以在更安全舒适、更有效便利、更人性化的环境下工作，也就必然会感到身心愉悦；工作时空便利性，即员工由于工作在时间冲突、空间阻隔的情况下得到的便利性支持，包括有交通讯息便捷性与作息时间弹性两个决定因素；工作职衔荣誉性，即员工被组织赋予的某种具有荣誉型工作头衔和职务，以及组织对员工工作成绩与贡献的荣誉型认可。总之，内在间接薪酬有助于员工在更加舒适融洽的环境下更有效、更愉快地完成工作。

外在直接维度。外在直接薪酬是指能够对员工的外在动机产生直接影响与作用的薪酬项目，这类薪酬项目主要是指完成工作以后所得的各种形式的货币报酬，主要包括基本薪酬和绩效薪酬两大类。基本薪酬即员工按照自己在组织中承担的职位、工龄及能力等依据所得到的固定货币报酬，主要体现为按月发放的工资或薪水；绩效薪酬是员工因本人或所在团队创造了高于既定标准的绩效产出后得到的货币性奖励，本质上是一种浮动薪酬，包括短期绩效奖励、奖金、利润分享、股权收益等。此外，外在直接薪酬不仅包括这些有形的货币性回报，还包括这些货币性回报背后的薪酬制度合理性与公平性。薪酬制度的合理性主要表现为员工对加薪调薪、绩薪挂钩、短期绩效奖励、长期绩效奖励等制度的可接受性与认可度，而薪酬制度的公平性主要是指员工对薪酬水平、结构及相关政策进行内外部比较后的公平感。显然，员工获得的基本薪酬和绩效薪酬的高低、感知到的薪酬制度的合理性与公平性，共同决定了员工外在直接薪酬的高低。

外在间接维度。外在间接薪酬是指能够对员工的外在动机产生间接影响与作用的薪酬项目，是员工作为组织正式成员并以某种特定身份而间接享有的、与其工作及其绩效不直接关联或无关的外在间接性回报。外在间接薪酬主要包括法定福利项目和组织自主设立的福利项目，法定福利项目包括"五险一金"和"带薪休假"等；组织自主设立的福利，包括实物性福利、服务性福利、活动性福利等，还可以根据需要设立弹性福利计划，为员工提供更加适合的间接激励。员工的外在间接薪酬，不仅仅是看得到的福利本身，还要看法定福利政策的执行情况、自设福利的数量与质量、福利制度的合理性、所得福利的公平感以及福利带来的效价。

BCC 基于全面薪酬概念、战略性人本激励及综合平衡管理思想，从四个维度入手分别将组织的全面薪酬目标明确化、具体化及实操化，由此形成 BCC 四维标度盘，如图 3—1 所示。实践中，组织管理者可以基于 BCC 四维标度盘，分别选取并设置相应的薪酬项目及指标，实现四个维度的综合平衡。

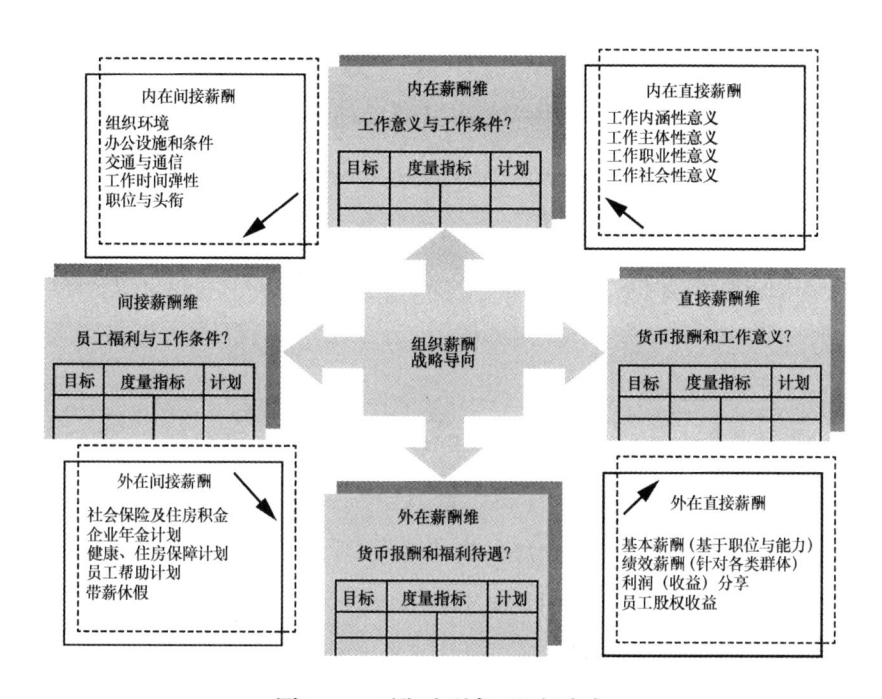

**图3—1 平衡计酬卡四维标度盘**

资料来源：李宝元：《平衡计酬卡：超越BSC的战略管理新工具》，中信出版社2015年版，第7页。

BCC的核心思想是全面薪酬综合平衡激励，要求组织管理者应全面平衡考虑以员工全面多元需求为导向的全面薪酬激励，同时要考虑全面薪酬各维度之间的平衡关系。平衡激励既包括内在薪酬与外在薪酬的平衡设计，也包括直接薪酬与间接薪酬的平衡设计。目前，大多数组织的薪酬设计都局限在狭义货币薪酬层面，与工作设计在操作系统上分属于两个工作模块，这就严重弱化了作为组织个人目标诉求的薪酬之战略性整合激励功能。BCC四个薪酬维度的激励目标及功能定位各有侧重，从内在到外在、从直接到间接，因应情势通过综合平衡产生整合激励效应。通过工作内涵性、主体性、职业性和社会性意义本身驱动的内在直接激励，延伸到与工作能力、工作绩效有直接关联性的外在性货币薪酬驱动，进而扩展到工作条件本身内在间接驱动及各项物质福利保健性功能，由此按照激励的内在逻辑把握在各种不同薪酬维度上的激励时机、方式、标准及力度，找出驱动组织战略绩效目标实现的关键成功要素背后的"关键薪酬指标"①（Key Compensation Index，KCI），然后再对 KCI 设定合理的预期水平，从而形成关键薪酬目标体系（董青等，2015：43）。BCC 要实现的"综合平衡"激励，并非机械死板、平均化或面面俱到，也不是要求每一位员工、工作团队及组织所有员工薪酬结构趋同、水平划一或项目组合类同，而是通过清晰描述、合理解释、综合平衡组织不同群体员工的薪酬构成及其整合激励效应，有效促进绩效目标的完成。作为一种战略性全面薪酬综合平衡激励的理论模型和系统化操作平台，BCC 有助于薪酬战略管理工作按照"薪酬激励战略衔接——四维平衡关键计酬——绩薪联动双轨同步——对比评估动态调整——综合平衡总体协同"的过程推进。如此，组织不仅可以清晰描述、沟通、度量、评估及平衡员工内外在薪酬，而且还可以使组织管理者和员工都能够明确理解、认可、接受并协力配合组织战略落地实施（李宝元，2015：16—17）。

## 第三节　认知失调理论

社会心理学家费斯汀格（Leon Festinger）于 1957 年在其著作《认知失调理论》中提出了认知失调理论（Cognitive Dissonance Theory，CDT）。该理论是一种认知平衡理论，其基本假设是：个体的行动永远朝着能最大限度保持或恢复其认知系统协调一致的方向

---

① 关键薪酬指标（KCI）是管理者在组织战略目标指导下，根据员工的各种绩效任务和全面多元需求，在全面薪酬的主要维度上所设置的能够有效支撑关键绩效指标（KPI）的关键薪酬激励具体项目。

进行，而且这一假设可扩展到群体中去（乐国安、管健，2013）。该理论认为，人们努力在观点、态度、知识、价值观之间建立内在的协调、一致及和谐，换言之，个体内部存在一种朝向认知协调的驱动力（费斯汀格，1999：218），而认知协调本身就是一种对个体的激励因素。

认知失调理论认为，当个体持有两种或两种以上相互矛盾或对立的认知时，会产生一种内心不协调（失调）的状态，这种状态会使个体感到不愉快，直到个体能够通过改变认知来应对这种失调状态（Festinger，1957）。该理论虽然属于社会心理学领域，但也成为管理研究中经常被引用的理论（Hinojosa et al.，2017）。Festinger和Carlsmith（1959）进行的认知失调理论的首次检验对关于影响员工态度的薪酬和激励运用的研究有直接启示。认知失调理论是适合应用于管理问题研究的，研究者们将认知失调理论多应用于理解那些与组织行为（Bhave and Glomb，2016）、人力资源管理（Shipp et al.，2014）、战略管理（Westphal and Bednar，2008）以及企业家精神（Ambos and Birkinshaw，2010）相关的重要职场问题的研究。Hinojosa等（2017）认为，认知失调理论被应用于很多微观层面的组织管理研究中，然而很多源自该理论的管理构念却与理论起源及发展失去了联系。

根据认知失调理论的观点，"失调"即"不协调"，是指个体体验到两种相互矛盾或不一致的认知后所产生的一种消极情感状态。费斯汀格认为认知可以被广义地理解为任何一种心理表征，包括个体的态度、信念或对自己行为的认识（Festinger，1957）。费斯汀格运用数学方程来描述"失调"，即：$M = D / (D + C)$。其中，$M$代表个体体验到的失调的程度，$D$代表与参照不一致的认知总量，$C$代表与相同参照一致或相符的认知数量。可见，"失调"也可以理解为个体认识到自己的态度或者行为与态度之间不一致或存在矛盾的时候出现的一种令人不悦的动机状态（泰勒等，2004：144）。费斯汀格认为，通常情况下，个体对事物的态度以及态度与行为之间的关系是相互协调的，当出现不协调或不一致时，就会产生认知的不和谐、不平衡状态，即认知失调。这种认知失调会导致内心紧张，个体为了缓解内心紧张和不愉快的情感状态，就会寻求办法减少认知差异以恢复协调（黄希庭，2004：311）。

按照认知失调理论，个体可以通过减少认知差异与矛盾来降低失调程度，这就需要通过改变自我的认知来实现，即个体通过改变认知或调整认知的重要性来减少认知差异。费斯汀格提出了减少认知失调的三个主要方法：一是减少认知失调关系中所涉及的一个或多个认知元素①；二是增加与已经存在的认知相互协调的新的认知元素；三是降低认知失调关系所涉及的认知元素的相对重要性（费斯汀格，1999：221）。认知失调的觉察与降低过程包含四个步骤，即认知差异、失调体验、产生动机和减少差异（Hinojosa et al.，2017），如图3—2所示。

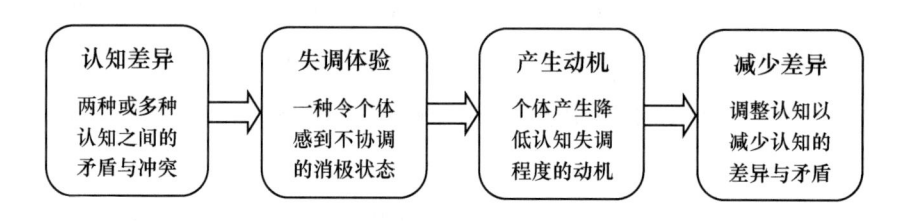

| 认知差异<br>两种或多种认知之间的矛盾与冲突 | 失调体验<br>一种令个体感到不协调的消极状态 | 产生动机<br>个体产生降低认知失调程度的动机 | 减少差异<br>调整认知以减少认知的差异与矛盾 |
| --- | --- | --- | --- |

**图3—2 认知失调的觉察与降低过程**

可见，为了有效地应对和降低失调，个体必须以某种形式减少自己不同认知之间的差异。然而，需要注意的是，不同个体应对和

---

① 费斯汀格认为，元素即个体对自身、行为及环境所了解的事情，认知元素可以是一个或一组元素。元素之间存在无关和有关两种关系，有关的关系则包括协调或失调的关系。认知失调理论所产生的一个重要结果就是有助于理解认知元素与现实不一致的情形。

处理失调的结果是不同的,有些个体可能无法成功地处理认知失调的问题,所以可能仍然处于消极的情感状态。对于组织中的员工个体来说,当其处在认知失调状态时,员工也会寻求可以减少认知差异、降低失调的办法或力量来消除紧张和不愉快的情绪,而这种办法或力量是自我内部调节和外部激励共同作用的合力。对于有些员工来说,当处于认知失调时,可以通过进行自我认知差异的内部调节和处理以恢复协调状态,而有些员工则需要组织管理者给予适当的外在激励以帮助其改变认知差异并恢复协调。无论对于哪种员工,组织给予的激励都是至关重要的。

## 第四节 阴阳平衡思想

中国传统文化与哲学思想体系中蕴含着深刻的"阴阳平衡"思想。按照中国传统文化和哲学思想的解释,阴与阳之间平衡,人或事物才能和谐顺利地朝着良性的方向发展。这里的平衡有两层含义:一是阴和阳的成分、表现及影响都要存在而且二者不可呈现出极端的"衰"或"旺";二是阴和阳要形成良好的互补平衡关系,阴和阳虽然是事物的两个对立面,但又是同时存在且互为补充的,阴阳之间的此消彼长如果是在正常范围内变化,则事物就处于相对稳定协调的状态,即"阴阳平衡"。

中国的阴阳哲学思想认为世界上任何事物都是由阴和阳两个对立面组成,没有绝对的纯粹,即只有纯粹的阴而没有阳或者只有纯粹的阳而没有阴,这两种情况都是不存在的。在认识论上,阴阳哲学思想认为,我们可以并且应该总是看到共存于任何物体之中的两个相反的元素(Li,2014)。中国古人接受"阴阳平衡"作为所有哲学共同的认识论,其思想框架由三个核心原则构成,包括整体性原则、动态性原则、二元整合原则。整体性原则,即任何复杂的现象都是相互依赖的多维全面要素的平衡；动态性原则，即任何复杂的现象都是一个多重要素相互作用的平衡；二元整合，即任何复杂的现象都是对立但却互补的要素的平衡。阴阳平衡思想具有独特的能力，可以理解矛盾对立因素的必然性和可取性，而这些因素之间在一定程度上有冲突、同时在一定程度上也有互补。因此，每一组相互矛盾对立的因素都可以按照对立统一原则重组为一个二元体（Li，2012）。阴阳平衡思想最能有效地解释对立统一的二元现象的模糊性或不确定性。

关于"阴阳平衡"的状态，孔子强调应该在事物相对的两极之间寻求具有"中和之美"的"平衡态"，而不应该出现"过"与"不及"的状态，中医的阴阳平衡思想就体现了儒家强调的"中和之美"的特征（周生辉、周轩，2018：487）。然而，中医里所讲的阴阳"平衡态"并不是唯一固定的一种取值状态，而是在一个合理的"度"的范围内动态变化的，阴阳之间的比例则是在确保事物"平衡态"的一定范围内变动的（邓铁涛、欧明，1985）。如果将"平衡"思想运用到管理中，就会发现有很多在形式上相互对立但内容上却密切关联的理论，也类似于事物的阴阳两极状态，而这种阴阳两极状态也是需要"平衡"的。从中医阴阳平衡的观点来看，管理理论研究与实践应用也应该在"阴"管理与"阳"管理的两极状态之间求得"中和之美"的"平衡态"。阴与阳的管理也应该反对"过"与"不及"，如果"阴"管理与"阳"管理都处于"过"或"不及"的状态，则会出现"力所不及"或"物极必反"的现象（周生辉、周轩，2018：492—495）。

根据中医阴阳平衡观下的"七情配伍"[①] 理论，药物可以单独

---

[①] 七情配伍：一味药能治病救人即是"单行"；两药合用且能相互促进疗效即是"相须"；辅药能助主药增效为"相使"；一药能抑制另一药的毒性或副作用即是"相畏"；一药会破坏另一药功效即是"相恶"；两药合用反而有害则是"相反"；一药能将另一药毒性消除即是"相杀"。

使用，但很多时候需要多种药物合用才能促进疗效，所以中医用药就有"单行""相须""相使""相畏""相恶""相反""相杀"等七种情况。中药之间实现"相须相使"或"相畏相杀"合理搭配，药物之间才会产生良性的互补促进功效。组织员工激励中，也可将阴阳属性相同或相似且又可以相互促进的激励方法组合起来发挥"相须"的功能，将一种或多种激励方法能对另一激励方法产生辅助作用的组合起来发挥"相使"的功能，这种组合本质上就是发挥各种激励手段的"相辅相成"的整合功能。同时，可将阴阳属性相对又能相互纠偏或消除副作用的激励方法组合起来发挥"相畏相杀"功能，这种组合本质上就是用某种激励手段削弱其他激励手段对员工产生的负面影响（周生辉、周轩，2018：487—488）。

因此，"阴阳平衡"中的"平衡"除了保持在一个"中和之美"的"平衡态"之外，还有阴阳之间的互相作用，而这种作用就体现为类似于中医阴阳平衡观下的"七情配伍"。在管理领域，追求"阴阳平衡"的管理对于企业经营发展是具有重大意义的，如企业在追求稳定和锐意变革之间、情感管理和制度管理之间、制度设计的宽松与严格之间、领导者和下属关系的亲近和疏远之间等，都应该做到阴阳平衡（刘刚等，2014：105）。

## 第五节 理论与主题的内在逻辑

以上阐述了与本书研究主题相关的全面薪酬研究现状、激励理论、平衡计酬卡理论、认知失调理论以及中国传统文化与哲学思想体系中的阴阳平衡思想。如图3—3所展示的，是各种相关理论思想与研究主题之间的内在逻辑关系，通过梳理并分析理论思想对研究主题的支撑和启发，进一步明确本书研究的理论依据与线索。

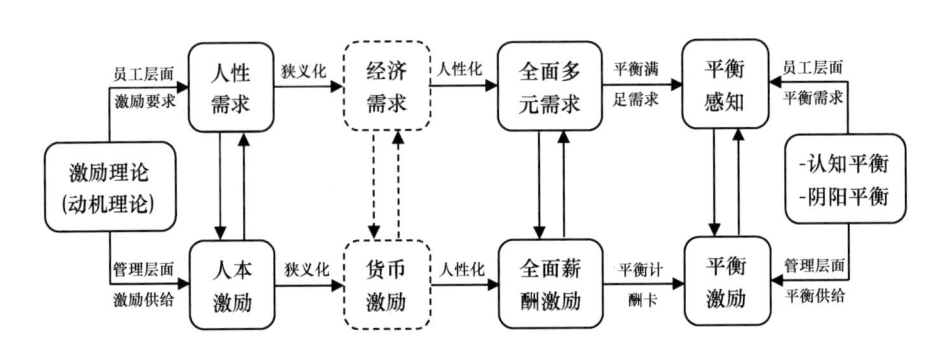

**图3—3 理论思想与研究主题的内在逻辑**

从组织管理层面来看，基于现有的多种激励理论和动机理论，可以产生多种不同的激励方式及手段；从员工层面来看，激励理论更加强调被激励对象基于人性的全面多元需求及动机。长期以来，组织管理者受到经济人假设根深蒂固的影响，员工全面多元化的人性需求被经济需求所掩盖遮蔽，而组织对员工应有的人本激励也习惯于运用狭义的经济性或物质性激励手段。随着组织管理的人性化特征日益明显，人的需求从对经济物质的需求向全面多元需求转变，组织管理理论也越来越呈现出"人本管理"的趋势，员工全面多元动态的需求及内外在动机也越发受到理论研究者和实践管理者的重视，而组织惯用的传统狭义的货币性薪酬激励也被推向了更为广阔丰富的全面薪酬激励，从狭义货币工资逐渐发展成为包含货币薪酬、福利、工作环境、工作价值及工作体验等多方面回报的全面薪酬激励，员工也得到了自认为有价值的全面多元回报。平衡计酬卡（BCC）试图回应的问题是组织如何在战略实施过程中对员工进行全面薪酬平衡激励，该理论的重要意义和启示在于，在激励理论和全面薪酬理论的基础之上，将理论研究和实践探索拓展到了如何运用全面薪酬进行平衡激励问题的思考。可见，无论是从实践应用还是从理论研究来看，全面薪酬、相关的激励理论以及平衡计酬卡等理论都只是表明人具有全面多元需求，组织管理者需要综合平衡运用全面薪酬才能对员工进行有效激励，也为激励员工提供了若干原理与模型。然而，究竟员工个体如何看待与评价自己全面多元需求的满足情况以及因此而导致的个体工作态度及行为会产生什么变化，究竟组织管理者如何才能综合运用全面薪酬平衡地激励员工，以上理论虽然提供了进一步研究的基础，但并未给出明确的解释。

基于认知失调理论和阴阳平衡思想，本书认为员工除了全面多元需求之外，还有一种重要的"平衡满足需求"，即平衡满足自己所关心的各种需求的需求，而组织管理者也必须要考虑平衡地运用全面薪酬对员工实施综合激励。从员工层面来看，员工势必会考虑平衡满足自己的各种需求，同时会对自己的不同需求满足状态及其之间的相互作用关系进行内部评价和认知，进而引发个体的平衡感知；从管理者层面来看，组织必然应考虑如何平衡设计全面薪酬，平衡运用"阴"类激励供给和"阳"类激励供给，使员工所关心的各种需求得到相对平衡的满足，组织为员工提供的这种阴阳平衡状态的激励，即平衡激励。

由认知失调理论可知，个体总是被驱使着保持自己认知的平衡或一致性。人们都会通过减少认知中的差别和失调以实现主观与客观以及主观内部的协调或和谐。可见，人有一种客观存在却容易被忽视的重要需求，即人总是试图保持其个体内部认知系统的平衡，说明人有将认知不平衡转化为平衡和维持原有认知平衡的需求，这种需求即"平衡需求"。人们都在有意识或无意识地对自己的态度与行为进行着自我控制，其根本动因就是每个人都具有"平衡需求"。追求平衡需求的满足有两种形式，一种是追求主观与客观之间的平衡，即个体的主观期望与现实状态之间差别的减少或消失；另一种是追求个体主观内部的平衡，即通过实现个体内部认知之间的协调或减少失调以追求内部平衡（张灵聪，2001：100—101）。

由此可知，组织中的员工个体也必然具有平衡需求，这种平衡需求就体现为个体除了以直接或间接的形式追求各种有形与无形需求的满足之外，还有平衡地满足自己所关心的各种需求的需求，因此组织中员工的平衡需求可以更具体地被称为"平衡满足需求"。个体内部认知会通过对各种所关心的需求被满足状态的评估而产生心理和谐与否的感知，如果出现需求满足感与期望之间的不协调或者各种需求满足感之间的不协调，那么个体就会产生"认知失调"或"认知不平衡"的感知状态，并通过改变态度与行为让认知的失调或不平衡变得协调或平衡，进而获得并保持平衡和谐的内心。员工实现并保持内心平衡这一需求，就体现为员工个体试图通过为组织供职而追求各种期望的回报及其内心对各种回报之间关系的内部认知协调，而员工对自身所处的这种平衡状态会有自我的认知。

中国人对"心理平衡"的认知在很大程度上受到中国传统思维中阴阳平衡"文化基因"的影响，因此惯用"心理平衡"的概念来解释和调节个体内心对人对事的和谐与否的态度，也用这一概念来衡量个体的内心世界处于一种和谐愉悦状态的程度。心理平衡观在中国传统文化里源远流长，最早体现在孔子提出的"中庸"之道中，在传统中医文化中也尤为重要。孔子认为"中庸"是最高尚的道德，中庸即"无过""无不及"。可见，心理平衡并非某一特定的状态，而是有一个适度的范围，只要处于这个范围之内都是相对平衡的，但如果超出适度范围的界限，心理平衡就会转向心理失衡。因此，可以说心理平衡是人所共同追求的一种理想的心理状态，然而为获得这种和谐愉悦的心理状态所采取的方法却是因人而异的（翁银陶，1993：81）。根据阴阳平衡思想，组织实施的全面薪酬激励在内在和外在之间、直接与间接之间以及各种具体回报之间也需要实现"平衡态"，各种员工激励的方式之间的平衡关系本质上就是协调互补、整合一致的关系。而作为被激励对象，组织员工个体所得到的各种回报或激励之间的关系会在员工内心形成一个"平衡态",这种"平衡态"既包括个体对各种需求被平衡满足的状态,也包括各种需求满足状态之间所形成的积极的互补与作用关系的状态,即本书所研究的全面薪酬平衡感知。在这个意义上,与认知失调理论观点一致,个体不仅有对自己的需求和满足之间认知的协调性,也有不同需求之间以及不同需求满足状态之间协调与否的认知。这种对全面薪酬激励的内心平衡态也体现为员工个体试图通过为组织供职从而追求各种期望的回报以及其内心对各种回报之间关系的内部认知协调。

总之,平衡满足需求是任何一类组织中的员工都具有的一种重要需求,是一种隐含在各种需求背后的,希望自己关心的各种需求都能够得到同步较好的满足,以及各种需求满足状态之间能够形成平衡关系的需求,这种需求会引发个体对需求满足及需求满足状态之间关系的平衡认知。以下,本书将从组织员工视角出发,对组织中员工个体感知到的其所关心的各种需求的满足状态以及各种满足状态之间相互作用关系的"平衡态"展开深入研究。

# 第四章

# 全面薪酬平衡感知的概念模型

## 第一节 典型现象及问题反思

本章要回答"什么是组织中员工个体的全面薪酬平衡感知"的问题。开始具体研究之前,首先需要分析两种普遍存在于组织中且与研究问题密切相关的激励现象,并从中反思相关问题。分析现象与问题时,借用 Marshall 和 Rossman(2015)的"漏斗模型"(马歇尔、罗斯曼,2015:75—76),按照"一般激励现象——焦点观察现象——基于现象的问题反思"的分析过程,使研究现象逐步聚焦和具体化,进而明确从现象中反思的具体问题,如图4—1所示。

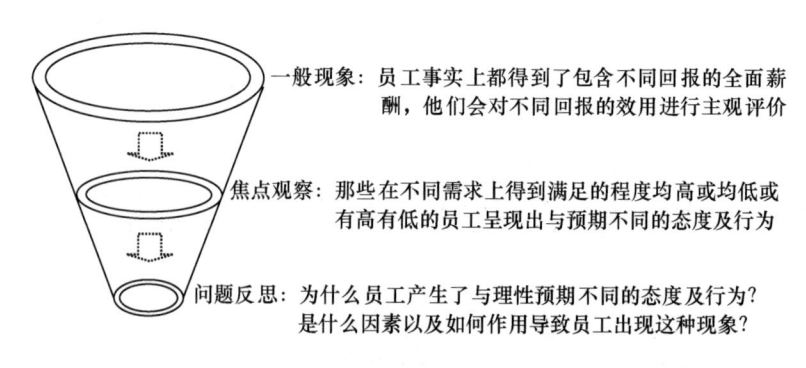

一般现象:员工事实上都得到了包含不同回报的全面薪酬,他们会对不同回报的效用进行主观评价

焦点观察:那些在不同需求上得到满足的程度均高或均低或有高有低的员工呈现出与预期不同的态度及行为

问题反思:为什么员工产生了与理性预期不同的态度及行为?是什么因素以及如何作用导致员工出现这种现象?

**图4—1 "一般现象—焦点观察—问题反思"漏斗模型**

几乎所有的组织中，总会有一些员工积极主动、快乐幸福地面对工作，也有一些员工则消极低落、被动麻木地应付工作，甚至出现焦虑、紧张、不满等情绪。其中缘由，当然有工作以外诸多因素的影响，如员工个人的情感、家庭、健康等，但在观察和访谈中排除了这些个人生活方面的影响因素后发现，员工是否积极主动面对工作很大程度上还是取决于其从所供职组织得到的工作回报。几乎被观察和访谈的所有对象都承认了一个现象，即他们在目前的组织中工作，的确得到或感知到了不止一种自认为有价值的有形或无形的回报或好处，如工资、奖金、福利、便利、表彰、成就感、信任、发展空间、文化氛围等，区别在于不同组织中不同员工得到或感知到的回报或好处的组合是不一样的。只要员工自己认为得到或感知到的这些回报或好处都有意义或价值，那么这些回报或好处就构成了所谓的"全面薪酬"。

事实上，只运用某一种绝对单一的方式激励员工的组织几乎是很罕见的，任何一类组织的员工都应该能得到或感知到包含各种不同的有形与无形回报或好处所构成的"全面薪酬"，只是不同组织中的不同员工所认可的"全面薪酬"及其构成是有所差异的。因此，员工所期望的全面薪酬就是其基于自身所关心的各种需求构成的预期回报。现实中，大多数组织管理者和员工很可能都没有意识到"全面薪酬"这一理论概念的存在，但这并不影响这一概念所对应的一般激励现象的客观存在。员工面对组织给予的"全面薪酬"时，都会在内心里对各种回报给自己带来的"效用"进行主观评价，判断这种"效用"是否满足了自己所关心的某种需求。按照激励产生的原理，需求的满足会产生主观能动性与积极性，进而在工作态度及行为中有所体现。因此，组织中的员工都在不自觉地对组织给予的全面薪酬进行着基于自身价值标准的主观评价与判断，评价与判断的结果也会对其工作态度及行为产生影响。

通过焦点观察和访谈，从以上一般激励现象中，发现了两种用现有激励理论、全面薪酬理论及其他相关理论无法给予明确清晰解释的典型激励现象及问题：

现象及问题一：有些员工已经获得了某些自己认可甚至是满意的回报与激励，当问及他们的回报时，也能说出这些回报与激励，但这类员工的工作状态总是消极或低落的，至少是没有表现出应有的积极性和创造性，甚至还出现心理失衡、消极怠工或跳槽离职的现象。得到了自己认可或满意的回报与激励，意味着个体的某种或某些需求得到了满足，但并未表现出理应具有的积极性。难道这类员工在面对工作时就根本不考虑那些令他们认可或满意的回报与激励吗？究竟是什么原因导致他们消极怠工或跳槽离职呢？

现象及问题二：有些员工即便对组织的激励有明显的不满或没有得到想要的或应该得到的回报，但他们在实际工作中仍然会积极投入并创造良好的绩效，虽然有些员工还因不满的回报或激励表现出抱怨或离职的想法，但这些抱怨或离职想法却仅仅停留在"说说而已"的层面，在实际工作中也没有出现任何消极怠工或跳槽离职的行为。没有得到自己认可的回报且对组织激励不满，意味着个体某种或某些需求没有得到较好的满足，但他们也并未表现出理应出现的那种消极性。难道这类员工不会受到不满回报或想要而未得到的激励的负面影响吗？究竟是什么原因让他们在实际工作中仍然表现得积极进取呢？

面对这两种现象及问题时，多数管理者都习惯于将原因归结为个体本身固有的特质。例如，下属是否具备良好的责任心、进取心、敬业度等，下属是否天生贪婪或懒惰。个体内在驱动力很强或具有强烈自我实现需求的人，无论是否得到满意的回报与激励，甚至是遭到不公或不满的待遇，仍然会积极努力把工作做到最好，对他们而言，做好工作和实现目标本身就是一种重要回报；而那些天生消极懒惰甚至贪婪无度的人，无论是否得到了组织给予的满意回报与激励，总会表现出消极被动的状态，对他们而言，满意的回报与激励只是一种情绪的暂时性调剂而已，并没有产生持久有效的作用。然而，人本身的特质是不易改变的，至少在面对当前的工作任务与环境时是不容易立刻改变的，需要组织管理者给予有效的激励才能克服消极被动。虽然个性特质不易改变，但面对喜欢或适合的工作时，人很可能会改变自己固有的特质。现代组织人力资源管理提出用人的关键在于人职匹配，即寻找适合的员工去从事相应的工作，但事实上，由于各种资源条件所限以及不可控因素的影响，不适合或不完全适合的员工正在从事着与本人个性能力不太匹配的工作，这种现象是普遍存在的。因此，现实中的组织管理者并不能让所有人都从事喜欢适合的工作，而激励的难点所在就是如何让那些对当前工作兴趣不大、不太适合的人变得积极努力面对工作。当员工对自己的工作情有独钟、适合擅长的情况下，无论回报与激励如何，员工都会在一定程度上对工作表现得积极主动、敬业负责，但是管理的重要意义之一就在于，在这种人职匹配的基础之上，通过合理有效的激励，进一步提升与保持员工的积极性，让他们具有更加持久且符合组织期望的工作态度、行为及业绩，而不是仅仅期望员工表现出由于其人格特质和对工作的偏好带来的相对积极的态度及行为，况且这种内生的工作动机也会因为组织管理者的激励失效或失衡而产生负面影响。另外，组织管理未必能够实现理想的人职匹配，管理的另一个重要意义就在于如何在人职匹配程度不高但又无法立刻改变的情境下，对员工进行有效适合的激励。总之，选对人是有效管理的起点而非有效管理的保障。

除了员工自身固有的特质之外，还有其他工作以外生活因素的影响，可能会造成这两种现象的出现。例如，员工个体虽然得到了较好的回报与激励，其仍然不努力是因为个人当前的情感、家庭、健康以及生活其他方面出现了导致自己消极被动的负面事件；相反，员工个体虽然没有得到较好的回报与激励，但仍然积极努力面对工作，其中一个原因可能是因为个人当前的生活中出现的某种令其满意的正面积极事件在一定程度上调节了对工作的态度。然而，这类生活中的影响事件及因素却是管理者和员工个体都无法有效掌控的。人的行为是由动机所决定的，而动机又取决于人的需求，人的需求则是全面多元且动态变化的。如果假定员工当前的情感、家庭、健康、生活等方面的状况没有对工作状态起到显著的积极或消极影响，也先不考虑员工自身的内在特质差异，那么造成上述现象的原因肯定与工作相关的需求满足情况有密切关系。工作对人来说不仅是谋生致富的手段，也是创造和实现自我价值的途径，从某种意义上说，工作更是一种特定的生活方式。员工在某一组织中工作，其需求一定是多元化的，不同员工的多元化需求构成也不尽相同，但基本上都包括货币收入、福利待遇、工作环境和工作价值及体验这四类需求。

## 第二节　基于案例研究的理论假设

如果所要研究的问题是寻求对一些特定现象的解释，如"为什么（Why）""如何（How）"的问题，那么选择案例研究是非常贴切与适合的（殷，2017：6）。案例研究的目的可以是对现象或被研究对象的描述、解释或探索，也可以通过研究建构理论。与统计分析方法不同，案例研究并没有标准固定的模式，关键在于研究者本人合理灵活的研究思路。根据个案数量选取不同，案例研究分为单案例研究和多案例研究。相对而言，多案例研究可以更加全面地了解和反映研究对象的不同方面，形成更加完整可靠的研究结论，同时还能够提高研究效度（Yin，2003）。案例研究方法本质上是采用归纳逻辑，这是与量化研究方法的根本区别，现有的案例研究其主要逻辑是 Campbell（1969）提出的"模式匹配"、Eisenhardt（1991）提出的"复制扩展逻辑"以及 Yin（2009）提出的"逐项复制和差别复制"。通过案例研究来建构理论的核心就是"复制逻辑"（Eisenhardt，1989）。

因此，从本章的研究问题及研究目标来看，是适合运用案例研究方法的。具体来说，就是运用解释性多案例研究法，从两种典型的激励现象出发，选择多个案例进行分组对比研究，对激励现象及存在的疑问给予合理的解释，并基于对现象的解释及分析结论，提出与现象对应的理论概念，界定其内涵并建构概念模型。同时，对于解释性案例研究来说，也更适合在研究之初提出理论假设或框架，并以此为指导来选择适合的案例样本，进而对案例进行比较分析及验证。

案例研究中的资料分析与归纳是至关重要的，可以根据理论假设进行分析，理论假设说明了案例研究中的理论取向如何指导资料分析，有助于研究者对现象或研究对象给予各种可能的解释与检验。同时，通过对比性资料分析还可以检验与之前的解释相反的竞争性解释，进而形成竞争性归纳框架（殷，2017）。Yin（2014）将案例研究中的资料分析与归纳方法称为"分析性归纳（Analytic Generalization）"，并认为其与"统计性归纳（Statistical Generalization）"[①] 有本质的区别，案例研究中把统计性归纳当作归纳方法是致命的错误。研究者应将个案视为发现或揭示一些理论概念或原则的机会，就像实验研究者构思并实施新的实验一样。从这种意义上来说，案例研究和实验研究在分析归纳时都力求突破某一具体案例或实验情境的限制。分析性归纳可以佐证、修改或否定其他案例研

---

[①] 在统计性归纳中，研究者通过收集大量样本的各种实证资料，然后推导出总体的某种属性。

究的理论概念，还可通过案例研究产生新的概念（殷，2017：50—52）。

针对以上两种典型激励现象及其引发的问题反思，本章将采用案例研究方法进行分析，在此需要提出理论假设。开始案例研究之前是否需要理论假设这一问题，研究者持不同的观点（吕力，2014：151）。Yin（1994）认为案例研究可以事先有理论假设，案例研究中的理论假设及其陈述形式不同于定量实证研究中具体变量之间的因果关系假设。Sutton 和 Staw（1995）将案例研究中的理论假设解释为，关于某些行为、事件、结构和思想为什么及如何会发生的假设。理论假设的作用是为研究者提供一个开展研究的蓝图和进行案例资料收集与分析的框架，指导研究者有方向地进行研究，使研究设计更有说服力，也使研究者能够较有深度的解释最终资料（殷，2017：47—48）。Campbell（1969）的案例研究方法的操作步骤就是，先提出几种可能的理论假设（或称"模式"），再将案例数据资料与这几种假设进行对比，如果某种理论假设相对来说与数据资料更为契合的话，这种理论假设则被认为是更为正确或合理地解释了现象。Eisenhardt 和 Graebner（2007）也认为，对于现象驱动的研究问题，研究者必须根据现象的重要性和现有相关理论的解释不足来构建研究框架。因此，案例研究中的理论假设可以理解为针对某一现象及问题所建构的预设性理论，理论陈述也应简单明确[①]。

根据对典型激励现象及问题的初步分析，并结合现有相关的理论基础，可建立以下理论假设：本研究将展示，当不考虑被激励个体自身固有的内在驱动因素和现阶段所处的情感生活等因素时，为

---

[①] 例如，运用案例研究法研究一种新管理信息系统的实施情况，理论陈述可以这样表达：本研究将展示，为什么只有在组织能够进行自我重构而非仅仅把新管理信息系统强加于旧组织结构之上时，管理信息系统的实施才可以获得成功（Markus，1983）。

什么那些自己关心的需求被较好满足的员工，会因为那些没有被较好满足的需求而变得消极怠工甚至产生离职想法；为什么那些自己关心的需求没有被较好满足的员工，会因为那些已经得到较好满足的需求而积极面对工作。该理论假设的陈述是以问题形式呈现的，可以从四个方面来理解：第一，理论假设中有一个大的假设前提，即先不考虑被激励个体自身固有的内在驱动因素和现阶段所处的情感生活等因素的影响，另外两个问题就是在这一前提下的理论假设；第二，假设那些自己关心的需求被较好满足的员工，是会因为那些没有被较好满足的需求而变得消极怠工甚至产生离职想法的；第三，假设那些自己关心的需求没有被较好满足的员工，是会因为那些已经得到较好满足的需求而积极面对工作的；第四，产生这两种现象及问题的原因，与个体没有被较好满足的需求和已经被较好满足的需求之间的关系有密切关联。

案例研究中的理论假设应涵盖五个要素，即问题、假设、分析单位、连接资料与假设的逻辑、解释结果的标准（Yin, 2014）。显然，这一理论假设涵盖了两个"为什么"的问题，而且还涵盖了三个假设，即大的假设前提和两个问题形式的假设。分析单位包括个体需求、需求被满足的状态、不同需求及其被满足状态之间的关系、个体的内在特质、个体受到的可能的外在影响、工作状态等。解释结果的标准则比较明确，即员工表现出来的外在工作状态，包括消极怠工、积极投入、离职倾向等。关于连接资料与假设的逻辑，需要做进一步说明。

首先，员工在组织中的工作状态会受到内外部各种因素的综合影响，对人人都有影响的就是情感、家庭、健康、生活等因素，这些因素对人的影响是随机的、变化的，是无法依靠组织管理有效解决的；此外，还有人的内在固有特质，有些人将工作视为天职并从中汲取快乐，而有些人将工作视为负担并想方设法以小投入换取大回报，人内在的固有特质对人的影响往往取决于价值观，不易改变。在此，并没有特别考虑个体的性别、年龄、学历、职业等基本因素，因为这些因素对人的影响会集中体现在个体的价值观及情感、家庭、健康等生活特征中。因此，可以先假定这些因素相对稳定，以便在这一假设条件下去研究与工作、需求、满足相关的管理现象及问题。

其次，根据本书对"平衡"内涵的综合阐释可以推论：一是员工除了有各种不同的需求外，还有一种隐含的需求，就是平衡地满足自己所关心的多种需求的需求，也就是说追求自己各种需求相对平衡地得到满足的需求；二是员工在所关心的各种需求上的满足感之间存在弥补或替代的平衡关系，即员工得到的满意回报或激励对那些没有得到的回报或激励有不同程度的互补替代的积极平衡作用。这两个推论，可以比较合理的解释：为什么有些员工已经得到了某些方面满意的回报或激励，但仍然不积极主动，是因为其关心的其他需求没有同时被满足；为什么对于那些没有得到预期或满意回报的员工来说仍然能继续保持积极主动的工作状态，是因为已经得到的那些令人满意的回报激励了他们，并且这些满意的回报在一定程度上平衡或弥补了那些不满的回报，弥补或平衡的效果使不满的回报及相应的需求得到了平衡。

## 第三节　个案选取与分析策略

理论假设可以为选择和分析个案提供很好的理论指导，选择和分析个案需要遵循质性研究提倡的"理论抽样"原则。按照"理论抽样"原则，所选取的个案是那些最适合分析与说明所要研究的现象及问题的案例，这类案例对于解释现象中的疑惑是非常恰当和有力的，可以最大化地呈现出复杂现象及问题涉及的概念或变量之间的关系，根据研究的需要也应考虑选择那些有趣或特殊情境的案例（Pettigrew，1990）。基于理论抽样的个案选择与资料分析是一个持续进行的过程，并不像统计抽样那样需要一次性收集全某阶段研究所需的样本及数据，然后再做统一分析，而是一边选取个案并收集资料，一边开始对资料的分析，而之后的个案选择与资料收集则是基于前面的个案选择与资料分析的结果（科宾、施特劳斯，2015：156—158）。同时，每个案例的结果都要有典型性，而且要在最终案例确定之前体现出来（Yin，2014：41）。案例研究中的每个案例相当于一个独立实验（Yin，2009），案例选取还应同时遵循"复制逻辑"，如果所选取的案例经分析后能够得出相同结果则属于"逐项复制"，所选取的案例由于可预知原因而产生与之前案例不同的分析结果则属于"差别复制"。遵循"复制逻辑"，多案例之间就能够进行相互比较，进而说明研究中新的发现仅是某个案所特有的还是可以不断被多个案例所重复印证的（毛基业、李高勇，2014：114）。因此，多案例研究中的案例选择并不是基于特定个案的独特性，而是基于案例群对理论发展起到的贡献。换言之，多案例研究中的个案应该基于理论的可重复性、拓展性以及对立重复和排除其他可能解释进行选择（Eisenhardt，1991；Yin，2009）。

按照"理论抽样"原则和"复制逻辑"选取个案时，除了要考虑个案的内在特质处于一般稳定水平、其生活状态处于正常且对工作无重大影响以及个案结果明确典型等标准之外，主要按照五个具体的标准进行选取：一是个案是否有自己关心的需求已经得到了较好的满足；二是个案是否有自己关心的需求没有得到较好的满足；三是个案是否有自己关心的需求被满足的状态或程度已经突破了自己的最低期望；四是个案得到的各种回报之间是否存在积极的互补替代与作用的平衡关系；五是个案目前是否具有良好积极的工作态度与行为。按照以上标准，共选取八个典型个案，并基于复制逻辑对八个案例进行分组对比分析与研究。选取个案及分组的基本情况，如表 4—1 所示。

**表 4—1　基于理论抽样原则和复制逻辑的个案选取与分组情况**

| 分组 | 编号 | 个案主体 | 年龄 | 职业 | 工龄 | 各组共性 | 共性 |
|---|---|---|---|---|---|---|---|
| 第 1 组 | 案例 1—1 | 李女士 | 34 | 国企财务人员 | 4 年 | 个体关心的有些需求得到了较好的满足，有些未得到较好的满足 | 个体内在特质都处在一般稳定的水平；生活状态正常且无重大影响；个案结果典型且明确 |
| 第 1 组 | 案例 1—2 | 曹先生 | 40 | 民企市场经理 | 5 年 | | |
| 第 1 组 | 案例 1—3 | 张先生 | 36 | 外企销售代表 | 6 年 | | |
| 第 2 组 | 案例 2—1 | 赵先生 | 29 | 银行客户经理 | 3 年 | 个体关心的所有需求都未被组织给予较好的满足 | |
| 第 2 组 | 案例 2—2 | 高女士 | 43 | 三甲医院护士 | 10 年 | | |
| 第 2 组 | 案例 2—3 | 陈先生 | 38 | 国企行政人员 | 14 年 | | |
| 第 3 组 | 案例 3—1 | 杨女士 | 42 | 民企人资经理 | 8 年 | 个体关心的各种需求均被组织给予了较好的满足 | |
| 第 3 组 | 案例 3—2 | 王先生 | 46 | 事业单位中层 | 16 年 | | |

本研究主要运用案例描述分析、基于理论假设分析、竞争性解释分析等分析策略（殷，2017：161—166），对所选取的八个案例进行分组对比分析，包括同一案例组内不同案例之间的比较分析和不同案例组之间的比较分析。第 1 组案例分析，将案例 1—1、案例 1—2 和案例 1—3 进行对比分析，该组案例的共性是个体都面临同一种被激励的境况，即有些自己关心的需求被给予了较好的满足，有些自己关心的需求没有被给予较好的满足；第 2 组案例分析，将案例 2—1、案例 2—2 和案例 2—3 进行对比分析，该组案例的共性是个体所关心的所有需求都没有被给予较好的满足；第 3 组案例分析，将案例 3—1 和案例 3—2 进行对比分析，该组案例的共性是个体所关心的需求全都被给予了较好的满足。这三组案例内部都具有

共性,但同一组案例内部在共性下又具有不同情境因素及结果的差异。对比分析时,先从理论假设出发,运用"逐项复制"和"差别复制",分析同组内案例之间的异同,进而分析不同案例组之间的异同,同时从中确立和检验各种竞争性解释,通过持续的比较分析得出研究结论。

## 第四节 案例对比分析及检验

### 一 案例对比分析:第1组

**案例1—1(简略)**:一直以来,李女士自认为在这家国企工作很稳定,工资待遇很不错,也有正常的五险一金,节假日也有适当的福利,中午可以在单位食堂吃饭,饭菜质量很合胃口,而且有餐补,办公条件和环境也是让她感到满意。然而,近半年来,李女士工作很不开心,工作中消极被动,时而有强烈的离职意愿。令她不开心的主要原因是领导,她认为上级领导是一个心胸狭窄、经常给她找茬的人,总是拿她出气。她觉得造成这种局面是由于上任领导已经调走,她跟上任领导关系非常好,而现任领导和上任领导恰好有矛盾。公司里有不少员工都遇到了同样的情况,有些人受不了现任领导方式已经辞职了。现任领导上任后,在公司内部重要岗位上换了很多他"自己"的人,所以那些新提拔的人和现任领导是站在一起的,当然还有些"墙头草"。目前,公司内部人际关系很复杂,员工之间钩心斗角、尔虞我诈。领导和财务部门负责人经常合起来为难李女士,让她感觉工作氛围很压抑。由于领导和她有矛盾,以往跟她关系好的同事也慢慢疏远了，和李女士关系好的同事都被该领导约谈过好几次，甚至有的已经辞职了。但事实上，领导也不能把李女士怎么样，由于是国企，矛盾只是让她难受，但工作还是可以正常干，只是李女士感觉特别没意思。除了领导的原因，李女士对经常加班也有不满，她本能地认为这也和领导有关。虽然对这份工作有很多舍不得，但几经纠结后，李女士还是无法忍受现任领导和紧张压抑的工作氛围。李女士已决定辞职，目前正在做一些准备，计划辞职后开一家美容养生店，自己喜欢，同时也可以赚钱。

案例1—1中，李女士显然得到了企业给予的多种回报构成的全面薪酬，有很多她也是认可和满意的，如工作稳定、薪水较高、工作环境不错、法定福利齐全、企业自设的餐饮福利较好等，换言之，李女士在意的很多需求得到了较好的满足。令她不满的主要是领导方式以及由此带来的工作氛围和经常加班的工作状态，李女士也因此表现出强烈的工作消极状态与离职倾向。原因不是李女士不认可那些令她满意的回报，而是与领导的关系已经糟糕到让她无法接受的地步，可以说这已经突破了李女士在领导方式及关系需求上的最低期望，而且那些让她觉得满意的回报与激励并不能弥补或平衡对领导方式和工作氛围的不满，因为良好和谐的领导方式和工作氛围对她来说是非常重要的需求。因此，李女士尽管对单位给予的全面薪酬中的很多回报认可满意，但对领导方式和工作氛围的强烈不满导致她工作消极被动，而且准备离职。

**案例1—2（简略）**：曹先生对工作有很大热情，一是他对市场营销工作本身就很感兴趣，二是他也很喜欢做管理。他管理的市场部主要承担企业的市场调研、营销策划、广告设计及市场推广等工作，曹先生本人则负责部门整体工作的统筹安排与督导实施。曹先生很擅长做市场管理工作，他对工作和团队都很有信心，各项工作都认真负责，与下属也建立了良好的关系。他的团队也非常信任他，对他的工作安排都能有效执行。几年来，曹先生带领团队策划过很多成功的营销活动和广告方案，大力提升了产品品牌知名度与美誉度，为公司业绩持续增长做出了巨大贡献。五年前，曹先生跳槽来到该企业，主要是看重企业的平台和良好的市场前景，认为自己在这个平台上可以大展拳脚、有所作为，企业的文化也符合曹先生的价值观。令他非常认可的还有公司的弹性工作制度，可以根据工作需要自主安排时间。然而，进入该企业后，曹先生发现自己的薪酬待遇并不符合预期，所得薪酬不足以体现他的价值，无论是跟公司其他部门比还是跟同行比，都没有体现出较好的公平与公正，为此他多次向高层提出合理建议。福利方面，除了法定福利之外，并没有其他让他感到满意的福利，但曹先生对此并不是很在乎。此外，让曹先生更苦恼的是直接上级对他的领导，个性温和的他与个性耿直且略显急躁的营销总监刘占斌在营销工作上有较大分歧。刘占斌主管市场部和销售部，但做销售出身的他更偏向于销售工作，在他看来，营销就是不断出售产品，而营销策划、广告宣传、品牌推广等工作只不过是"走过场"，无法让销量立竿见影地增长，同时刘占斌也经常会给曹先生以军令式的工作指示。虽然看法不同，但曹先生总是耐心地说服刘占斌接受自己的想法。曹先生的团队常为他抱不平，认为他受到不公正的待遇、不合理的领导。曹先生偶尔也有些许不悦，但他一想到热爱的工作和公司良好的前景，那些不悦就会烟消云散，他总是想方设法将工作做得更好！

---

案例1—2中，曹先生也得到了企业给予的多种回报构成的全面薪酬，他认可和满意的回报有工作本身带来的兴趣和成就感、良好的工作关系、与自己相符的企业文化、公司发展前景、弹性工作时间以及中规中矩的福利等，换言之，曹先生在意的很多需求也得到了较好的满足。令他不满的主要是公平公正性较低的薪酬待遇和主管的领导理念及方式，但是这并没有突破他对薪酬和领导方式需求上的底线，因为曹先生一直在用适合的方式试图改变这些不满的因素。同时，曹先生认可和满意的回报也弥补和平衡了不公待遇和不适应的领导方式的不满。因此，曹先生在实际工作中还是积极投入，表现出了良好的工作状态。

---

**案例1—3（简略）**：张先生所在的这家公司很有实力，对员工的激励也有成熟的模式。张先生在工作中，跟领导和同事相处得很愉快，他积极努力完成各项工作任务后都能得到应有的回报，他对薪资报酬和绩效奖励比较认可。他享受到五险一金和带薪休假等法定福利，他最喜欢带薪休假，如年休假可随工龄增长而增长，他现在享受七天年休假。企业的硬件工作环境很好，文化和工作氛围也是张先生所向往的。最令他有成就感的就是自己独立完成某项销售任务，他经常去一些自己成功销售和安装电梯的商场与写字楼，每当看到那么多人都在安全方便地乘坐自己销售的电梯，心里就很有成就感。他的客户也非常不错，与他保持着良好的关系。尽管如此，他这一年来的销

售业绩却表现一般，并不是因为他不喜欢销售，而是一直担心自己的职业发展。当初来这家公司，张先生很希望借助公司的发展来促进自己的职业发展。可这几年他逐渐发现，这家外企的人力资源管理并没有关注员工的成长和发展，也并不重视员工职业技能的培训，很多员工干了很长时间也没得到晋升。张先生在想自己不能一直在前线做销售工作，他很想在职业上有一些新的尝试和挑战，也很想获得晋升机会，但目前的人才培养和晋升机制又似乎很难实现自己的愿望。现在，张先生逐渐没有了刚入职时的那种积极性，其内心一直过不了自我成长和职业发展这道坎。虽然其工作表现和业绩也过得去，但他内心很清楚，自己其实还可以做得更好，只是差一个机会而已。

案例1—3中，张先生同样得到了企业给予的多种回报构成的全面薪酬，令他满意的回报有与领导及同事的愉快关系、公平合理的薪酬、满意的带薪休假、与自己契合的企业文化、良好的工作环境、工作中的成就感、良好的客户关系等。然而，张先生个人的成长和职业发展需求，公司并没有满足他，而张先生看不到自己成长或被提升的机会，他对这个问题是非常在意的。虽然在这家外企工作，有很多令他满意的地方，但成长和提升这道坎是无法被替代的，他既期望得到提升发展的机会，又担心不能如愿以偿。也因为这种矛盾的心理，他表现出了一般化的工作状态。

第1组个案对比分析：通过组内对比分析可知，李女士、曹先生、张先生三人在各自的组织中均获得了由多种回报构成的全面薪酬激励，也都有各自认可和满意的回报，换言之，他们在各自的组织工作，有很多所关心的需求都得到了较好的满足。同时，他们都有对组织全面薪酬激励不满的地方。李女士对领导方式的不满突破了自己的底线，所以她因为这一点而变得非常消极，其他满意的回报也无济于事；曹先生对薪资和领导方式也不满，但并未突破他的底线，而且其他满意的回报还弥补了不满，所以他还是比较积极的；张先生对成长和晋升不满，但满意的回报无法弥补或替代这种不满，所以工作表现变得平庸。因此，个体对自己关心的各种需求都有同步平衡满足的需求，而且有的个体会因有些需求被较好地满足而弥补或平衡了没有被较好满足的需求。但是，如果个体在某种需求上的满足程度低于了个体的最低期望，那么在其他需求上较好的满足感也无法给予弥补或平衡。

## 二 案例对比分析：第2组

**案例2—1（简略）**：赵先生并没有完全接受自己的工作，经常以一种消极应付的状态从事着并不喜欢的工作，而且一直以来都有想离职的念头。令他陷入这种状态的主要原因是他无法接受目前的工作模式，甚至到了无法容忍的地步。他经常加班加点，包括晚上和双休日，有时候一连几天都深夜回家，且工作压力特别大，还面临着很多风险。他的这些苦恼，其他同事也深有同感，但管理层并没有给予相应的疏导和安慰，相反还是不断地给他们客户经理增加工作任务和绩效要求。赵先生在工作上的超额付出和消极情绪，已经严重影响到家庭，致使其家人都不理解他为什么总这么忙碌，甚至出现过严重的家庭矛盾。除此之外，他对直接上级那种强硬、直接、命令式的领导方式很不喜欢，他觉得上级没有从下属的角度出发看待工作中的压力和困难，总是不通情理地从个人角度决定下属应该做什么。尽管他的薪酬回报在他人看来还说得过去，但他自己认为薪酬并没有体现出他的付出。他本人对工作条件和环境并没有特别的要求,因为他的工作经常是在外面与客户打交道;在福利方面他享受到了正常的法定福利,银行也设置了一些针对员工的其他福利,但对他的作用并不明显,用他的话说就是"有没有都无所谓";他感觉工作氛围和人际关系令他比较压抑,大家都无法真诚交流,总有种说不出的不信任感和紧张感。这几年已有不少人离开了银行,他也正在考虑着自己的未来。

案例2—1中,赵先生在这家银行从事客户经理工作,自己关心的需求几乎没有得到较好的满足,他对银行的很多方面都存在着强烈的不满情绪,包括不感兴趣的工作内容、加班加点的工作模式、强硬且不通情理的上级领导、公平性较低的薪酬待遇、作用并不明显的福利、压抑的人际氛围等诸多方面。虽然其他需求没有得到较好的满足,但尚在赵先生能够接受的范围之内,而最令他不能接受的就是工作模式及其带来的生活困扰,无论如何也没办法依靠其他回报弥补或平衡。因此,赵先生在工作中表现出消极应付,并有强烈的离职意向。

**案例2—2(简略):** 高女士对医院的环境和护士工作再熟悉不过了,每天查病房、换药、打点滴、做记录以及其他对病人的辅助治疗等工作,都必须格外专注和投入。和其他护士一样,她也总是表现出医护人员那种惯有的冷漠与不热情,但她并不是刻意如此,而是繁忙的工作让她顾不上考虑如何在工作中表现得热情洋溢。事实上,她对待工作已经有些倦怠了,她认为护士工作是有专业性的,但每天都在重复着同样的工作,都要面对陷入各种痛苦的病人,不得不面对不开心的人和不开心的事,所以很多时候的确是在被动应付工作。即便是应付,工作也不能疏忽大意,否则会出大事故,所以得认真用心去"应付"。她认为对病人负责是最大的工作动力,有时候得到病人及家属的赞赏,会使她感到安慰与鼓励。护士的薪酬收入还可以,但并不令她满意,相对而言,医生的收入比较高,尤其是主治医生,而护士主要是服务,工作又忙又累,收入却比不上医生。医院的福利,除法定福利外,也没有什么了,而她也并未期望什么。但是,她对工作氛围和人际关系不太满意,护士以女性居多,工作中矛盾和计较比较多,人际关系非常复杂。高女士对工作并未表现出明显的消极或积极情绪,正如她所说:"我在工作中不会去想其他事情,也不会掺杂什么情绪,坦白说根本就没时间和精力去想,每天忙碌地服务好病人就是最大的收获。不管怎样,我的工作真的是为了病人尽快康复,这也许就是支撑我用心工作的主要原因!"

案例2—2中,高女士在这家医院工作,自己关心的需求也同样都没有得到期望的满足,包括对薪酬收入、福利、人际关系、工作氛围、工作乐趣等方面的需求,她对自己获得的各种回报并不满意,但总算能接受。相对而言,各种需求中,她对工作价值的需求在一定程度上还是得到了实现,主要体现在病人对她工作的认可与赞美。对于高女士来说,虽然各种需求均未得到较好的满足,但都不至于让自己无法接受,而且工作被病人认可也适度地平衡了其他需求未被满足的缺失。因此,高女士在工作中表现一般,并没有明显的积极或消极状态。

**案例2—3（简略）**：陈先生大学毕业之后就进入一家国有企业工作，一干就是十几年，早已适应了国企那种不忙不闲、不温不火的工作节奏。陈先生大学里学的是计算机专业，毕业后也曾想做一番事业，可是各种原因导致他来到这家国企，虽然工作岗位几经调整，但他一直处在基层做普通行政性工作。工资和福利虽达不到他的期望，但也过得去。多年的国企经历使他意识到，要想升职加薪，工作干好是前提，更重要的是人际关系，尤其是与领导的关系，可他并不是阿谀奉承或善于搞关系的人。陈先生对工作环境并无太高要求，他对老国企那种说好不好、说差不差的工作条件及环境并不在乎，倒是自己跟同事关系处得还可以，但主要是和同龄的同事，年长一些的就不怎么样了。陈先生这几年想过创业，想过考研继续深造，也想过换个职业……总的来说就是对目前的工作不满意，各种有形与无形的回报都不符合他的期望，但他最不能忍受的就是工作本身。他常抱怨工作太闲了，每天上班就是靠上网、看报、喝茶来打发，虽然他也喜欢清闲，但这种毫无意义的过度清闲让他觉得工作越来越没有意思。虽然上级也会给他安排一些工作，但并没有什么具体的质量和时间进度要求，而且工作干多干少、干好干坏，都没有本质区别，也不会体现在回报上。陈先生就这样"混着"，工作也必然没有激情和兴趣，但为了得到稳定的收入还是继续"清闲"地工作着。然而，在他心中一直有实现自我价值的梦想，他也一直在等待着一个机会。

案例2—3中，陈先生和该组的前两个案例一样，其所关心的需求也都没有得到期望的满足，在这家国有企业得到的薪酬、福利、软硬件环境、工作本身的价值等都不符合他的期望。可以看出，陈先生是一个想通过创业或个人发展创造自我价值的人，所以这方面是他目前最重要的需求，所以他一直在等待机会，但是工作状态却是比较消极被动的。由于没有哪种自己所关心的需求是被企业较好满足的，所以也谈不上其他回报的弥补或平衡。

第 2 组个案对比分析：通过组内对比分析可知，赵先生、高女士、陈先生三人在各自的组织中都面临着一个共同的情况，即他们关心的需求都没有被企业较好地给予满足。所不同的是，赵先生对现行工作模式及其负面影响已经到了无法接受的状态，而高女士和陈先生尽管也有很多没有得以满足的需求，但他们对这种不满尚处在自己能接受的范围之内，所以没有表现出赵先生那么强烈的消极与离职倾向。高女士和陈先生的情况看似相同，但还是有关键的差别：高女士虽然有很多处在可接受范围内的不满，但相对而言工作价值对她有一定的激励作用，这一点弥补与平衡了其他的不满，所以高女士还是表现出了正常的工作状态；而陈先生的各种不满并没有任何较好的回报能够给予任何弥补或平衡，所以陈先生是比较消极的。由第二组个案分析可知，当员工个体关心的需求都没有得到较好的满足时，工作状态整体上是比较消极的，但如果这些需求的满足程度没有低于员工最低可接受水平的话，其他相对较好的回报有可能对这些未被较好满足的需求给予弥补或平衡，缓解其消极状态。

### 三　案例对比分析：第 3 组

案例 3—1（简略）：杨女士很认可企业的文化和管理模式，对自己的薪酬和福利也很满意。公司为员工提供了高效便捷的办公条件和设备，并且打造了人性化的办公环境。公司的员工有着很强的归属感和敬业精神，因为员工得到了有效持续的激励，这一切都离不开杨女士的努力，公司各项激励政策的制定与落实，她都参与其中，她对自己的工作有很高的成就感。公司对她也非常信任和重用，除了本职工作以外，公司经常委派她负责其他重要工作，她也的确具备多元综合能力。杨女士对公司这种职责外的工作安排并不反对，反而积极投入，因为该公司有公平合理的激励机制，员工的各种付出都有相应的回报，这对于她来说再清楚不过了。每次职责以外的工作也都让她得到了满意的回报，有时是金钱或物质奖励，有时是精神荣誉嘉奖，而且她感觉公司应该会很快提升她从事高层管理工作。对于杨女士来说，越是工作开心，越能把各项工作干得有声有色，这大大提高了她的工作成就感，良好的工作状态让她拥有良好的上下级关系和同事关系，公司内部上下都对她非常认可。公司人力资源部及其他部门都逐渐被她这种积极的工作状态所影响，而她也经常在思考如何能够更好地为各部门员工积极开展工作提供更有效的激励。有很多的企业和猎头机构开出很好的条件让她跳槽，她表示自己很幸运能够在这样一家能让员工感到幸福的企业工作，不想考虑跳槽的事，希望这种状态能够继续保持下去。

案例3—1中，杨女士所有关心的需求几乎都在这家企业得到了很好的满足，无论是企业文化、管理模式、薪酬福利、软硬件环境、工作本身的价值、人际关系、制度规则等哪个方面，她都感到非常符合自己的期望，当然她也理所应当地表现出了积极高涨的工作热情和工作成绩。比较特殊的是，杨女士所得到的这一切既是自己努力工作的回报，也是自己参与成功制定公司激励机制的成就回报，因此，她在各个方面的需求不仅得到了满足，而这些满足需求的回报之间也进一步产生了互补和平衡的作用，使她得到了更大的激励。

---

**案例3—2（简略）**：多年来，王先生的工作能力与表现得到了单位上下的认可，他本人也感到工作比较愉快，原因是他不仅得到了自己满意的薪资和福利待遇，最重要的是他对自己的工作很喜欢。他早已深深融入了单位的文化氛围，与大家的关系很融洽。他觉得自己的工作很有意义，所以面对周末和节假日加班没有任何抱怨，甚至他没事的时候都会在办公室，总想着如何把工作做得更好。尽管如此，王先生对单位的薪酬激励和晋升制度还是有些意见，多次想在重要会议上提出来，但碍于面子始终没说出口。近几年，单位不惜各种优厚待遇引进了不少高学历青年人才，在职位晋升与薪酬提升方面也明显向他们倾斜。然而，他逐渐发现这些青年人才的能力主要体现在新的想法和专业理论上，并没有产生实际的工作效果。他相信自己的判断，认为要么是公司没有把人放在合适的岗位上，要么就是这些青年人才的确还需在实际工作中积累经验、提升实践能力。这些新进人才目前的各种待遇，尤其是薪资收入，其水平和增长速度几乎要超过自己，但他明显感到自己对单位的付出和贡献要远大于他们。新进人才的晋升也过快，单位常把一些只懂专业技术却不懂管理的人提升到管理岗位上来。在他看来，这并不是一种出于私心的比较，而是觉得单位的确应该变革现行的薪酬激励制度和

晋升制度。尽管这些想法并没有让他很纠结，但对他的工作还是多少产生了一些负面影响。其实，在他的内心里很希望单位能做出相应的管理变革。

案例3—2中，王先生所有关心的需求几乎都在这家事业单位得到了很好的满足，但是需求满足的程度是有差异的，其他方面他都很认可、很满足，但是对于公司现行的薪酬激励制度和晋升制度来说，他并不是很认可，其他方面需求的满足并不能让他忽视这一点。总体来看，他在工作中还是表现出了比较积极的状态。

第3组个案对比分析：通过组内对比分析可知，杨女士和王先生各自关心的需求都得到了较好的满足，且都表现出了比较积极的工作状态。所不同的是，杨女士的各种需求被满足的程度都比较高，而且互相产生了积极的互补平衡关系，使她更加积极；而王先生虽然也是如此，但他却无法忽视对薪酬激励制度和晋升制度的不同想法，换言之，这方面还可以有进一步激励他的空间，不过其他的回报却无法弥补这一点。由此可知，即便是员工个体所有关心的需求都得以较好的满足，也还是有程度之分的，如果能够互相补充，那么将会使总体需求的满足更加平衡，个体也会更加积极努力面对工作。

**四 综合比较分析及检验**

以上三组个案关键特征之间的对比分析过程及结果，如表4—2所示。

各组内部案例之间的对比分析和案例组之间的对比研究，都是按照表4—2中所列出的五个基于"复制逻辑"的比较标准进行的交叉分析。五个对比标准决定了每一组个案在关键属性与特征上的差异。通过各组内部与各组之间的对比分析，在确定两个基本标准是否一致的前提下进行,即"是否有个体关心的需求已得到较好的满足"和"是否有个体关心的需求未得到较好的满足"这两个标准。各组内部对比分析时,在这两个标准上个案的属性及特征是一致的,基于这一前提,进一步对比分析个案在其他三个标准上的差异,明确是否个体关心的某些需求被满足的程度突破了其期望底线、所获得的各种回报之间是否形成积极的互补替代作用关系,进而对比分析目前个体的工作态度与行为状态的结果;各组案例之间对比分析时,在这两个标准上个案组的属性及特征是不一致的,基于这一前提,需要对比分析各组个案之间在其他标准上的属性及特征一致时,不同个案组整体呈现出来的结果。

表4—2　　　　　　　　三组个案关键特征对比分析

| 组别 | 编号 | 是否有个体关心的需求已得到较好的满足 | 是否有个体关心的需求未得到较好的满足 | 是否有个体关心的需求满足情况突破底线 | 各种回报间是否形成积极互补作用的关系 | 目前个体工作态度与行为积极状态 |
|---|---|---|---|---|---|---|
| 第1组 | 案例1—1 | 是 | 是 | 是 | 不能 | 非常消极 |
| | 案例1—2 | 是 | 是 | 否 | 可以 | 比较积极 |
| | 案例1—3 | 是 | 是 | 否 | 不能 | 表现一般 |
| 第2组 | 案例2—1 | 否 | 是 | 是 | 不能 | 非常消极 |
| | 案例2—2 | 否 | 是 | 否 | 可以 | 状态一般 |
| | 案例2—3 | 否 | 是 | 否 | 不能 | 比较消极 |
| 第3组 | 案例3—1 | 是 | 否 | 否 | 可以 | 非常积极 |
| | 案例3—2 | 是 | 否 | 否 | 不能 | 比较积极 |

经过个案对比分析之后,可得出几点重要研究结论,以下对照之前提出的理论假设对结论进行阐述:

第一,在组织中,员工个体想通过工作来满足的需求是全面多元的,而且员工个体除了各种具体的需求之外,还有希望自己关心的各种需求都能够同步得到相对平衡满足的需求。个体仅仅在某一种或几种关心的需求上得到较好的满足，不一定会因此而产生积极的工作态度及行为，还要取决于个体所关心的其他需求被满足的程度以及各种需求满足感之间的互补作用关系。

第二，员工个体不仅会对自己关心的某种具体需求的满足情况有主观评价，而且对各种所关心的需求被同步平衡满足的状态有一个总体认知与评价。与此同时，个体还会协调自己对各种回报或者各种需求满足感之间互补作用关系的内部认知，使它们之间起到积极互补与作用的平衡关系。这两种认知共同作用并决定个体在工作中的态度与行为。

第三，员工个体对每种自己关心的需求都有一个最低期望值，即个体在某种需求上得到的最低能接受的水平。当个体在某种需求上得到的回报低于最低期望值时，肯定会表现出消极甚至离职的行为，而且即使其他需求得到了高于最低期望值或较好的满足，也不一定能够弥补或平衡低于最低期望值的需求。其中，对于一些个体来说，虽然在某些关心的需求上没有得到较好的回报，但并没有低于其最低期望值，此时那些已经被较好地满足的需求状态及相应的回报会起到弥补替代的作用，导致整体上的态度与行为还是相对积极的。

第四，不同个体面对自己所得的各种回报或各种需求上的满足程度或状态时，其内心对于不同回报之间产生互补平衡的认知程度是不同的，同时很可能会受到各种需求满足程度高低关系的内在影响。因此，有些员工内心很容易产生较高的平衡认知，而有些员工其内心在不同的回报之间却较难产生较高的平衡认知，这种情况可以理解为个体此时的平衡认知程度较低。

可见，以上四点研究结论与之前提出的理论假设有很好的契合性与一致性，对本章最初提出的两类典型激励现象及问题也可以给予合理充分的解释。

## 第五节 概念提出与模型建构

上述案例研究结论表明，组织中的员工会对各种自己关心的需求被满足的状态及各种满足状态之间的协调关系有一个整体综合的评价和心理平衡感知。基于典型激励现象与案例研究结论，可以肯定的是，在组织中员工个体内心存在一种对自己所获得或感知到的所有回报的整体性评价，这种评价既包括对各种需求被同步平衡满足程度的评价，也包括对各种需求的满足状态之间形成的积极互补与作用关系认知协调的评价，这两种评价交织在一起，形成了一种个体对全面薪酬激励特有的心理平衡性感知现象。正是个体的这种心理平衡感知，使那些自己关心的某些需求已经得到较好满足的员工没有积极主动面对工作，使那些自己关心的某些需求没有得到较好满足的员工会积极主动面对工作。

概念就是从特定的事实中所提炼出来的想法，是对现象的一种抽象化概括，是被研究者基于事实及现象构造出来用于建构理论的。因此，本研究将这种特有的心理现象概括为"全面薪酬平衡感知"。这一概念的核心是"平衡"，根据本书对"平衡"的界定，全面薪酬平衡感知中的"平衡"包含两层含义：一是员工关心的需求都同步平衡地得到了较好的满足，即员工实际得到的回报都符合对各种需求的期望；二是员工所得到的各种回报之间所形成的积极互补与作用的平衡关系。基于此，本研究将全面薪酬平衡感知概念的内涵定义为：员工在为组织供职的整个过程中，其内心感知到自己在全面薪酬的四个维度上，即货币收入、福利待遇、工作环境、工作价值与意义，得到的各种有形与无形回报能够同步协调地满足自己内在与外在需求的程度以及各种需求满足感之间所形成的积极互补与作用关系的一种心理平衡状态。

为了确保"全面薪酬平衡感知"这一新的概念的真实性和有效性，提出此概念后，本研究还采用了专家调查法，将关于这一概念的内涵表述和特征描述分别单独发给本领域的 8 位专家和 3 位其他领域的专家进行专业判断与评价，其中包括 5 名教授和 6 名副教授，其中 9 人拥有管理学或经济学博士研究生学历。经过几轮的意见交流，专家一致认为在实践中，组织员工个体面对组织给予的全面薪酬激励时，会产生全面薪酬平衡感知这一概念所对应的心理现象，并对此概念的内涵持肯定态度。

根据本章研究的激励现象与案例分析结论以及全面薪酬平衡感知概念的内涵，结合平衡计酬卡（BCC）提出的四维理论框架，本研究建构了如图 4—2 所示的全面薪酬平衡感知概念模型。

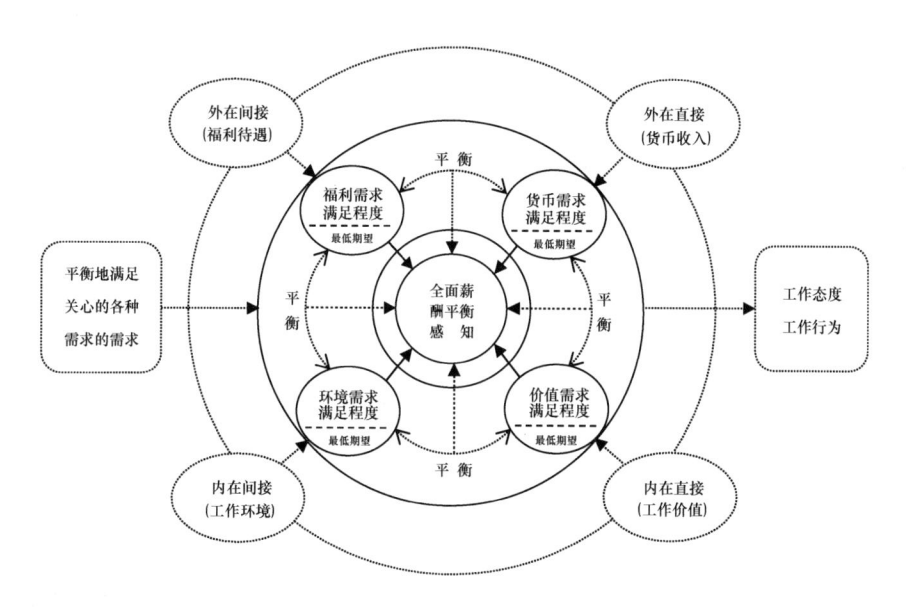

**图 4—2 全面薪酬平衡感知概念模型**

全面薪酬平衡感知概念模型有助于对其内涵的进一步理解：其一，全面薪酬平衡感知是建立在人固有的全面多元需求及平衡满足全面多元需求的需求基础之上的，平衡感知越高的人其内心越是处在和谐与平衡的状态；其二，现实中几乎所有的组织都正在对其员工实施全面薪酬激励，从被激励者视角来看，全面薪酬四个维度也对应着员工的四类需求，那么员工必然将得到的全面薪酬激励与全面多元需求进行比照从而产生平衡感知；其三，组织中的员工个体是全面薪酬平衡感知的主体，当全体员工同时受到组织给予的整体性全面薪酬激励时，员工群体也会形成整体性的全面薪酬平衡感知；其四，全面薪酬平衡感知是员工面对全面薪酬四个维度对自身需求的满足状态及其相互关系而言的，但对于不同的员工来说，其平衡感知可能来自某几个维度同步被满足的状态和各种满足状态之间的互补替代与作用，而互补替代与作用程度的高低也是因人而异的；其五，全面薪酬平衡感知是一种心理平衡状态，这种平衡状态是有程度区分的，其程度高低由两个方面决定，一是个体得到的各种回报能够同步协调地满足自己在这四个维度上的各种需求的程度，二是各种需求满足感之间形成积极的互补替代与作用关系的程度；其六，员工个体的全面薪酬平衡感知是动态变化的，会随着各种情境因素的变化而改变，而且全面薪酬平衡感知对个体的工作态度及行为有着重要的作用与影响。

由全面薪酬平衡感知概念的内涵和模型可知，个体的全面薪酬平衡感知是由其自身的"平衡满足需求"引发并产生的，是指个体对各种需求同步协调满足程度以及各种满足感之间平衡关系的综合感知，同时全面薪酬平衡感知对其自身的态度及行为也会产生重要影响。然而，究竟全面薪酬平衡感知如何被"平衡满足需求"引发并通过什么样的心理活动过程形成以及如何对个体产生作用与影响，概念的内涵与模型并没有给予充分深入的解答。接下来，将基于本章提出的全面薪酬平衡感知的内涵与概念模型，重点研究个体内心的全面薪酬平衡感知究竟是如何形成以及如何对个体自身产生作用的。

# 第五章

# 全面薪酬平衡感知的形成与作用机理

## 第一节 扎根理论及研究选择

扎根理论（Grounded Theory）是格拉泽（Glaser）和施特劳斯（Strauss）于1967年合著的《扎根理论的发现》[①]中首次提出的一种质性研究方法论。在此之后，两位学者以及他们的同事和学生对扎根理论这种研究路径进行了不断修改和发展，出版了一系列关于扎根理论方法论的著作。目前，扎根理论方法论已经被广泛应用于各种社会科学的研究当中，并逐渐成为受到研究者重视的一种质性研究方法论。扎根理论适用于社会过程和机制、个体心理机制、人际关系以及个体与社会互动机制等方面的研究（景怀斌，2017：109），也非常适用于探索某一现象的成因和那些缺乏现有理论解释或者现有理论不能给予充分合理解释的研究问题。

扎根理论本质上并不是一种实体理论，而是一种研究的路径（潘慧玲，2005），或者说是一种方法论（Corbin and Strauss，2014），其研究的目的不仅是对研究现象的分析和解释，而且是要从经验资料中生成理论。运用扎根理论进行具体研究的过程中，可根据研究

---

① 该著作的英文原名为 *The Discovery of Grounded Theory: Strategies for Qualitative Research*。

需要采用多种资料收集与资料分析的方法，如参与式观察、深度访谈、编码分析、备忘录分析等。扎根理论的研究，其样本需要根据"理论抽样"原则进行选取并收集相关资料，并对资料进行归纳性分析，同时也需要借鉴已有的相关理论与文献观点，在经验资料研究、现有相关理论分析、研究者本人解释之间形成对话并建构理论。扎根理论研究得到的结果是对实践现象或现实问题的理论化呈现，需要研究者运用抽象化和概括性的描述与有意义的解释对研究结果进行表述[①]。

扎根理论研究方法论得到了众多研究者的认可并被应用到不同的学科领域（Glaser and Holton，2007），但是由于学科背景、研究范式及研究问题性质不同，导致不同领域的研究者在实际运用扎根理论进行研究的过程中出现了不同的观点与做法。施特劳斯（Strauss）和科宾（Corbin）于1990年合著的《质性研究基础：扎根理论程序与技术》实现了扎根理论研究的程序化，其影响十分广泛，学术界为了区分扎根理论的不同演变版本，将格拉泽（Glaser）和施特劳斯（Strauss）1967年提出的扎根理论称为"经典扎根理论"，而将施特劳斯（Strauss）和科宾（Corbin）1990年提出的演化版扎根理论称为"程序化扎根理论"。然而，格拉泽（Glaser）对施特劳斯（Strauss）和科宾（Corbin）将扎根理论程序化这种观点是反对的，他认为被研究对象面临的问题才是扎根理论所要研究的问题，研究者在开始进行扎根理论研究之前是没有具体研究问题的，随着研究的不断推进会自然地涌现出所要研究的问题、概念及范畴，总之他强调运用扎根理论生成理论是自然呈现的结果，而非硬性生成的结论（格拉泽，2009：13—15）。卡麦兹（Charmaz）在吸收了格拉泽（Glaser）和施特劳斯（Strauss）的扎根理论思想后，

---

[①] 此处参见陈向明在《质性研究的基础：形成扎根理论的程序与方法》（第3版）一书中的代序"通过研究实例展示扎根理论的发展"。

于 2006 年出版著作《建构扎根理论：质性研究实践指南》①，将建构主义理念及方法融入扎根理论方法论中，提出了"建构主义扎根理论"。卡麦兹（Charmaz）认为扎根理论和其他所有的方法论都是人们理解世界的一种方式，而人们对世界的理解则是一种"解释性"的互动与建构的过程，理论并不是被研究者发现的，也并非独立于研究者而存在于数据之中，任何理论都是对被研究对象的一种临时性解释，而这种临时性解释并不是被研究对象的真实面貌（吴毅等，2016：34）。

关于扎根理论的三个主要流派或版本，其共同之处在于：都属于归纳性的质性研究方法，目的都是基于经验资料来生成理论，具体研究中都要运用观察、访谈等常见的资料收集方法，生成理论的过程都需要对各种资料进行编码分析和逐层抽象，都强调对过程的研究，包括对社会过程和心理过程的研究。同时，三个流派或版本又存在差异，如表 5—1 所示。

表 5—1　　　　　　　　　　扎根理论三大流派的差异

| 流派（版本） | 不同之处 | | | |
| --- | --- | --- | --- | --- |
| | 认识论 | 理论视角 | 资料收集 | 编码过程 |
| Glaser 和 Strauss 经典扎根理论 | 客观主义 | 实证主义（强调问题、概念及范畴的自然呈现，理论是被发现的） | 资料收集过程中研究者应尽可能保持中立 | 实质性编码 理论性编码 |
| Strauss 和 Corbin 程序化扎根理论 | 客观主义 | 后实证主义（强调理论生成过程的系统性和程序化，认为研究者对资料的分析也是一种解释） | 资料收集过程中研究者应尽可能保持中立 | 开放式编码 主轴编码 选择性编码 |

---

① 该著作的英文原名为 *Constructing Grounded Theory: A Practical Guide Through Qualitative Analysis*。

续表

| 流派（版本） | 不同之处 | | | |
| --- | --- | --- | --- | --- |
| | 认识论 | 理论视角 | 资料收集 | 编码过程 |
| Charmaz 建构主义扎根理论 | 社会建构主义 | 解释主义（强调理论的解释性，理论不是发现的，是建构出来的） | 强调研究者对资料的提问并与研究对象进行互动 | 强调灵活编码编码是启发性原则而非公式 |

资料来源：改编自吴刚《工作场所中基于项目行动学习理论模型研究》，博士学位论文，华东师范大学，2013年，第70页。

从扎根理论的三大流派观点对比来看，格拉泽（Glaser）的"自然发现"观点与施特劳斯（Strauss）和科宾（Corbin）的"程序化"观点形成了鲜明的对比：前者强调理论样本、理论编码并使用理论备忘录，用匹配显现的形式发现理论；后者则是提出一套研究原则、程序及技术，为研究者提供详细具体的指导，帮助研究者按照一定的原则和程序进行研究并最终生成理论。卡麦兹（Charmaz）则强调研究者与被研究对象之间的意义互动，并运用灵活编码分析资料，从而建构出理论。三大流派的扎根理论既有共同点，也有不同主张，研究者在对扎根理论本身的理解和实际应用方面存在着争论，而这些争论本身也恰好说明仅依靠对资料的归纳是难以进行理论建构的，理论建构过程的每个环节都无法完全脱离"研究者本人"作为重要研究工具的事实，研究者本人的思想方法始终发挥着重要作用，因此，扎根理论研究过程必然会加入研究者本人"心智"因素的作用（景怀斌，2017：111）。

扎根理论与案例研究既有相同之处，也有较大区别。二者的相同之处在于：一是均采用归纳逻辑对案例或资料进行分析；二是在研究过程中都会选择典型案例作为研究样本；三是在资料和文本分析方面常采用一些类似的方法。二者的不同之处在于：首先，扎根理论有一套系统的方法论与理论基础，也有规范的研究流程及方法，而案例研究并非方法论，只是一种研究方法；其次，扎根理论是以建构理论为研究目的，而案例研究的目的是多样化的，既可以是建构理论，也可以是通过对案例的描述和分析获得经验性的规律或结论，还可以是描述与解释某种现象本身，抑或是用案例研究来验证已有理论；最后，扎根理论研究中的资料或数据来源是广泛多样的，可以说一切皆是数据，而案例研究中虽然可以从不同视角收集相互印证的数据，但数据肯定是来源于所要研究的案例（吴刚，2013：83）。除此之外，二者还有一个重要区别：运用扎根理论开展研究之前通常没有理论假设，而 Yin（1994）则认为运用案例研究开展研究之前可以事先有理论假设。事实上，很多探索性案例研究主要采用的正是扎根理论研究方法（毛基业、张霞，2008：117）。

扎根理论研究方法和案例研究法都是当前中国管理学研究非常必要且适合的研究方法（徐淑英、刘忠明，2004），扎根理论与案例研究相结合是国内研究的一个新趋势（范培华等，2017；何地、郭燕青，2018）。目前，国内已有很多学者开展了基于扎根理论的多案例研究，对各种本土化管理问题进行探索并进行理论建构，如：王建明和王俊豪（2011）、李文博（2013）、杨冉冉和龙如银（2014）、周文辉（2015）、郑烨和吴建南（2017）、苏郁锋（2017）、陈红和刘东霞（2018）、彭伟等（2018）。

根据本章的两个研究问题，即组织中员工个体的全面薪酬平衡感知是如何形成的、全面薪酬平衡感知对个体自身有何影响以及如何影响，并结合扎根理论三大流派的异同和特点来看，适时选择运用程序化扎根理论研究范式及相应的资料编码分析技术，采用理论抽样原则和复制逻辑选择适合的个案，通过对多案例资料的归纳分析，开展探索性研究，发现普遍存在于各类组织中的员工个体全面薪酬平衡感知的形成机理与作用机理，并建构全面薪酬平衡感知形成与作用机理的理论模型。程序化扎根理论采用自下而上逐层归纳概括的方式，对原始资料进行三级编码，即开放式编码、主轴编码、选择性编码，通过编码逐层抽象并提炼相关概念与范畴，分析范畴之间的逻辑关系，进而建构理论。本章的研究过程及步骤，在徐伟等（2015）和张康洁等（2017）所应用的扎根理论研究过程基础之上，结合研究实际情况，进行了适宜改编与调整，如图5—1所示。

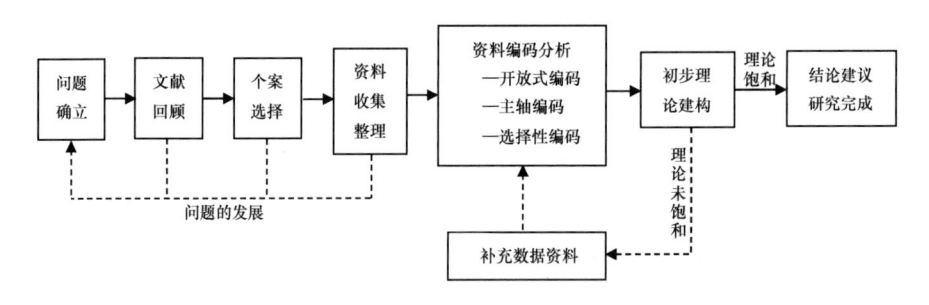

**图5—1　程序化扎根理论研究过程及步骤**

关于本章要研究并回答的两个问题，已经在问题的提出与发展过程中得以确立，并基于研究问题进行了相关研究综述。可以说，本章的扎根理论研究在初始研究问题提出时就已经开始了，研究问题的发展和确立就是扎根理论研究的前期结果。因此，本章的程序化扎根理论研究任务主要是根据已确立的研究问题和前期的相关文献回顾情况，运用理论抽样原则和复制逻辑进行个案选择、资料收集、三级编码分析、理论建构及饱和度检验，最终得出结论。同时，在资料收集与分析过程中，主要运用深度访谈法与观察法，并借助质性研究软件 Nvivo10.0，对样本数据资料进行存储、编码及备忘分析。

## 第二节　案例资料的收集与分析过程

### 一　抽样架构与个案选取

明确研究问题和研究方法之后，需要选择能够描述、解释及回答研究问题和相关现象的典型个案，个案就是研究过程中的分析单位。扎根理论和案例研究都需要研究者选取个案作为样本，进而收集并分析资料，其共同点是样本选取都遵循"理论抽样"原则，而非"随机抽样"。质性研究者经常有一些困惑，例如研究中所用的个案是什么、选取个案的范围是什么等。其实，个案就是指出现在某个有限脉络中的一个现象，这个现象可以是一个人、一个角色、一个群体、一个组织或一个地区在这个有限脉络中的情况（迈尔斯、休伯曼，2008：35—36）。

"理论抽样"原则要求研究者所选取的案例应体现研究问题的独特性，应该选取那些最适合对研究问题给予回答的案例。对于单案例研究，个案选择要考虑案例的极端性与启发性（Eisenhardt, 1989；Eisenhardt and Graebner, 2007）；对于多案例研究，个案选择也要遵循"理论抽样"原则。关于"究竟多案例研究需要选取多少样本"的问题，不能用统计数字来回答，而应该将问题转化为多少数量的个案样本才能让研究者对所做的分析性概括持有信心。答案要视个案抽样的丰富性和复杂性程度而定。如果所选取的个案太多，如多于15—20个，就会导致研究者由于资料太多而无法说清其中曲折缘由；如果是多名研究者共同开展的研究，如5—6人的团队，不同成员在研究中呈现出来的不同心智模式和操作模式之间是很难协调一致的。况且，如果个案数量太多，那么就应该考虑统计调查与分析（迈尔斯、休伯曼，2008：41—42）。本研究在个案样本选取上，按照"理论抽样"原则，同时结合案例研究中的

"复制逻辑"实施抽样。

根据上一章提出的全面薪酬平衡感知概念的内涵及概念模型和本章的研究问题，按照"理论抽样"原则及"复制逻辑"，经与同行专家研究者讨论之后，形成了一套抽样架构，如表5—2所示。

表5—2　　　基于理论抽样原则与复制逻辑的抽样架构

| 序号 | 抽样架构的具体标准 |
| --- | --- |
| 1 | 个案主体应该是在某类正式组织供职的员工个体，并从事某种特定明确的岗位工作 |
| 2 | 个案主体在所供职的组织工作，得到了自认为有价值的多种形式的回报，且有明显的全面薪酬平衡感知高或低的状态 |
| 3 | 个案主体固有的内在驱动特质有明显的强或弱的区别，如个案主体具有很高或很低的内在驱动，内在驱动即个体内在固有的责任心和进取心 |
| 4 | 个案主体的全面薪酬平衡感知与受到全面薪酬激励后产生的激励效应有明显的关联，主要体现在个案主体是否继续留在组织并积极努力工作这一实践中非常关注的结果上 |
| 5 | 个案主体所关心的各种不同需求被满足的程度是否具有明显的差异性 |
| 6 | 个案主体对自己得到的某种回报的评价是否处于不能接受或可以接受抑或是符合理想期望的范围之内 |
| 7 | 个案主体对自己所得到的不同回报或激励之间是否产生了互补替代和作用的平衡关系有明确的判断或评价 |
| 8 | 个案主体在当前工作环境下，其努力意愿、离职倾向、工作积极性等方面有明确的外在特征体现，这些方面是否受到了除全面薪酬平衡感知以外的其他重要内外部因素的影响 |

以上八个抽样标准就构成了本研究样本选取的抽样架构。根据抽样架构，最终选取个案26个，其中，前20个案例的资料用于编码分析和理论模型建构，后6个案例的资料用于理论饱和度检验。选取的个案样本信息，如表5—3所示。事实上，在实际研究中所选取和分析的个案要远多于最终呈现的数量，因为只有对某一个案进行资料收集和初步分析后，才能确定该个案是否符合理论抽样原则和复制逻辑的要求并可作为新的个案样本。由于本章的研究问题

不是局限于某类特定组织中，而是普遍存在于各种组织中，因此在选取个案时没有特别考虑组织的类型。需要说明的是，个案的基本信息，如性别、年龄、学历、工龄、组织类型、岗位类型、收入、地域等，会共同产生作用影响并决定员工基于自身价值观的整体需求结构以及他们对全面薪酬的期望与各种回报关系的评价。虽然个案的基本信息有很大差异，但这对于个案主体对自己平衡感知的判断并无影响，因为无论是实际获得的回报与自己的期望相比，还是用自己的回报/付出与他人相比，抑或是自己的各种回报之间的互补平衡，都是基于个体的价值评判标准，而这种价值评判标准本身就受到个体基本信息因素及其他内外部环境因素的共同作用与影响。

表5—3　　基于抽样架构选取的个案样本情况

| 序号 | 受访者 | 性别 | 年龄 | 学历 | 所属行业 | 单位类型 | 工作岗位 | 访谈形式 |
|---|---|---|---|---|---|---|---|---|
| 1 | 谢×× | 男 | 37 | 本科 | 银行 | 国有企业 | 行政人员 | 现场深度访谈 |
| 2 | 王×× | 男 | 50 | 本科 | 银行 | 国有企业 | 专业技术 | 现场深度访谈 |
| 3 | 李×× | 女 | 33 | 本科 | 证券 | 国有企业 | 专业技术 | 现场深度访谈 |
| 4 | 崔×× | 男 | 29 | 硕士 | 银行 | 政策银行 | 客户经理 | 在线视频访谈 |
| 5 | 李×× | 男 | 30 | 硕士 | 银行 | 国有银行 | 客户经理 | 小组焦点访谈 |
| 6 | 曲×× | 男 | 45 | 博士 | 交通 | 高等院校 | 中层管理 | 现场深度访谈 |
| 7 | 王×× | 男 | 37 | 博士 | 教育 | 高等院校 | 专业技术 | 现场深度访谈 |
| 8 | 于×× | 男 | 41 | 博士 | 教育 | 高等院校 | 专业技术 | 小组焦点访谈 |
| 9 | 张×× | 女 | 36 | 硕士 | 通信 | 高等院校 | 专业技术 | 现场深度访谈 |
| 10 | 赵×× | 男 | 46 | 军校 | 军队 | 消防部队 | 中层领导 | 现场深度访谈 |
| 11 | 杨×× | 男 | 38 | 军校 | 军队 | 消防部队 | 基层军官 | 现场深度访谈 |
| 12 | 魏×× | 男 | 53 | 本科 | 科技 | 民营企业 | 高层主管 | 小组焦点访谈 |
| 13 | 郭×× | 女 | 35 | 本科 | 通信 | 民营企业 | 人资主管 | 在线视频访谈 |
| 14 | 黄×× | 女 | 32 | 本科 | 航空 | 民营企业 | 人事主管 | 小组焦点访谈 |
| 15 | 王×× | 男 | 38 | 大专 | 广告 | 民营企业 | 高层主管 | 小组深度访谈 |
| 16 | 魏×× | 男 | 53 | 本科 | 食品 | 民营企业 | 高层主管 | 现场深度访谈 |
| 17 | 周×× | 男 | 31 | 硕士 | 银行 | 民营企业 | 中层主管 | 小组焦点访谈 |

续表

| 序号 | 受访者 | 性别 | 年龄 | 学历 | 所属行业 | 单位类型 | 工作岗位 | 访谈形式 |
|---|---|---|---|---|---|---|---|---|
| 18 | 王×× | 女 | 42 | 本科 | 能源 | 民营企业 | 基层主管 | 在线视频访谈 |
| 19 | 曹×× | 男 | 27 | 本科 | 快递 | 民营企业 | 基层主管 | 小组焦点访谈 |
| 20 | 张×× | 男 | 26 | 本科 | 医药 | 事业单位 | 主任医师 | 在线视频访谈 |
| 21 | 岳×× | 女 | 50 | 本科 | 医药 | 事业单位 | 护理医生 | 现场深度访谈 |
| 22 | 马×× | 女 | 28 | 硕士 | 养殖 | 外资企业 | 一般职员 | 在线视频访谈 |
| 23 | 李×× | 男 | 55 | 本科 | 能源 | 事业单位 | 中层干部 | 现场深度访谈 |
| 24 | 常×× | 女 | 43 | 本科 | 服务 | 国有企业 | 部门经理 | 现场深度访谈 |
| 25 | 刘×× | 女 | 31 | 本科 | 旅游 | 民营企业 | 行政人员 | 在线视频访谈 |
| 26 | 苟×× | 女 | 34 | 本科 | 旅游 | 民营企业 | 基层员工 | 现场深度访谈 |

## 二 资料收集及信度与效度

本研究在资料收集过程中,以深度访谈作为主要方法,运用访谈记录表对访谈内容做详细记录,内容包括被访谈者基本信息、访谈时间与地点、访谈形式与辅助工具、访谈原始对话记录、被访谈者关键特征、访谈总结及简要备忘,并征得被访谈者同意后做好访谈录音。针对26名个案对象,每位被访对象访谈时间平均为50分钟,每位被访对象的访谈资料转化成的有效文本约为4000字,总计有效访谈记录约10万余字。根据本章的研究问题和全面薪酬平衡感知的概念模型,并征求专家意见后,拟定关于全面薪酬平衡感知的访谈提纲,如表5—4所示。

表5—4　　　　关于全面薪酬平衡感知的访谈提纲

| 序号 | 访谈问题 |
|---|---|
| | 个案基本情况:性别、年龄、学历、民族、职业、工资收入、单位及岗位类型、工作地点等。 |
| 1 | 您在目前供职的单位工作总体感受如何?是什么原因让您有这样的感受? |
| 2 | 您怎样评价单位现行的薪酬政策和其他激励措施?对您的激励效果如何? |

续表

| 序号 | 访谈问题 |
|---|---|
|  | 个案基本情况：性别、年龄、学历、民族、职业、工资收入、单位及岗位类型、工作地点等。 |
| 3 | 您在本单位工作，得到或感知到了哪些对您有价值或有意义的有形与无形的回报或激励？包括在货币收入、福利待遇、工作环境、工作价值等方面。 |
| 4 | 在本单位供职，有没有您很想得到却没有得到的回报或激励？有的话，是什么？ |
| 5 | 您是否会跟单位内部和外部其他人比较各方面的回报？您如何看待比较结果？ |
| 6 | 在您看来，什么是理想的职业回报呢？您期望的理想职业回报应该包括哪些方面？ |
| 7 | 对于理想的职业回报而言，您觉得什么是第一位的？为什么？ |
| 8 | 除了您认为第一位的回报之外，其他有形和无形的回报对您来说有什么意义？ |
| 9 | 您在本单位供职，最令您满意或称赞的是什么？哪些方面不满意？请您举例说明。 |
| 10 | 当您的需求得不到满足或遇到令您不满意的方面，您通常是什么心情？您是如何调整的？ |
| 11 | 令您满意或称赞的方面，能让您忽略或降低那些不满之处或没得到的回报带来的负面影响吗？为什么？ |
| 12 | 您感觉自己目前的工作积极性和业绩表现怎么样？ |
| 13 | 您在工作中的努力意愿和工作投入怎么样？ |
| 14 | 您是否有过离职跳槽或更换工作的想法？请您说明有或没有这种想法的原因。 |
| 15 | 您觉得，单位再给予您哪些方面的激励或回报，会使您更加积极努力地工作？ |

为了提高资料收集的信度和效度，可以按照 Mile 和 HuAerman（1994）描述的三角测量法，采用多种资料来源和数据收集方法。然而，本研究收集的是关于在某一组织中供职的员工个体的内在心理过程及心理状态的资料，无论外部环境因素如何，其心理过程及状态始终是其个人的内在特征，所以对个案样本的资料收集，仍以深度访谈方法为主来获取一手资料。但同时，本研究采用以下两种方式提高资料收集的信度与效度：一是对个案的深度访谈会分两次进行，第一次访谈收集到资料之后，对相关资料进行及时整理和初步分析，在此基础之上择期进行第二次访谈，以提高个案资料的信度与效度；二是对部分个案样本还采用现场观察和调研其所在组织的主管与同事朋友的间接调查方式获取二手资料，印证一手资料的

真实性与可靠性。然而,实地观察和间接调查对于获取个体心理活动及特征类资料来说,并不是直接有效的方法,只能作为辅助性方法补充并印证深度访谈所获取的资料。

### 三 编码、备忘及理论建构过程

扎根理论研究需要对所收集到的个案资料进行编码分析,在此过程中可根据研究需要撰写相关的备忘录。资料分析与理论建构的过程,如图5—2所示。

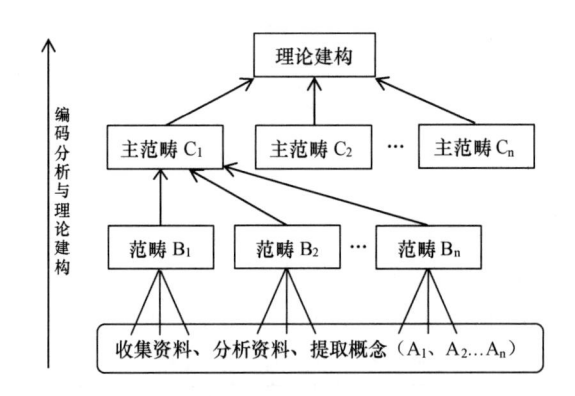

**图5—2 扎根理论资料编码分析与理论建构过程**

资料来源:占南:《科研人员个人学术信息管理行为研究》,博士学位论文,武汉大学,2015年,第63页。

由上图可知,扎根理论的研究过程是一个自下而上不断进行抽象提炼与归纳总结的分析过程:首先,要收集资料并对资料描述的事情、事件或现象进行逐一分析和概念化标签,从中提取基本分析单位——概念(Concept);其次,将一组内涵和类属高度相似或一致的基本分析单位概念归纳合并成为较高逻辑层面的概念统领——范畴(Category),至此完成了开放式编码(Open Coding)分析;然后,再将若干性质和类属高度相关或一致的范畴联结起来形成更高逻辑层面的抽象概念——主范畴(Main Category),这一过程即主轴编码（Axial Coding）分析；最后，选择核心范畴（Core Category），分析它与主范畴以及主范畴之间的典型逻辑关系，形成以核心范畴为中心联结其他范畴的中心现象，进而完成理论建构，这一过程即选择性编码（Selective Coding）分析。可见，资料分析就是基于一手资料，通过自下而上不断向更高的逻辑层面进行逐层抽象提炼、归纳合并，形成能够涵盖和统摄较低逻辑层面概念的概念，并通过分析各逻辑层面抽象概念之间的逻辑关系，进而建构关于某种现象或问题的理论解释框架。

资料分析过程中，除了三级编码分析之外，撰写备忘录也是扎根理论研究的重要组成部分，研究者可根据研究的需要撰写备忘录帮助归纳分析工作，这一工作和资料收集一样重要。备忘录是一种具有特殊作用的书面分析记录，可以记录研究者在分析过程中的重要思考。备忘录有几种形式，主要包括编码笔记、理论笔记以及操作笔记。但Corbin和Strauss（2015）建议摆脱对备忘录的结构化思考，认为备忘录的形式并不重要，重要的是要有撰写备忘录的习惯。本研究主要运用"理论笔记"的形式对相关资料分析与理论建构中的疑惑及问题进行思考性备忘分析，详见本章附录"扎根理论研究中的备忘录节选"。

扎根理论的资料分析过程中，会涉及很多相关的概念名词，除了概念、范畴、主范畴之外，还有一些其他的概念名词。为了在接下来的研究中可以直接使用这些概念，在此对与本研究相关的重要概念名词给予统一解释，如表5—5所示。

表5—5　　　　　　　编码过程中相关概念名词的解释

| 概念名词 | 解释 |
| --- | --- |
| 概念（concepts） | 关于个别事情、事件或现象的概念性标签，是编码分析中的基本单位 |

续表

| 概念名词 | 解释 |
| --- | --- |
| 范畴（category） | 一组描述同一事情、事件或现象的概念聚合而成的较高抽象层次的概念统领 |
| 性质（properties） | 一个范畴的特性或特质 |
| 面向（dimensions） | 性质在连续系统上的位置 |
| 因果条件（cause conditions） | 导致一个现象产生或发展的条件或原因 |
| 现象（phenomenon） | 针对核心观念、事情或事件的管理或处理引起或发生一组行动或互动 |
| 脉络（context） | 行动或互动发生的一组特殊条件，与一个现象相关的一组性质的综合 |
| 中介条件（intervention conditions） | 结构性条件，在某一特定脉络中针对某一现象采取的有助或抑制的行动或互动策略 |
| 行动/互动（action/interaction） | 针对某一现象在一组特定条件下所采取的管理、处理以及执行的策略 |
| 结果（consequences） | 行动或互动的结果 |
| 故事（story） | 针对一项研究的中心现象所做的描述性记叙 |
| 故事线（story line） | 主范畴之间的典型关系 |
| 核心范畴（core category） | 能够将其他范畴联结起来的中心现象 |

资料来源：Anselm Strauss and Juliet Corbin：《质性研究概论》，徐宗国译，巨流图书有限公司 1997 年版，第 69、109—110、133 页。

## 第三节　编码分析与理论饱和度检验

### 一　开放式编码

开放式编码（Open Coding）是对原始资料进行分解、比较、概念化及范畴化的过程。首先，将访谈形成的文本资料进行分解重组，删除那些与本研究主题没有关系或无关紧要的文本，并对与主题相关的原始语句进行汇总整理；其次，对汇总整理后的原始语句进行概念化标签处理，形成最小分析单位的初始概念，所提炼概念的表现形式可以是词语、短语或者短句，本研究用 A1、A2、A3⋯An 来表示提取的初始概念。最后，将初始概念按照其内涵和属性进行合并，形成比初始概念更高逻辑层面的概念群，也就是范畴，本研究用 B1、B2、B3⋯Bn 来表示归纳提炼出来的范畴。

具体分析中，采用持续迭代方式对个案资料进行开放式编码，即先对第一个个案资料进行开放式编码，接着以第一个个案的编码分析结果为模板，持续与其他个案资料的编码分析结果进行对比并不断补充新的内容，直到完成全部的开放式编码工作（何地、郭燕青，2018：15）。开放式编码中对提取概念的命名可以采取三种方式：一是研究者根据资料的背景、意义或意象创建概念的名称；二是沿用目前学术文献中已有的概念名称，具有较好的严谨性，但是会缺乏弹性，遇到无法用现有概念名称表达的情况时会出现名称与原始语句意义不一致的现象；三是研究者从受访对象所使用的语言中选取字词短语或短句作为对其原始语句的概念化标签（王念祖，2018：76）。本研究的主题及相关的访谈内容，既涉及学界已有的概念，也涉及了很多新的概念，因此，概念化标签的名称有机融合了三种方式，并根据实际需要进行命名。本研究的概念命名坚持能够准确贴合其对应的原始语句所表达内涵的原则，名称表述尽量简短且内涵明确。

通过开放式编码，最终共提取了 105 个初始概念，在此基础之上归纳提炼形成了 29 个范畴。其中，与全面薪酬平衡感知形成机理相关的范畴包括：货币需求、福利需求、环境需求、价值需求、同步满足需求、认知协调需求、货币收入、福利待遇、工作环境、工作价值、对比最低期望、对比理想期望、与内部比较、与外部比较、与自身比较、外在供需平衡感、内在供需平衡感、互补替代平衡感、削弱抑制平衡感；与全面薪酬平衡感知作用机理相关的范畴包括：把握机会可能性、机会预期回报、主业相关回报、主业无关回报、责任意识、进取意识、能力认知、改进信心、努力意愿、离职倾向。开放式编码分析及所形成的初始概念和范畴，如表5—6所示。

表5—6　　　　　　　　　　开放式编码分析

| 范畴 | 初始概念 | 原始访谈资料中代表性语句列举 |
| --- | --- | --- |
| B1 货币需求 | A1 工资的现实需求 | 我觉得工作的目的首先是赚到工资养家糊口啊，不然怎么生活 |
| | A2 想得到绩效奖励 | 公司定的绩效目标虽高，但我觉得只要有对应的绩效奖励就行 |
| | A3 渴望工资增长 | 我们单位很多年没涨过工资了，物价这么高，工资早就应该涨了 |
| | A4 中长期奖励缺失 | 公司应该为员工设置中长期奖励机制，如年终奖、股权激励等 |
| | A5 工资不公平 | 无论是与公司内部还是同行比，我觉得自己的收入与付出不匹配 |
| B2 福利需求 | A6 法定福利重要性 | 我非常在乎五险一金，尤其是住房公积金和养老医疗，太重要了 |
| | A7 直接实物福利 | 给我的福利最好实际点，也别让我太费脑子，直接发东西最好 |
| | A8 想要多元化福利 | 我觉得老板应该提供学习、旅游、活动、健康帮助等多种机会 |
| B3 环境需求 | A9 硬件设备水平低 | 我是做技术岗的，可单位配的电脑硬件都很落后，真是个笑话 |
| | A10 办公场地紧张 | 我们科室都挤在一个办公室，工作很是不方便，换衣服都没地方 |
| | A11 价值理念的认同 | 公司高层的理念我很不认同，很多制度和决策根本不符合现实 |
| | A12 希望舒适的工作氛围 | 公司人际关系很复杂，大家都放不开，很希望简单和谐的氛围 |

续表

| 范　畴 | 初始概念 | 原始访谈资料中代表性语句列举 |
|---|---|---|
| B4 价值需求 | A13 工作要有意义 | 每天都干着同样的工作，越来越觉得枯燥，很想知道意义在哪里 |
| | A14 用自己的方式工作 | 我希望能按照自己认可的方式开展工作，而不是唯领导是从，总是用自己不认可的方式工作，那样感觉工作很没意思 |
| | A15 希望成长和发展 | 我在本单位这个岗位上干了很多年，和我同年参加工作的同学在其他单位都得到了提升和发展，我也很希望得到提拔和晋升 |
| B5 同步满足需求 | A16 需求得到全面关注 | 领导应多了解基层员工需要什么，关心员工的各种需要 |
| | A17 希望追求同步实现 | 我觉得人的工作要追求的东西很多，我希望各方面都能被单位同时关注，不能说发了工资就万事大吉，还有其他的追求呢 |
| B6 认知协调需求 | A18 协调不同回报的态度 | 人需要审视在工作中得到的各种看得见和看不见的回报，还要调整自己对待各种回报的看法，太执着于某种回报也是一种痛苦 |
| | A19 调整比较后的心态 | 每当和朋友交流时，我也会因为各种比较而心态失衡，但我不总想着那些得不到或不如人的地方，我的工作也有值得称赞的地方 |
| B7 货币收入 | A20 工资水平 | 我们的工资水平还是挺不错的，在当地来说应该属于中高收入了 |
| | A21 绩效奖励 | 公司的绩效奖励非常可观，只要绩效达到目标就可以获得丰厚的奖励，如果是超额完成就会有惊喜，老板这方面还是舍得出手的 |
| | A22 工资增长 | 我们的工资收入每隔两年基本上会增长一次，但幅度都比较小 |
| | A23 奖金发放 | 现在行业不景气，奖金也发得少了，就是年终奖，数量也不大，但总算是有的，我听说很多单位都没有年终奖 |
| | A24 股权激励 | 公司中高层有长期股权收益，我们普通员工持股一直没有落实 |

续表

| 范　畴 | 初始概念 | 原始访谈资料中代表性语句列举 |
|---|---|---|
| B7 货币收入 | A25 收入公平性 | 我们公司在收入分配上还是比较人性化的，大家都没有觉得不公平或不公正的地方，关键是制度公平合理，大家都很认可 |
| B8 福利待遇 | A26 五险一金 | 五险一金我们单位也有，但是和其他行业相对，我们单位给我们缴纳的数额似乎比较低 |
| | A27 带薪休假 | 说到休假，我根本不敢奢望，说是有年休假、探亲假什么的，我工作好多年就没怎么休过，不加班就是好事了 |
| | A28 实物性福利 | 可能企业的情况会好些，我们事业单位没什么额外的福利，前些年逢年过节发些米面油之类的，现在很少了 |
| | A29 服务性福利 | 单位每两年为职工提供一次免费体检，但说实话，这种体检的质量很差，有时候还误查病情，应该每年一查，提高质量 |
| | A30 活动形式的福利 | 公司经常开展一些集体活动，比如外出旅游、集体自驾、联欢活动，大家都很喜欢 |
| B9 工作环境 | A31 办公环境 | 我们公司的办公环境确实很好，让人感觉干净、整洁、气派，公司附近环境也不错，不远就是公园，中午不回家就去散步 |
| | A32 设备设施 | 工作效率不高也有设备的原因，我们做广告设计的，必须要跑一些大的软件，我们现在用的电脑还是太落后，动不动就死机了 |
| | A33 文化氛围 | 大家都比较认同公司的文化，所以我们部门的工作氛围很好 |
| | A34 人际关系 | 同事之间的关系变得比较微妙，工作中大家都变得谨慎起来 |
| | A35 领导风格 | 我受不了领导那种含糊不清地安排工作，事后又不问缘由地指责 |
| | A36 管理制度 | 总体来说，我们公司的各种制度规定都很人性化，大家很认可 |
| | A37 雇主声望 | 当别人知道我是这个企业的员工时，都对我有一种羡慕和敬佩，这一点是值得我自豪的 |

续表

| 范畴 | 初始概念 | 原始访谈资料中代表性语句列举 |
|---|---|---|
| B10 工作价值 | A38 工作成就感 | 每当我开车走在自己负责的项目建造的道路上时，总有种成就感 |
| | A39 工作乐趣 | 我本来就很喜欢自己的工作，所以越做越有兴趣 |
| | A40 工作多样化 | 我的职位虽然是财务主管，但其实我要为公司做多种不同的工作，我不觉得是压力，多种尝试反而更有意思 |
| | A41 工作方式 | 我在入职时，公司就承诺可以按照我的方式工作，没有死板规定 |
| | A42 成长与发展空间 | 要感谢公司这些年给我的发展和提升机会，现在我已是运营总监 |
| B11 对比最低期望 | A43 低于最低期望 | 上级领导的态度已经让我无法接受，还怎么让我继续配合他 |
| | A44 高于最低期望 | 公司给我的待遇不高，但对于刚毕业入职的新人来说还可以接受 |
| B12 对比理想期望 | A45 超出理想期望 | 我作为业绩优秀的员工，去年公司奖励我一辆车，确实很惊喜 |
| | A46 低于理想期望 | 各方面的待遇还是不错的，但说实话，离我的预期还差了不少 |
| B13 与内部比较 | A47 与上级比较 | 上级领导拿的报酬是比我多，但是他的付出也的确很多 |
| | A48 与同级比较 | 在我们单位大家都是能躲就躲，因为干得多得到的还是一样 |
| | A49 与下级比较 | 有时候我感觉下属的确付出很多，我拿得虽少，但没什么不满 |
| B14 与外部比较 | A50 与同行比较 | 同样是学校，但其他学校的住房、工资、福利都比我们强太多了 |
| | A51 与其他行业比较 | 经常有其他行业的人问及我的收入，我都不敢比，差距太大了 |
| B15 与自身比较 | A52 与以前单位比较 | 现在的回报比以前的公司强多了，只要付出就有回报与认可 |
| | A53 与以往境况比较 | 我们以前的主管很会激励大家，现在的主管对额外付出和加班加点没有合理的认可与激励 |

续表

| 范　畴 | 初始概念 | 原始访谈资料中代表性语句列举 |
|---|---|---|
| B16 外在供需平衡感 | A54 货币数量满足 | 目前的工资收入水平基本上可以满足我的生活需要 |
| | A55 工资形式不满 | 工资不高我也认了,但还分了好几部分、好几次来发,真受不了 |
| | A56 薪酬制度不满 | 我对医院的薪酬制度安排不满意,加薪调薪做法都不合理 |
| | A57 薪酬公平欠缺 | 学校给我的薪酬太不公平,付出多的和付出很少的拿的一样 |
| | A58 社会保险效用低 | 各种社会保险都有,但我并未感到其价值,可能也是没有用到 |
| | A59 公积金使用效果好 | 买房子用住房公积金还是划算,也可以低利率贷款,我用过两次 |
| | A60 带薪休假旅行 | 我攒了两年的年假,去年和大学同学聚会就玩了十几天 |
| | A61 其他福利机会少 | 我希望公司可以多给我提供学习的机会,但这种机会却很少 |
| B17 内在供需平衡感 | A62 工作条件不足 | 我们十几个人挤在一个办公室,围着一张桌子,办公条件较差 |
| | A63 人际关系复杂 | 我们整个单位的人际关系很复杂,矛盾也多,我不喜欢这种环境 |
| | A64 文化氛围的认同 | 我对公司的文化氛围还是很认同的,身在其中,其乐融融 |
| | A65 领导风格的匹配 | 我来这家公司最大的收获就是碰到了一位很喜欢的领导 |
| | A66 管理制度不适应 | 我感觉公司的管理制度真是处处针对我,我很不适应 |
| | A67 工作价值感强 | 我很喜欢我的工作和工作方式,内在的价值得到了充分体现 |
| | A68 工作意义重大 | 我感到自己工作的意义重大,不仅要对公司员工的生存发展负责,而且我也要对地方经济发展做出贡献,这就是人生的意义 |

续表

| 范畴 | 初始概念 | 原始访谈资料中代表性语句列举 |
| --- | --- | --- |
| B17 内在供需平衡感 | A69 贡献被认可 | 我在工作中的确做出了很大的贡献,这一点公司完全认可,并且多次在不同场合和会议上都提到我的贡献和付出 |
| | A70 实现自我发展 | 一路走来,我要感谢公司,我从业务员干到了大区事业线总监,我对自己走过的职业生涯很感慨,我也常讲给新员工来激励他们 |
| B18 互补替代平衡感 | A71 弥补不足 | 真没想到单位对我的巨大付出仅给了那么点激励,还认为恩赐了我,无奈之下我只能认为能力经验提升才是给自己的最大回报 |
| | A72 替代缺失 | 我们单位没有供应午餐,中午就餐的确不方便,但我们的工作时间灵活,只要完成工作任务,工作时间由自己安排;我去年理应得到"先进员工",可单位却给了别人,明显是人情照顾,我感到很生气,但好在科室的人都很认可我的付出与贡献 |
| B19 削弱抑制平衡感 | A73 弱化货币需求 | 护士工作虽然很累,拿的工资也比不上医生,但患者及家属对我们的那种尊敬和信任,让我不再纠结工资多少了 |
| | A74 抑制不合理欲望 | 这两年公司非常注重员工的快乐和成长,相比以前,大家急功近利追求金钱的欲望明显得到了缓解,大家的幸福感反而提高了 |
| B20 把握机会可能性 | A75 应聘名企难度大 | 我的行业工作经验不够丰富,想去应聘名企恐怕不容易成功 |
| | A76 多次邀请合作 | 最近一位朋友想创业,创业项目也很好,多次找我做合伙人 |
| | A77 跳槽容易 | 我想走很容易,好几所发达城市的学校都想挖我过去 |
| B21 机会预期回报 | A78 预期经济收入高 | 如果能去那家企业工作,工资待遇是非常好的,年终奖也很高 |
| | A79 未来发展平台好 | 金融行业我很熟悉,我去民营银行做投资顾问会有更好的发展 |
| | A80 收益的不确定 | 我不确认加入他们企业是否能得到他们承诺的股权 |

续表

| 范畴 | 初始概念 | 原始访谈资料中代表性语句列举 |
|---|---|---|
| B22 主业相关回报 | A81 利用主业获利 | 我是做人资主管的,刚好可以为其他公司做些 HR 咨询赚点钱 |
| | A82 主业支持兼职获利 | 我们的工作时间很灵活,经常可以做行业兼职培训师赚外快 |
| B23 主业无关回报 | A83 被迫主业之外兼职 | 工作挣得少,我一下班就开网约车拉客赚钱,没办法,为了生活嘛 |
| | A84 工作之外兴趣获利 | 出于兴趣,工作之余我开了家网店卖化妆品,居然还赚了不少钱 |
| | A85 主业之外投资回报 | 我和几个朋友合伙投资开了一家餐馆,生意还不错,每年的分红不比工资差 |
| B24 责任意识 | A86 只想做好工作 | 我在工作中其实想得很少,只是想尽力做好自己的工作 |
| | A87 不想影响他人 | 我不是那种只顾自己的人,我不做好工作肯定会影响其他同事 |
| | A88 不推脱工作 | 尽管我的工作头绪多、任务重,但我从不推脱给他人 |
| | A89 失责的愧疚感 | 这与人的个性息息相关,我是那种失责了会感到愧疚的人 |
| | A90 无所求的责任担当 | 平时也会功利性地看问题,但具体做事时我真是没考虑回报 |
| B25 进取意识 | A91 追求卓越业绩 | 大家都做得差不多就好,我在工作中也不会刻意追求卓越 |
| | A92 持续思考改进 | 说实话,我的工作都是按照习惯和规则做事,不会主动思考改进 |
| | A93 做得比别人强 | 我没想过要比别人做得好,我比较中庸,但有人总想超越别人 |
| | A94 无所求的追求完美 | 我在工作中追求完美并不图什么,就是想做得更好,换个工作或单位我还是这样,反正要做就要做得很好 |
| B26 能力认知 | A95 能力缺陷 | 我在这方面能力总感觉有缺陷,干这个工作越来越力不从心 |
| | A96 挫败感 | 有很多时候很想做出点成绩,但能力不足总让我有挫败感 |

续表

| 范　畴 | 初始概念 | 原始访谈资料中代表性语句列举 |
|---|---|---|
| B27 改进信心 | A97 提升信心不足 | 我感觉自己没有劲头和信心提升胜任工作的能力 |
| | A98 努力无改进 | 其实我一直在努力，但能力始终没有明显的改进 |
| B28 努力意愿 | A99 想努力工作 | 我对各方面都比较满意，我在实际工作中也很努力 |
| | A100 尽量做到完美 | 我的工作就是服务客户，我总是用最大努力把工作做到最好 |
| | A101 想办法解决问题 | 干我们这一行，工作中遇到问题很正常，我总是想办法解决 |
| | A102 主动的额外付出 | 我做的很多工作都超出了自己岗位的职责和任务，说实话，这也是自己主动付出的额外努力 |
| B29 离职倾向 | A103 有过离职的想法 | 这几年我在单位工作，一直有离职的想法，有几次差点就走了 |
| | A104 正在考虑离职 | 我正在考虑离开现在的工作单位，而且也联系好了其他工作 |
| | A105 不愿继续工作 | 我很想换个环境、换个工作，现在的工作有太多令我不满的了 |

## 二　主轴编码

主轴编码（Axial Coding）是运用 Strauss 和 Corbin（1990）提出的"因果条件、现象、脉络、中介条件、行动/互动、结果"这一典范模型（Paradigm Model），将开放式编码形成的多个相对独立的范畴联系起来并发展出主范畴的过程。主轴编码中，重点仍然是要在性质和面向以外，利用某个现象产生的条件、脉络、现象中行为者采用的行动策略以及行动的结果，来帮助研究者对范畴或现象获得更多精准的认知。条件、脉络、策略以及结果虽然也都是范畴，但是它们都与某一主范畴有关，这些都是用来帮助研究者了解这个主范畴的，因而将这些范畴称为副范畴（Subcategories）（施特劳斯、科宾，1997：110—113）。通过发现并建立各个范畴在概念层面上存在的内在逻辑关联,根据逻辑关联及顺序对范畴进行重新归类,归纳形成主范畴及其对应的副范畴(姚延波等,2014:117—118)。这一过程也是分析主范畴和对应副范畴以及主范畴之间关联的过程,主轴编码也使得被概念化和范畴化之后的资料又被重新组合在一起(周文辉,2015:569)。

本研究通过对开放式编码形成的29个范畴进行主轴编码提炼主范畴,用C1、C2、C3……Cn来表示主范畴。通过这类方法得到的12个主范畴分别是:需求盘子、平衡满足需求、全面薪酬激励套餐、回报与期望的关系、多元综合比较、供需平衡感知、关系平衡感知、外部工作机会、第二职业回报、个人内在驱动、自我效能感、全面薪酬激励效应。另外,主轴编码还归纳形成了一个范畴,即全面薪酬平衡感知,由供需平衡感知和关系平衡感知构成,由于这一范畴本身就是本书研究的核心概念,所以没有列为单独的范畴来分析。主轴编码分析所形成的其他主范畴及其对应的副范畴,如表5—7所示。

表5—7 主轴编码分析

| 主范畴 | 对应的副范畴 | 范畴内涵 |
| --- | --- | --- |
| C1 需求盘子 | B1 货币需求 | 员工通过劳动对货币报酬及其增长等方面的需求 |
| | B2 福利需求 | 员工在职工作对国家法定福利和其他自设福利待遇的需求 |
| | B3 环境需求 | 员工对良好的硬件环境和舒心的软件环境的需求 |
| | B4 价值需求 | 员工对自己在工作中的各种内在价值和特定意义的追求 |
| C2 平衡满足需求 | B5 同步满足需求 | 个体希望自己所关注的各种需求都同步得到较好的满足 |
| | B6 认知协调需求 | 各种回报之间形成和谐积极的互相协调与平衡的关系 |

续表

| 主范畴 | 对应的副范畴 | 范畴内涵 |
|---|---|---|
| C3 全面薪酬激励套餐 | B7 货币收入 | 员工从工作单位得到的各种货币形式的回报 |
| | B8 福利待遇 | 员工从工作单位得到的国家法定福利待遇和各种自设福利项目 |
| | B9 工作环境 | 员工感受到组织提供的良好的硬件环境和和谐的软件环境 |
| | B10 工作价值 | 员工在组织的工作中体验到的各种自认为有意义的价值 |
| C4 回报与期望的关系 | B11 对比最低期望 | 员工将自己在某种需求上的实际回报与最低期望进行的对比 |
| | B12 对比理想期望 | 员工将自己在某种需求上的实际回报与理想期望进行的对比 |
| C5 多元综合比较 | B13 与内部比较 | 员工与组织内部上下级或同级之间进行"回报/付出"的比较 |
| | B14 与外部比较 | 员工与组织外部同行或非同行之间进行"回报/付出"的比较 |
| | B15 与自身比较 | 员工将完成某个任务后的"回报/付出"与个人以往的情况比较 |
| C6 供需平衡感知 | B16 外在供需平衡感 | 员工感知到的在工资、奖金、福利等外在需求上同步满足的状态 |
| | B17 内在供需平衡感 | 员工感知到的在工作价值及环境等内在需求上同步满足的状态 |
| C7 关系平衡感知 | B18 互补替代平衡感 | 个体感知到所得的不同回报之间产生的互补替代的平衡关系 |
| | B19 削弱抑制平衡感 | 个体感知到某些回报对另一些不合理欲望的积极削弱抑制关系 |
| C8 外部工作机会 | B20 把握机会可能性 | 员工能够抓住目前遇到的满意的组织外部工作机会的难易程度 |
| | B21 机会预期回报 | 员工对目前遇到的满意的外部工作机会预期回报效价的判断 |

续表

| 主范畴 | 对应的副范畴 | 范畴内涵 |
|---|---|---|
| C9 第二职业回报 | B22 主业相关回报 | 员工正在从事的与本职工作密切相关的第二职业带来的回报 |
| | B23 主业无关回报 | 员工目前正在从事的与本职工作无关的第二职业带来的回报 |
| C10 个人内在驱动 | B24 责任意识 | 个体发自内心对工作尽职尽责而不受回报太大影响的内在特质 |
| | B25 进取意识 | 个体总想把工作做得更完美而不受其他因素影响的内在特质 |
| C11 自我效能感 | B26 能力认知 | 个体对自己完成本职工作并做出良好业绩所具备能力的判断 |
| | B27 改进信心 | 个体对自己的工作能力是否可以通过努力得以改进的信心 |
| C12 全面薪酬激励效应 | B28 努力意愿 | 员工受到组织给予的全面薪酬激励后多大程度上愿意努力工作 |
| | B29 离职倾向 | 员工受到组织给予的全面薪酬激励后表现出离职的行为倾向 |

以上运用"因果条件—现象—脉络—中介条件—行动/互动—结果"典范模型（Paradigm Model）分析发展主范畴的过程中，根据29个范畴的内涵及属性，本研究将范畴分为两组分别实施典范模型分析。分析结果为：(1) 第一组是以C1为因果条件，C2为现象，C3为脉络，中介条件是C4，行动/互动是C5，产生的结果包括C6和C7；(2) 第二组的因果条件为C6和C7，刚好是第一组的结果，现象和脉络的综合体现是C8和C9，中介条件和行动/互动的综合策略是C10和C11，产生的结果为C12。为了对选择性编码分析和理论建构做充分准备，有必要对得到的12个主范畴内涵进行明确阐释，如表5—8所示。

表 5—8　　　　　　　主轴编码分析形成的主范畴内涵阐释

| 主范畴 | 内涵阐释 |
| --- | --- |
| C1 需求盘子 | 员工个体所关心的各种需求所构成的整体需求，本研究形象地将其称为"需求盘子"。每个人心中都有一个由个人价值观决定的无形的"需求盘子"，包括构成"需求盘子"的需求内容及权重，具有动态变化性。通常，"需求盘子"主要由个体在货币收入、福利、工作环境、工作价值与意义等方面的需求构成，权重结构则因人而异 |
| C2 平衡满足需求 | 人的"需求盘子"背后隐含一种需求，即全面平衡地满足自己所关心的各种需求并在心理上追求对各种需求满足感之间的平衡认知的需求，即平衡满足需求 |
| C3 全面薪酬激励套餐 | 员工在为组织供职的整个过程中，所得到或感知到的所有自认为有价值的有形与无形回报构成的激励组合，与"需求盘子"对应，本研究形象地将其称为"全面薪酬激励套餐"。通常，全面薪酬激励套餐主要由个体的货币报酬、福利待遇、工作环境感受以及工作价值体验等回报构成，激励套餐同样是动态变化的 |
| C4 回报与期望的关系 | 员工个体会将自己在某种需求上的实际回报与自己在这种需求上的最低期望和理想期望进行对比，从而形成实际所得回报与期望的关系。通常来说，实际所得高于最低期望而小于或等于理想期望时，这种需求的满足程度相对较好 |
| C5 多元综合比较 | 员工个体会将自己的"回报/付出"同时与组织内部上下级或同级比较、与组织外部同行或其他行业从业者比较、与自己以往的情况比较，进而形成多元综合比较的感受 |
| C6 供需平衡感知 | 员工将得到的全面薪酬激励套餐与内心的需求盘子进行对照评价，同时受到各种需求上回报与期望的关系、多元综合比较及需求满足觉察的影响，最终感到自己关心的各种需求是否同步平衡地得到较好的满足，这种感知到的平衡满足状态即"供需平衡感知"，主要包括个体感到的外在需求同步满足的状态和内在需求同步满足的状态 |
| C7 关系平衡感知 | 员工内心对所关心的各种需求得到满足的状态（或得到的各种回报）之间产生的积极的互补替代关系与积极的削弱抑制关系的认知，个体对这两种关系的内部认知协调状态就是关系平衡感知。关系平衡感知可能会发生在全面薪酬的四个维度之间，也可能发生在全面薪酬的任意两种或多种具体的回报之间 |

续表

| 主范畴 | 内涵阐释 |
|---|---|
| C8 外部工作机会 | 员工个体在本单位工作的同时,对自己能够抓住目前遇到的令其满意的外部工作机会的可能性和这种就业机会预期回报效价的感知状态 |
| C9 第二职业回报 | 除本单位正式工作之外,员工个体目前正在从事的第二职业或副业带来的回报及其对本人的效价,第二职业又包括与本职工作密切相关的职业和与本职工作无关的职业 |
| C10 个人内在驱动 | 员工个体发自内心地对工作尽职尽责和总想把工作做得更完美且在很大程度上不会受到组织给予的激励或回报影响的一种内在特质 |
| C11 自我效能感 | 员工个体对自己完成本职工作并做出良好业绩所具备能力的主观判断,以及对自己胜任本职工作的能力是否可以通过努力得以改进的信心的主观判断 |
| C12 全面薪酬激励效应 | 员工个体受到组织的全面薪酬激励后直接引发的工作动力,而不是指员工最终的绩效结果,这种直接的动力集中体现在个体的努力意愿和离职倾向两个方面,即员工受到全面薪酬激励后是否愿意继续留在组织并努力工作的程度 |

### 三 选择性编码

选择性编码（Selective Coding）是在主轴编码的基础之上,通过描述"故事线"来梳理、分析并提炼核心范畴,以核心范畴为中心将其与主范畴以及其他副范畴系统有机地联结起来,并通过收集新的资料与正在形成的理论之间的互动来进一步完善和验证各个范畴及它们之间的相互关系,以便建构系统理论框架（Strauss,1987）。研究过程中,全面薪酬平衡感知本身就是整个研究的核心概念,本章的研究目的就是解释全面薪酬平衡感知是如何形成以及如何对个体态度及行为产生作用的,原始资料、编码分析及形成的范畴与主范畴都是以"全面薪酬平衡感知"这一概念为中心且内容主要涉及这一核心概念是如何形成及如何发生作用的。核心范畴是指能够将其他范畴联结起来的中心现象,因此本研究的核心范畴就是"全面薪酬平衡感知的形成与作用"这一中心现象,核心范畴又包括两个方面,一是员工个体全面薪酬平衡感知的形成机理;二是全面薪酬平衡感知对个体自身的作用机理。围绕全面薪酬平衡感知的形成,将相应的主范畴系统有机联结起来,形成关于全面薪酬平衡感知形成机理的"故事线",即关于全面薪酬平衡感知形成机理的主范畴之间形成的典型关系结构,如表5—9所示。

表5—9　　　　　　形成机理相关主范畴的典型关系结构

| 典型关系结构 | 关系结构内涵描述 | 访谈资料中的代表性语句 |
| --- | --- | --- |
| 需求盘子<br>↓<br>全面薪酬激励套餐 → 供需平衡感知 | 组织中员工个体得到的全面薪酬激励套餐是供需平衡感知的重要前提条件和影响因素,同时个体的需求盘子是另一个重要影响因素,二者产生交互作用,共同决定并影响个体的全面薪酬平衡感知 | 我们的工资待遇在同行里算是不错的,但我想要的不光是金钱,还有其他的追求啊,比如对员工的培训机会太少,管理制度太死板,尤其是领导过于自负强势,这让我内心感到讨厌,不符合我的期望 |
| 多元综合比较<br>↓<br>回报与期望的关系 → 供需平衡感知 | 个体实际所得与最低期望及理想期望的对比关系会直接影响其供需平衡感知,对在这一影响过程中个体多元综合比较后的感受起到调节作用 | 我的实际收入与期望差距还是不小的,有时候真的会突破我的底线,没办法,我很多时候都会想想那些和我一样甚至还不如我的同事,我也就释怀了 |
| 多元综合比较→<br>供需平衡感知 | 员工获得各种回报后会跟单位内外部不同对象进行"回报/付出"的多元化对比,综合对比后的感受会影响个人的供需平衡感知 | 我从单位得到的回报,先不说与其他行业比,就是与本单位人比,我觉得也不公平,我付出的很多,不仅得不到相应的回报,而且还不被领导重视,反正大家怎么干,最终得到的都差不多 |

续表

| 典型关系结构 | 关系结构内涵描述 | 访谈资料中的代表性语句 |
| --- | --- | --- |
| 平衡满足需求→<br>供需平衡感知 | 个体希望自己所关心的各种需求都能得到同步平衡的满足，这本身就是一种需求，同时也会使得个体同步平衡地关注各种需求的满足状态，进而产生供需平衡感知 | 公司在激励方面总是想一出是一出，或者说考虑得不够系统周全，我并不是贪心不足，只是必要的需求应该都得到公司的考虑，其实其他同事也有这样的想法，只是没人向上级领导反映这些问题 |
| 平衡满足需求→<br>关系平衡感知 | 个体希望自己所关心的各种需求都能得到同步平衡的满足，这势必会使个体内心对各种需求的满足状态产生认知协调或失调，进而会产生关系平衡感知 | 我在本单位工作有些年头了，其实有很多想要的没得到，我积极快乐是因为这总算是一份我比较喜欢的工作，既然喜欢也就无所谓其他了，其实我也在不断调适自己的内心 |
| 供需平衡感知→<br>关系平衡感知 | 个体将自己的各种回报对照自己的需求盘子进行供需比较，评价自己的各种需求是否得到了相对平衡的满足，这是关系平衡感知的前提和基础 | 虽然我在收入方面不是很理想，但是我在公司还是很受领导器重，同事也很信任我，我也感觉到以后会有很好的发展空间，所以我目前也不是很在意工资收入了 |
| 关系平衡感知<br>↓<br>供需平衡感知 → 全面薪酬平衡感知 | 个体的供需平衡感知是影响全面薪酬平衡感知的直接因素，但并不是单独起作用的，它和关系平衡感知会产生交互作用，共同影响并决定个体的全面薪酬平衡感知 | 在这个行业，尤其是像我们做销售的真是不容易，劳心劳力先不说，工作中总是得取悦客户，其实我不喜欢销售工作，非要把产品卖给人家，也不考虑人家是否真的需要，也就是公司给的薪酬高，拿到订单的提成也非常可观，不是为这一点，我早都痛苦死了 |

围绕全面薪酬平衡感知对主体的作用，将相应的主范畴系统有机联结起来，形成关于全面薪酬平衡感知作用机理的"故事线"，即关于全面薪酬平衡感知作用机理的主范畴之间形成的典型关系结构，如表5—10所示。

表5—10　　作用机理相关主范畴的典型关系结构

| 典型关系结构 | 关系结构内涵描述 | 访谈资料中的代表性语句 |
| --- | --- | --- |
| 全面薪酬平衡感知→全面薪酬激励效应 | 员工的全面薪酬平衡感知，对全面薪酬激励效应会产生直接影响，集中体现为个人的努力意愿和离职倾向的变化。全面薪酬平衡感知对个体的努力意愿起到正向作用，对个体的离职倾向则起到负向作用 | 我在目前的单位工作，各方面都挺好的，我本来也挺喜欢这份工作的，再加上收入和福利也不错，我也适应了这里的文化，所以我工作得比较开心，工作的积极性和主动性很高，业绩也不错 |
| 外部工作机会↓全面薪酬平衡感知→全面薪酬激励效应 | 员工个体的全面薪酬平衡感知对全面薪酬激励效应的影响关系，受到个体的外部工作机会的调节作用，对努力意愿和离职倾向的影响关系都受到个体外部工作机会的负向调节作用 | 去年开始到现在，有一家很有实力的公司多次邀我加入，给我开出了很好的待遇条件，我虽然对本单位没有什么不满，但我还是希望自己能发展得更好，所以这一年多来思想起伏，工作状态不如以前 |
| 第二职业回报↓全面薪酬平衡感知→全面薪酬激励效应 | 员工个体的全面薪酬平衡感知对全面薪酬激励效应的影响关系，受到个体正在从事的第二职业回报的调节，第二职业又分为与主业相关和无关两种具体情况，两种情况下的调节作用呈现相反的效应 | 这两年我在一家金融企业兼职做顾问，我觉得挺有成就感的，因为我希望能将自己的专业优势发挥出来，也可以积累更多经验。但这并不影响本职工作，反而对本职工作更有帮助，我也工作得很开心 |

续表

| 典型关系结构 | 关系结构内涵描述 | 访谈资料中的代表性语句 |
|---|---|---|
| 个人内在驱动<br>↓<br>全面薪酬平衡感知 → 全面薪酬激励效应 | 员工个体的全面薪酬平衡感知对全面薪酬激励效应的影响关系，受到个体内在驱动力的调节，对努力意愿和离职倾向的影响关系都受到个人内在驱动的正向调节作用 | 坦白讲，单位给我们的激励和回报真的不太好，各方面都比不上同行业的其他单位，但我自认为是个有责任心的人，平常也有牢骚抱怨，但做事的时候还是会尽全力做好 |
| 自我效能感<br>↓<br>全面薪酬平衡感知 → 全面薪酬激励效应 | 员工个体的全面薪酬平衡感知对全面薪酬激励效应的影响关系，受到自我效能感的调节，对努力意愿和离职倾向的影响关系都受到自我效能感的正向调节作用 | 我也并没有奢望单位再给予我什么，现在这样也不错，总体来说单位给我的回报还是不错的，但我并没有很努力，原因是我对自己没有信心，目前我的专业能力已经不足以支撑工作，而且我感觉好像没办法再长进了 |

### 四　理论饱和度检验

理论饱和度检验是判断研究样本应该继续抽取还是停止采样的重要标准（郑烨、吴建南，2017：48）。对理论的饱和度进行检验，是指当研究中不能获得更多可以进一步提炼某一范畴性质的资料时，理论就趋于饱和（Pandit，1996）。本研究完成三级编码分析之后，得到了29个范畴、12个主范畴以及以核心范畴为中心的"故事线"，下一步的研究就是基于以核心范畴为中心将其与主范畴以及其他副范畴联结起来的系统进行理论建构，此时，需要对三级编码形成的概念、范畴及其性质，以及范畴之间的关联进行理论饱和度检验。如果没有达到理论饱和，那么就需要继续进行理论抽样以获取新的数据资料作为补充，然后再通过三级编码对新的资料进行分析，直到没有新的概念、范畴及关系出现为止。直到增加数据资料也无法发现新的概念、提炼新的范畴、进一步发展某一范畴及其涉及的关系时，理论就达到饱和。本研究采用26个样本中剩余的6个样本的访谈资料进行理论饱和度检验。检验过程中，从其中一名个案的访谈资料中发现了一个关于全面薪酬平衡感知形成机理的新的范畴，即需求满足觉察，其对应着从原始访谈资料中提取的两个初始概念，分别是需求满足主动觉察和需求满足被动觉察。需求满足觉察的内涵、对应的概念及访谈资料中的代表性语句，如表5—11所示。

表5—11　　　　　　　　理论饱和度检验发现的新范畴

| 范畴 | 范畴内涵 | 初始概念 | 剩余访谈资料中的代表性语句 |
| --- | --- | --- | --- |
| 需求满足觉察 | 员工对个人所关心的某种或某些需求已经得到较好满足这一事实的觉察状态及程度。个体的需求满足觉察越高，说明个体越意识到自己所关心的需求已经被较好满足这一事实 | 需求满足主动觉察 | 我总是想到单位给我提供的那些优越的工作条件和便捷服务，我也经常向家人朋友提及单位这些做法 |
| | | | 静下心来审视自己的所得，其实很多无形回报平时容易被忽视，如孩子上学便利、能力提升、工作自由、家庭照顾等，但这些方面对我的生活真是很重要的 |
| | | 需求满足被动觉察 | 朋友一起聊天时会提到一些他们很渴望甚至为之忧虑的需求，对我而言却不是问题，每当此时我心态就平衡多了，我的工作好处只是之前没意识到而已 |
| | | | 我的确在刚才你说的那些方面得到了很多回报，自己也非常认同，一直以来我都在享受着这些回报带来的快乐，但在我们今天的谈话之前，我却没有意识到 |

经与多位同行专家沟通研讨后一致认为，可将"需求满足觉察"这一新的范畴作为一个重要的主范畴，进而构建与其他范畴之间的关系。这一范畴的发现，对全面薪酬平衡感知形成机理增添了新的前因解释。需求满足觉察可以界定为员工对个人所关心的需求

已经得到较好满足这一事实的觉察状态及程度，即个体虽然对某些所关心的需求得到了较好的满足这件事内心是认可的，但他对这一事实的觉察性较低，即有没有意识到这一事实的存在，会影响个体的供需平衡感知和关系平衡感知，进而影响到全面薪酬平衡感知。需求满足觉察范畴及其概念的发现，产生了两种围绕全面薪酬平衡感知的形成这一核心范畴的典型关系结构：一是个体的需求满足觉察对其供需平衡感知的影响关系；二是个体的需求满足觉察对其关系平衡感知的影响关系。这两种典型关系结构进一步补充和完善了之前形成的全面薪酬平衡感知形成机理"故事线"，如表5—12所示。

表5—12　　　　　　　新范畴形成的典型关系结构

| 典型关系结构 | 关系结构内涵 | 剩余访谈资料中的代表性语句 |
| --- | --- | --- |
| 需求满足觉察→供需平衡感知 | 个体是否意识到或觉察到自己某方面的需求得到了较好的满足，对供需平衡感知有正向的影响关系。如果个体得到了较好的满足但没意识到，也不会有较高的供需平衡感知 | 刚才提到的那些方面，我在本单位的确得到了不少优越条件，但是你没说之前，说实话，我还真没意识到这一点，现在想想的确是单位给我提供了很好的便利和无形的帮助 |
| 需求满足觉察→关系平衡感知 | 个体是否意识到或觉察到自己某方面的需求得到了较好的满足，对关系平衡感知也有重要的影响。如果某种需求已经被满足但没有被个体所觉察或认识到这一点，就无法去弥补或替代其他未满足或未较好满足的需求 | 刚才提到的工资、福利、环境、工作意义等，对我来说都不合心意，我也一直想着辞职自己干点什么。直到后来遇到了一个同行，你知道多数人不会把自己真实的酸甜苦辣告诉你，但他很坦诚地向我说了他真实的待遇和处境，听完后我感觉自己在某些方面其实也得到了不错的回报，甚至比他强，仔细想想之前真是没意识到，所以我也渐渐打消了辞职的念头 |

至此，关于全面薪酬平衡感知形成与作用机理的全部范畴已经发展全面，除了"需求满足觉察"这一新的范畴之外，在剩余的所有个案访谈资料分析中均没有发现其他新的概念及范畴；其余所有副范畴内部也没有发现新的概念，副范畴之间也没有发现新的关系；所有主范畴内部也没有再发现新的重要范畴和典型关系。由此可以认为，本研究的三级编码分析、主副范畴提炼以及典型关系结构在理论上达到了饱和。

## 第四节 形成机理模型建构与阐释

根据对原始资料进行三级编码分析以及在此基础之上所形成的全面薪酬平衡感知形成机理"故事线"，本书建构了组织员工个体全面薪酬平衡感知形成机理的理论模型，如图5—3所示。

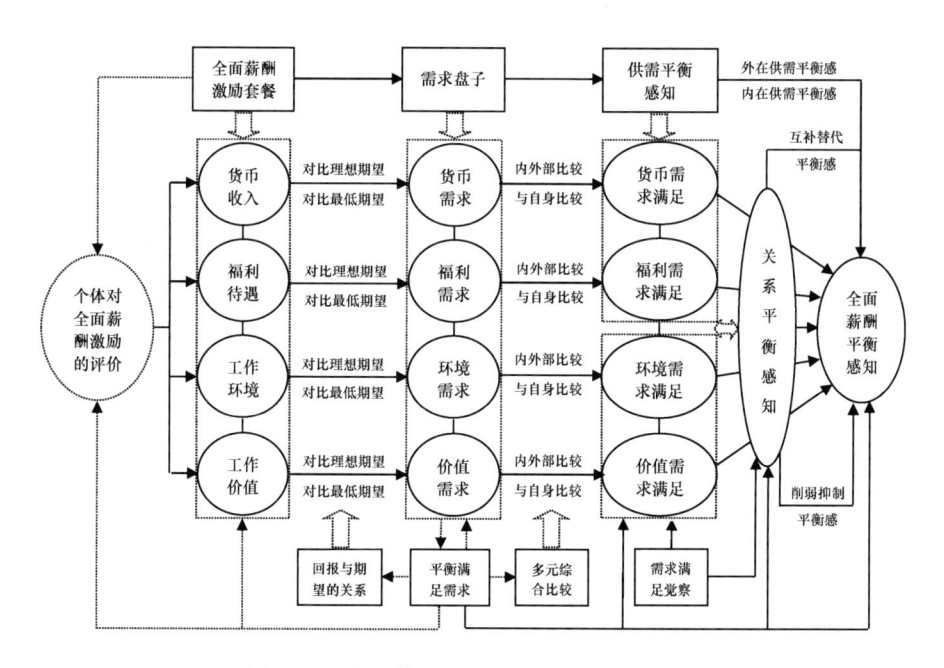

**图5—3 全面薪酬平衡感知的形成机理模型**

全面薪酬平衡感知的形成是一个复杂的多重心理比较过程，主要包括供需平衡感知的形成和关系平衡感知的形成两个互相影响的心理认知过程，同时又受到个体的需求盘子、全面薪酬激励套餐、回报与期望的关系、多元综合比较、需求满足觉察等多种因素的影响。全面薪酬平衡感知的形成过程本质上受到个体"平衡满足需求"的驱动与根本影响，个体为了全面平衡地满足自己所关心的各种需求并在心理上追求对各种需求满足感之间的认知协调与平衡，会对自己从组织得到或感知到的全面薪酬激励进行主观评价，主观评价直接引起一系列多重比较的心理活动，进而产生供需平衡感知和关系平衡感知。这一过程中，"平衡满足需求"对个体的需求盘子、全面薪酬激励套餐、回报与期望的关系、多元综合比较、需求满足觉察等因素也会产生不同程度的影响。

## 一　供需平衡感知的形成

供需平衡感知形成的心理过程，可以概括地描述为：员工"平衡满足需求"会驱使个体对自己受到的全面薪酬激励进行综合评价，具体表现为将自己从组织得到或感知到的包含多种不同回报的"全面薪酬激励套餐"，与自己内心由多种所关心的需求构成的"需求盘子"进行对照并形成主观评价。员工得到的全面薪酬激励套餐主要包括货币收入、福利待遇、工作环境以及工作价值与体验四类，而员工的需求则主要包括货币需求、福利需求、环境需求以及价值与体验需求四个方面。这一对照评价的过程又包括将实际所得回报与期望对比两个几乎同步进行的心理活动，同时受到个体的需求满足觉察的影响，最终决定了个体是否感到自己所关心的各种需求都同步平衡地得到了较好的满足，这种感知到的平衡满足状态即"供需平衡感知"。

如果员工从组织得到的"全面薪酬激励套餐"中的各种回报及

其权重符合个体"需求盘子"中的各种具体需求及其权重，那么员工就会感知到一种"供需平衡"的心理状态。个体的"供需平衡感知"过程受到三个重要因素的影响：一是员工在某种需求上的实际所得回报与最低期望及理想期望的差距，这是以差异理论为基础的；二是员工将某种激励或回报与相应的付出进行多元综合比较后的感受，这是以公平理论为基础；三是个体的需求满足觉察。

关于实际所得回报与最低期望及理想期望差距的影响。如果先假定员工不会将所得回报进行多元综合比较，那么全面薪酬供需平衡的前提条件就是，激励套餐中的各种激励供给可以满足员工对其所关心需求的最低期望，而且同时会受到理想期望的影响。但是，个体针对某种需求的期望并不是一个特定精确的取值，一般来说是一种大于最低期望、小于理想期望的范围。当员工在某种需求上得到的激励供给（回报）大于最低期望，员工就在这一需求上进入了供需平衡的范围，而供需平衡的程度则取决于回报在多大程度上符合理想期望。最低期望是指员工在某种所关心的需求上期望得到的最低的激励供给（最低可接受的回报），如果小于最低期望，在这一需求上供需就是失衡的；理想期望是指员工在某种需求上期望得到的理想的激励供给，也就是人根据自己的实际付出所做的在可能条件下最好的回报预期。不同个体的最低期望和理想期望都是有差异的，取决于个体的价值观。一般情况下，员工在某种需求上的最低期望和理想期望都是相对稳定的，其供需平衡就取决于实际所得回报在这个范围内（大于最低期望、小于理想期望）的位置。可见，实际所得回报在这个范围内离最低期望越远、离理想期望越近，个体在这一需求上的供需平衡感知就越高。如果员工个体在货币、福利、工作环境、工作价值及体验四个方面的各种需求上都有较高的供需平衡感知，那么就可以认为其全面薪酬供需平衡感知较高。

关于多元综合比较的影响。然而，现实中人的心理比较活动会更加复杂，员工的上述心理比较过程，会受到"多元综合比较"的影响。根据公平理论，员工会将自己的"回报/付出"和他人的"回报/付出"比较，比较对象多数情况下是多元化的。通常来说，个体"回报/付出"的多元综合比较结果，其实是一个基于与组织内部人员、同行从业人员以及不同行业工作者甚至是与不同情境下的自我的比较而得到的综合心理感受。人的心理比较是一种多重复杂的活动，受到自己的价值观和思维方式的影响，至于习惯与哪类人进行比较是因人而异的，有些人习惯与各种人群综合比较，有些人习惯与某一类人群比较，总之比较的结果都可以看作个体经过了内外部、纵横向多元比较后的综合心理感受。可见，基于公平理论的多元综合比较其实也涵盖了个体对自己实际所得回报与期望所得回报的比较。另外，当个体比较自己实际所得回报与期望所得的差距时，其实也存在个人的努力与他人"回报/付出"的比较，因为个体在面对一份现实的回报并对照自己的期望时，一般不可能抛开个人努力去看待这个问题，同时自己的期望也不可能没有任何与他人的比照而想当然地预设。换言之，基于差异理论的个体心理比较活动，也同时掺入了个体的内心公平比较及感受。

如果个体多元综合比较后的公平感很低，即使是实际所得回报大于最低期望甚至符合理想期望，也不会使个体产生很高的满足感，但较小的期望差距或与理想期望相符合的情况，很可能会降低因公平感低带来的不满；如果自己的实际所得回报与理想期望差距很大，但多元综合比较后的公平感很高，那么很可能会降低由于差距过大带来的不满。基于公平理论的多元综合比较与基于差异理论的实际所得回报与最低及理想期望的比较过程几乎是同步进行的，但本研究认为通常情况下，个体会习惯性地先进行实际所得回报与最低及理想期望的比较，实际所得回报与最低期望的差距对供需平衡感知有正向的影响关系，而多元综合比较后的公平感则对这一关系起到了正向调节的作用。个体在货币、福利、工作环境、工作价值及体验等方面的各种需求上的满足程度均会同时受到多元综合比较的影响，进而影响并决定了个体的全面薪酬供需平衡感知。然而，需要强调的是，当个体在某种需求上的所得回报低于其最低期望时，这一需求上的供需就会失衡，多元综合比较后的公平感也不会对这一关系产生显著的调节作用，换言之，某种回报小于个体最低可接受的期望时势必导致心理失衡。

需求满足觉察的影响。人很容易察觉到没有被较好满足的需求，但不容易觉察到已经被较好满足的需求。虽然激励的出发点是人未满足的需求，但已满足的需求到底对被激励者产生了多大的激励效应是一个非常重要的问题，如果已满足的需求并未产生有效的激励而一味追求基于新的需求的激励，那么激励将陷入困境。通过访谈和观察发现，这种不易觉察自己的需求已经被较好满足的现象是普遍存在的，本研究将其称为"需求满足觉察"，可以定义为员工个体对自己所关心的需求已经得到较好的满足这一事实的觉察与认可程度，需求满足觉察越高则说明个体越意识到自己所关心的某种需求被较好地满足这一事实。有些人对需求满足是主动觉察的，即需求满足主动觉察；有些人对需求满足是被动觉察的，即需求满足被动觉察。这两种需求满足觉察都会对个体的全面薪酬平衡感知产生影响。

一个典型案例可以说明：某事业单位的一位行政管理者，一直以来他认为自己所关心的一些需求都没有得到较好的满足，其中有些方面几乎到了他最低可接受的程度，因此出现了消极被动甚至是离职的倾向。但是，与他沟通的过程中，经过客观梳理其已经得到的较好回报后发现，他很关心的几个需求都得到了较好的满足，只不过在没有沟通之前他并没有意识到"需求被较好满足"的事实。

经沟通后，该员工发自内心地意识到自己的确从目前所供职的单位得到了很多无形却很有价值的回报及好处，比如他承认通过工作自己的能力和思想境界得到了很大提升，因此现在活得更加坦然，他还承认单位给他长达六年的时间去进修深造但并未扣减货币收入，还承认自己的孩子在单位办的知名学校读书从而省去了很多不必要的付出与麻烦等。此时，其平衡感知会因为对这些事实的觉察而提升。这个例子中的主体，显然是受到其他人的引导和强调才使自己的意识聚焦并觉察到需求满足事实的，还有些人不需要他人的引导或强调就会主动觉察和意识到已经被较好满足的需求。当然，这种主动察觉很有可能是由于被满足的需求在个体需求盘子中的权重较大，个体对这种需求非常关注造成的，被动察觉必须依靠有效的外界刺激或引导来实现。可见，需求满足觉察会正向影响个体的供需平衡感知。

### 二 关系平衡感知的形成

关系平衡感知的形成是个体对自己在各种需求上的满足状态之间形成的平衡关系心理感知过程。关系平衡的实质是个体某种需求的较好满足状态[①]平衡了其他需求未较好满足状态[②]或者需求没有被满足的状态，形式上则表现为个体在某种需求上得到的较好回报（较好地满足了某种需求的回报）平衡了其他需求上令其不满的回报或没有得到的回报。"关系平衡"具体包括"互补替代"和"削弱抑制"两种关系：前者是个体在某种需求上已经被较好满足的状态弥补或替代了那些没有被较好满足的需求；后者是个体在某种需求上得到增强后的回报对那些导致"心理失衡"的过于旺盛或不合

---

① 需求的较好满足状态，可理解为个体在某种需求上得到的回报明显大于最低期望且接近理想期望的需求满足状态。

② 需求未较好满足状态，可理解为个体在某种需求上得到的回报符合或略大于最低期望且与理想期望差距较大的需求满足状态。

理的需求及动机产生的积极意义的削弱或抑制。

在此,需要辨析"关系平衡"与"挤出效应"之间的辩证关系,二者都涉及两种回报之间的互相作用关系,但二者是有本质区别的。外在薪酬激励的增强会减弱个体的内在动机,进而弱化内在薪酬的激励效果,产生"挤出效应"(贺伟、龙立荣,2011:94)。如果个体原本得到的内在薪酬激励有较好的激励效果,此时增强外在薪酬激励会使其对内在薪酬激励的需求有所减弱,进而弱化了激励效果,这种情况下就会产生所谓的"挤出效应";但如果个体得到的内在薪酬激励本来就不足以产生较好的激励效果且个体对内在薪酬激励也很关心时,外在薪酬激励的加强很可能弥补或替代内在薪酬激励的不足,这种情况下就产生了"关系平衡"。以上两种情况,可以举例说明:某员工得到的货币报酬较高,可能因此减弱了内在工作动机而变得不思进取,但也很可能会对原本就不喜欢本职工作或对工作氛围抱怨的人起到弥补替代作用。还有一种情况是,当员工对外在薪酬激励有过于旺盛或不合理的需求时,或者组织管理者由于主客观原因想改变这种过于依靠金钱物质激励员工的局面时,"挤出效应"很可能起到积极作用,即加大内在薪酬激励从而弱化员工对外在薪酬的需求动机,这种情况下的"挤出效应"虽然其本质也是对其他需求及动机的"削弱抑制",但对于组织与员工双方来说都是有益的,此时的"挤出效应"就是"关系平衡"的一种表现形式。对某种过于旺盛的需求(不合理或心理失衡状态)的削弱和抑制,本质上还是用一种需求满足感的增强替代或部分替代了那种过于旺盛却导致个体心理失衡的需求满足感。所以,"关系平衡"与"挤出效应"是既有联系又有本质区别的两个概念,前者强调互补替代,后者强调削弱抑制,但当后者起到积极效果时也是一种特定的关系平衡。

可见,全面薪酬不同回报之间的互相作用关系有三种情况:一是互补替代关系，类似于阴阳平衡观下中医七情配伍理论中的"相须相使"；二是积极的削弱抑制关系，类似于中医七情配伍理论中的"相畏相杀"；三是挤出效应，也即消极的削弱抑制关系，则类似于中医七情配伍理论中的"相恶相反"。三种情况中的"互补替代"和"积极的削弱抑制"就构成了本研究的"关系平衡"，即关系平衡中的"平衡"可理解为积极的互补替代与削弱抑制。"关系平衡"可能发生在任何两种或多种回报之间，包括几种典型的情况：一是个体在某种或某些关心的需求上没有得到较好的回报，但其他需求上得到了较好的回报，此时后者弥补了前者的不足；二是个体在某种或某些需求上没有得到回报，但其他需求上得到了较好的回报，此时后者替代前者发挥了部分或全部激励作用；三是个体在某些需求上有过多欲望或处于失衡状态时，其他需求满足感的增强会对这种过于旺盛的需求或失衡的满足状态给予积极的削弱或抑制。此外，还有一种特殊情况需要给予解释，有些员工在某种所关心的需求上没有得到较好的回报，却在其他需求上得到了较好的回报，但后者很难弥补或替代前者的不足或缺失，原因在于不同员工对各种回报的认知协调与平衡的依据及阈值不同，这种情况也可以理解为其关系平衡感知很低。

关系平衡感知也会受到个体最低期望和需求满足觉察的影响。如果某种需求上的实际所得回报低于了个体对该需求的最低期望，而且个体的这种需求在其需求盘子中的权重很大，那么这种需求上的供需平衡感知就非常低，即使是经过多元综合比较也不容易使其供需平衡感知提高，同时即使其他需求得到了很好的满足，也不容易起到互补替代的平衡作用，此时关系平衡感知也会很低。另外，需求满足觉察如果很低，意味着个体没有意识或觉察到自己已经得到较好满足的那些需求，那么本来可能通过认知平衡产生的积极的互补替代或削弱抑制的关系就不存在了，此时，供需平衡感知和关系平衡感知都会降低。然而，如果个体在某种需求上没有得到大于或等于最低期望的回报，那么其在该需求上的供需平衡感知就很低，此时关系平衡也很难实现。因为，低于最低期望的回报已经突破了个体在这一需求上的底线，而且其他需求上较好的满足状态也无法起到平衡作用，其内在逻辑类似于"木桶原理"。但是，实践中的个体在经过多重心理比较和自我认知平衡后，其在某种需求上的最低期望是会发生变化的，也可能会随着个体所处情境的改变而发生潜移默化的变化，变化之后的最低期望很可能会使这一供需失衡的需求得到弥补或替代的平衡。

### 三 全面薪酬平衡感知的形成

全面薪酬平衡感知由供需平衡感知和关系平衡感知构成，影响二者的因素也同样会影响全面薪酬平衡感知。同时，供需平衡感知和关系平衡感知的形成过程同步交织在一起，二者之间也存在互相作用的关系，并对全面薪酬平衡感知有交互影响的作用。关于员工个体的全面薪酬平衡感知的形成及变化，以下分几种情况予以分析。

如果员工在全面薪酬四个维度上得到的回报均较好地满足了对应的需求，即个体具有较高的供需平衡感知，而各种需求上的满足程度及状态在大多数情况下是不同的，四个维度上的回报之间有可能产生积极的互补替代或削弱抑制的平衡关系，即关系平衡感知。这种情况下，供需平衡感知和关系平衡感知互相作用，共同形成了较高的全面薪酬平衡感知。当然，有些个体也有可能不会在其对不同回报的认知中产生明显的平衡关系，即关系平衡感知较低，此时该员工全面薪酬平衡感知就主要取决于供需平衡感知，由于个体本来就在各种需求上得到了较好的满足，因此其全面薪酬平衡感知也较高。

上述情况中，如果员工在全面薪酬四个维度上得到的回报，有些较好地满足了对应的需求，而有些没有较好地满足对应的需求，那么该员工的供需平衡感知高低，还要取决于被较好满足和未被较好满足的需求在需求盘子中的权重，此时各种回报之间也会产生积极的互补替代或削弱抑制的平衡关系，即个体认知中存在关系平衡感知。这种情况下，虽然供需平衡感知较低，但如果个体的关系平衡感知较高，则会提高个体的全面薪酬平衡感知；如果关系平衡感知也较低的话，那么个体的全面薪酬平衡感知一定会很低。

如果员工在全面薪酬四个维度上得到的回报同时出现低于其"最低期望"和高于其"最低期望"并存的情况，即有些回报可以满足相应的需求，但有些回报已经低于了该需求（个体所关心的）的最低可接受水平，具体包括一高三低、三高一低、二高二低这三种情况。无论哪种情况，该员工的供需平衡感知都是很低的，同时个体认知中的关系平衡感知也会很低，因为其他较好的需求满足状态对低于最低期望的需求满足状态是无法平衡或者很难平衡的。这种情况下，个体的全面薪酬平衡感知就会很低。

除了以上三种情况外，还有一种特殊情况，即员工在全面薪酬四个维度上的回报均未达到该员工在相应需求上的"最低期望"，那么其在全面薪酬四个维度上都处于供需失衡的状态，此时关系平衡感知也就无法形成，即便有也只能是一种消极的自我安慰。需要说明的是，无论哪种情况，员工在全面薪酬四个维度上的"最低期望"，即员工最低能接受的回报水平，对全面薪酬平衡感知有决定性的作用。个体在某种关心的需求上的实际回报大于最低期望，则达到了这种需求上相对的供需平衡状态，小于最低期望则出现失衡状态。如果个体在某种关心的需求上的实际回报低于最低期望，不仅其供需平衡感知会很低，而且其他较好满足的需求状态也无法给予积极的平衡，即关系平衡感知也较低。

任何组织中，如果员工个体感到其所关心的全部需求都得不到较好的满足，那么该员工肯定是消极的，无论是供需平衡感知还是关系平衡感知都非常低；如果员工个体感到其所关心的全部需求都得到了较好的满足，那么该员工的供需平衡感知程度肯定较高，而关系平衡感知程度可能较高也可能较低，这取决于个体对不同回报的内在认知平衡。然而，大多数情况下，员工面临的情境是，有些自己所关心的需求得到了较好的满足，有些所关心的需求没有得到较好的满足，甚至是接近或低于最低期望。这类情境下，个体的供需平衡感知与关系平衡感知就会共同作用并决定员工的全面薪酬平衡感知。

## 第五节 作用机理模型建构与阐释

通过对原始访谈资料的三级编码分析以及在此基础之上所形成的全面薪酬平衡感知作用机理"故事线"，本研究建构了组织员工个体全面薪酬平衡感知作用机理的理论模型，如图5—4所示。

作用机理模型阐释的是员工的全面薪酬平衡感知对其个人的工作态度及行为会产生什么作用及如何作用的问题。全面薪酬激励涵盖了所有员工自认为有价值的回报，不同激励要素起到外在或内在、直接或间接的激励作用，最终的激励目的是吸引、保留和激发员工并使其发挥积极性和创造性，进而提高员工的绩效产出。全面薪酬激励效应是指员工受到组织给予的全面薪酬激励之后的工作态度及行为的反应，这种反应在具体情境中又会受到其他情境因素的作用进而影响其绩效产出。可见，员工绩效产出的高低除了激励因素之外，还会受到多种环境因素的综合影响。

关于激励效应，少有研究者做出明确的概念界定，但却被广泛运用于各种研究中。现有文献对激励效应概念的界定主要有"动力

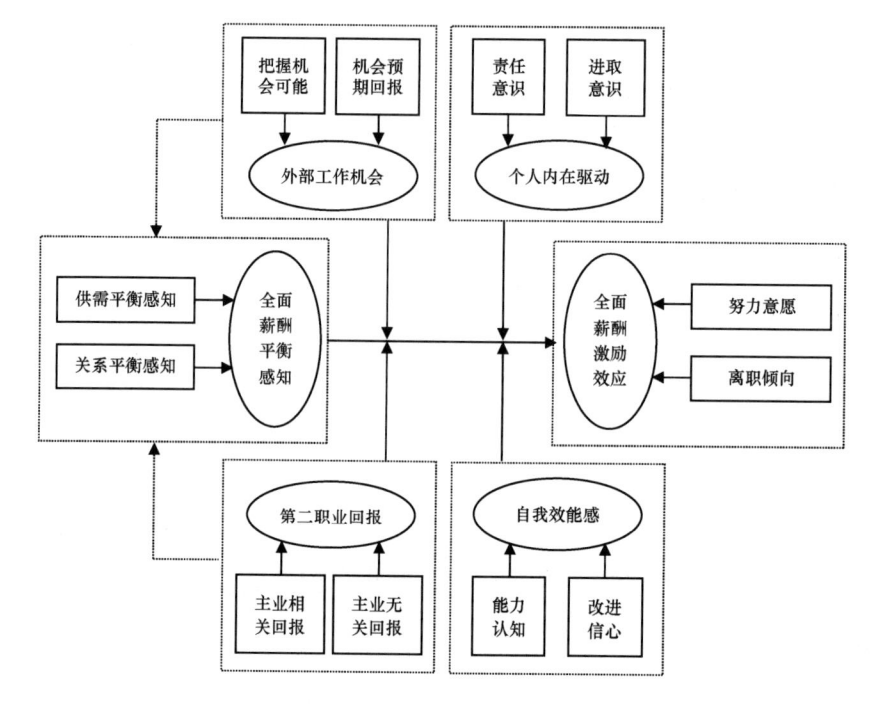

**图 5—4　全面薪酬平衡感知的作用机理模型**

论"和"绩效论"两种观点。"动力论"观点认为激励效应是一种由激励直接引发的工作动力,"绩效论"观点认为激励效应就是激励最终产生的绩效结果,即激励效果。不少研究者将激励效应等同于激励效果,如姚先国和方阳春(2005)、孟令国(2008)、李爱梅和凌文辁(2009)、宋宇(2011)等,很多研究中激励效应和激励效果两个概念并不严格进行区分。本研究对激励效应概念的界定以"动力论"为主,即各种全面薪酬要素对员工激励所产生的态度及行为的反应。那么,激励效应可从哪些方面测量或评价呢?有观点认为可以从总体薪酬效果、吸引人才效果、激励效果、留住人才效果四个方面测量(David and Luis,1987),多数研究者认为可以运用员工受到激励后的一种或多种态度及行为表现来测评激励效应,例如薪酬满意度(Steven,2005)、激励感受(申健,2010;

张娴初、王迎春，2012）、激励感受与工作满意度（姜金秋、杜屏，2014）、薪酬满意度和离职倾向（姚先国、方阳春，2005），激励感受、努力意愿、离职倾向等（成琼文，2010；陈涛，2010）。本研究根据观察访谈及资料编码得到的全面薪酬激励效应这一范畴的内涵，与激励效应的"动力论"观点一致，但又不同于现有的文献观点。本研究发现，员工受到全面薪酬激励后的态度及行为结果主要集中体现在员工个人的努力意愿和离职倾向两个方面，即员工受到全面薪酬激励后是否愿意继续留在组织并积极努力工作。

努力意愿和离职倾向虽然都是全面薪酬激励效应的主要体现，但由于二者体现出来的个体态度及行为的反应并不一致，所以全面薪酬平衡感知对激励效应的作用机理主要分两种作用关系来分析：一是员工的全面薪酬平衡感知对其个人的努力意愿有正向作用关系；二是员工的全面薪酬平衡感知对其个人的离职倾向有负向作用关系。当员工有较高的全面薪酬平衡感知时，其平衡满足需求得到了较好的满足，内心处于一种和谐积极的状态，会表现出较高的工作积极性，努力意愿更强，离职倾向更低。然而，事实并非全都如此，拥有较高全面薪酬平衡感知的员工，也会因情境不同而有不同的态度及行为表现，有人更加努力工作，有人却安于现状或不思进取，还有人工作懈怠，甚至有人萌发离职跳槽的念头。全面薪酬平衡感知对个体努力意愿的正向作用关系和对离职倾向的负向作用关系，会受到两个重要的内部情境因素和两个重要的外部情境因素的调节作用，内部情境因素包括个人内在驱动和自我效能感，外部情境因素包括外部工作机会和第二职业回报。

## 一 自我效能感的调节

关于自我效能感，学界有相对一致的内涵界定，是指个体对自己能否成功完成某项任务、活动或成功处理某个问题所具备的能力的判断或信心，这反映了个体对完成任务、活动及处理问题的过程施加控制能力的信念（Bandura，1986；Stajkovic and Luthans，1998；Zhao and Olivera，2006；陈国权，2006）。可见，自我效能感高的员工会对自己成功完成工作或处理问题有较高的能力认知与自信心，但自我效能感是一个动态变化的概念，会随着情境的变化而发生变化（Gist and Mitchell，1992）。自我效能感并不是个体的真实能力，而是个体对自己成功完成任务或处理问题的能力的主观评估与信心（姚凯，2008：463）。自我效能感是个体行为的关键动因，可以从"我想"和"我能"两方面为个体提供内在动力（Shalley et al.，2004）。从以上概念内涵来看，自我效能感这一概念与本研究通过扎根分析得到的能力认知和改进信心两个范畴的归纳提炼形成的主范畴内涵是一致的，所以选用自我效能感来表达这一主范畴。其中，能力认知是指个体对自己完成本职工作并做出良好业绩所具备能力的判断，与自我效能感的内涵完全一致；改进信心是指个体对自己胜任本职工作的能力能否通过努力得以改进和提升的信心，也可以理解为个体对提升自己能力这一问题能否成功应对的信心，所以也表达了自我效能感概念关于"能力自信"的内涵。

自我效能感对全面薪酬平衡感知与努力意愿之间的正向作用关系和全面薪酬平衡感知与离职倾向之间的负向作用关系均起到正向调节作用。对于自我效能感高的员工来说，其全面薪酬平衡感知对努力意愿的正向作用关系会更强，个体拥有较高的全面薪酬平衡感知，再加上对自己的胜任能力有足够的信心，这种情况下会表现出更强的努力意愿；同时，其全面薪酬平衡感知对离职倾向的负向作用关系也会更强，个体拥有较高的全面薪酬平衡感知，其离职倾向本来就较低，再加上对自己在目前职位上的工作能力有足够的信心，这种情况下个体的离职倾向就会更低，当其他环境因素稳定时，个体不会考虑离职的问题。对于自我效能感低的员工来说，其全面薪酬平衡感知对努力意愿的正向作用关系会减弱，由于个体对自己的能力没有信心，所以即使其全面薪酬平衡感知较高，也会因为能力信心不足而导致其努力意愿降低，甚至出现消极被动的行为；同时，其全面薪酬平衡感知对离职倾向的负向作用关系也会减弱，虽然个体的全面薪酬平衡感知较高会使其离职倾向变得较低，但由于个体对自己的能力没有信心，所以很可能产生无能为力的感觉和逃避工作的行为，这种情况下即使其全面薪酬平衡感知较高，也很有可能会产生更换其他可以胜任工作的想法。

### 二 个人内在驱动的调节

每个人都有与生俱来的内在特质，也就是"冰山模型"中人的内隐性特质，如价值观、人格、信念、自我认知、动机等，这些内在特质具有稳定性，一般不会因为环境的变化而大幅改变。本研究通过扎根分析得到的"个人内在驱动"这一范畴是指组织中员工个体具备的无论内外部环境如何都会认真负责且努力把工作尽可能做得更好的内在特质，包括两个对应范畴，即责任意识和进取意识。责任意识是指当某类员工面对无效的激励、不公的待遇、不悦的环境，甚至是不太喜欢的工作时，即使他们有一些抱怨，但实际工作时都是非常认真负责的，他们担心自己的不负责会影响他人或组织利益，他们认为不负责地面对工作会让自己很内疚，换言之，这类员工有不可动摇的责任感，迫使他们对所做的工作非常负责。进取意识是指某类员工无论面对什么样的激励和回报，在具体工作时总是想方设法把工作做到自己能力范围之内尽可能好的程度。责任意识强调认真负责，进取意识强调追求卓越，合起来就是一个人工作的内在驱动。

个人内在驱动对全面薪酬平衡感知与努力意愿之间的正向作用关系和全面薪酬平衡感知与离职倾向之间的负向作用关系也起到正

向调节作用。当员工拥有较高全面薪酬平衡感知而导致其努力意愿较强、离职倾向较低时，同时如果员工的个人内在驱动也很强，这种因果关系就会增强，如果个人内在驱动弱则这种因果关系会减弱。对于责任意识和进取意识很强的员工来说，较高的全面薪酬平衡感知就会促使其表现出更强的努力意愿，同时会使其原本就比较低的离职倾向变得更低。对于责任意识和进取意识较弱的员工来说，较高的全面薪酬平衡感知，也会因为缺乏责任感或进取心不足而导致其努力意愿降低，甚至出现消极被动的行为，同时有可能会使其原本比较低的离职倾向反而有所增强。

### 三　外部工作机会的调节

员工在本单位工作的同时，会受到组织以外可能存在的更好的就业机会的吸引，其个人也会对这种机会的预期回报及自己抓住机会的可能性做出自我判断。外部工作机会很可能会引起员工的离职和跳槽，当员工认为自己可以抓住更好的机会以获取更符合期望的回报时，必然会选择离职，同时也会影响到员工对正在从事的本职工作的投入。外部工作机会产生的这种负面影响，必须同时满足两个条件：一是员工自认为能够把握外部工作机会的可能性比较大；二是外部工作机会带来的预期回报的效价对于自己来说比较高。如果只有可能性而无效价抑或是只有效价而可能性非常低，都不会对员工从事本职工作起到明显的负面影响。

外部工作机会对全面薪酬平衡感知与努力意愿之间的正向作用关系和全面薪酬平衡感知与离职倾向之间的负向作用关系均起到负向调节作用。当员工遇到组织外部更好的就业机会且抓住这一机会的可能性和预期回报都比较大的情况下，即使该员工具有较高的全面薪酬平衡感知，也会使原本较高的努力意愿有所削弱，同时会使原本较低的离职倾向有所增强。与此同时，员工对外部工作机会进行判断与决策的时候，势必会将外部工作机会的预期全面薪酬与本职工作的现行全面薪酬进行多方面的比较，这属于全面薪酬平衡感知形成过程中的多元综合比较的外部比较因素，这一因素又会影响供需平衡感知以及关系平衡感知。因此，外部工作机会在发挥调节作用的同时，也对员工个人的全面薪酬平衡感知产生负向影响，外部工作机会的可能性与预期回报越大，这种负向影响越大，从而降低了员工的全面薪酬平衡感知，那么此时个体的努力意愿会更低、离职倾向会更强。

### 四 第二职业回报的调节

当前，越来越多的员工在从事本职工作的同时，还在从事着第二职业或副业并以此为自己带来各种自认为有价值的回报。第二职业势必会影响到员工本职工作的积极性与投入度，甚至很多人的第二职业反而成了自己的"主业"，所以很多从事第二职业的员工也会萌生离职的想法，想专心去做第二职业。按照与主业的关系，可以将第二职业划分为与本职工作密切相关的第二职业和与本职工作无关的第二职业。前者是指那些必须要借助或深度利用与本职工作密切相关的内外部资源和条件的第二职业，这些资源和条件可能是个体从事本职工作所具有的知识、技能、经验、名声、地位、从业资格、雇主声誉以及其他相关资源与条件。这类第二职业多见于知识工作者或智力工作者，例如一位在国际知名企业工作的人力资源总监在业余时间利用本企业的管理经验为其他企业做文化和人力资源管理咨询与培训，或一位高校商学院教授利用灵活的工作时间和自己的专业兼职做企业的管理顾问，这类工作者还有很多，如医生、律师、行业专家、咨询顾问、技术专家、金融专家等；后者与前者刚好相反，是指那些不需要也没有深度使用与本职工作密切相关的内外部资源和条件就可以开展的第二职业，比如一位事业单位的信息工作者与他人合伙开了一家餐馆，或是一位在经营不景气的国有工厂工作的技术工人在业余时间借助网络打车软件从事载客服务以赚取更多的收入。这两种不同性质的第二职业对主体的影响有根本区别：对于前者来说，主业非常重要，是第二职业的前提和基础，正是由于主业的存在，第二职业才能得以顺利进行且可以得到预期回报；对于后者来说，主业或第二职业哪个更重要，取决于个体从二者得到的全面薪酬哪个对自己更有综合效用，如果第二职业带来的全面薪酬对个体的综合效用更大，而个体在时间和精力无法协调时，会考虑离开主业而将第二职业作为新的主业进一步发展。

因此，第二职业回报对全面薪酬平衡感知与努力意愿之间的正向作用关系和全面薪酬平衡感知与离职倾向之间的负向作用关系所起到的调节作用，要视具体情境而定。以下分两种情况进行分析：

如果员工从事的第二职业与本职工作密切相关，此时第二职业回报对个体全面薪酬平衡感知与努力意愿之间的正向作用关系会起到负向调节作用，对全面薪酬平衡感知与离职倾向之间的负向作用关系起到正向调节作用。一般来说，个体如果由于本职工作的资源与条件支撑，可以顺利进行第二职业并获取期望的回报，在本职工作上较高的全面薪酬平衡感知理应使其努力意愿也较强，但其时间精力和心思必然从本职工作上分散到第二职业，所以原本较强的努力意愿会有所下降；同时，较高的全面薪酬平衡感知带来的较低离职倾向会因为第二职业回报的存在变得更低，因为第二职业回报的前提正是本职工作的持续进行，所以个体反而会更加重视本职工作而不会考虑离职。这类第二职业回报对员工个体的全面薪酬平衡感知也有影响，但影响较小，某种程度上说，与本职工作密切相关的第二职业回报反而成为一个调整并维持个体全面薪酬平衡感知的重要因素，当第二职业回报提高时其全面薪酬平衡感知也会随之提高，此时个体的努力意愿在调节作用的影响下，很可能会维持原来的水平，而个体的离职倾向则会变得更低。

如果员工从事的第二职业与本职工作无关，此时第二职业回报对个体全面薪酬平衡感知与努力意愿之间的正向作用关系就会起到负向调节作用，对全面薪酬平衡感知与离职倾向之间的负向作用关系也会起到负向调节作用。由于员工的第二职业不需要本职工作的支撑，其第二职业回报与本职工作回报的对比结果，直接决定了个体会在哪个方面投入更多的时间和精力，但无论怎样，第二职业都会使个体的工作状态受到阻碍和影响。本职工作上较高的全面薪酬平衡感知理应使其努力意愿也较强，但第二职业回报的提升必然会使其努力意愿有所下降；同时，较高的全面薪酬平衡感知带来的较低离职倾向会随着第二职业回报提升而逐渐增强，此时的第二职业及其回报并不需要本职工作的资源支撑和帮助，所以当个体无暇兼顾两项工作且第二职业回报的效用更大时，其离职倾向会越发强烈。这类第二职业回报对个体的全面薪酬平衡感知影响较大，也是全面薪酬平衡感知形成过程中多元综合比较的一个因素，如果个体比较第二职业和本职工作的"回报/付出"后认为本职工作公平性较低，则会降低其全面薪酬平衡感知，此时个体的努力意愿会更低、离职倾向会更高。

## 第六节　研究效度评估

坚持建构主义范式的研究者大多认为，"效度"概念不适用于质性研究，而主张使用如"真实性""准确性""可靠性""可信性"等概念作为替代（Lincoln and Guba, 1990），甚至还有少数建构主义研究者和批判理论研究者认为，研究者自身就可以识别并验证质性研究及其结果的客观真实性，效度及其他类似概念都不适用于评价质性研究（Hammersley，1992；Wolcott，1990）。尽管如此，大部分质性研究者仍然沿用"效度"来评价其研究结果。然而，质性研究中的"效度"是一种相对的"真实有效性"，这与量化研究中的"效度"有很大区别。换言之，当某一研究结果及表述被评价是"真实有效、准确可靠"时，并不能证明这一研究结果及表述就是对研究对象绝对正确的解释，而只能表明这一研究结果及表述相对而言是更为合理的、更有解释力的（陈向明，2000：388—390）。

任何一种研究方法或思维方式都会从其内部发展出一套评价标准以及达到这些标准的程序（Diesing，1971）。有些质性研究者认为，量化研究的评价标准并不适用于质性研究（Guba，1981；Agar，1986），而大多数质性研究者认为这些评价标准至少需经过修正之后才能够适用于质性研究的评价，质性研究即使运用量化研究方法的评价标准，其用法和定义也不一定相同，扎根理论研究者也持这种观点。然而，扎根理论研究者也需要在研究中说明关于样本抽样、分析程序以及效度评价的问题。一项扎根理论研究是否成功主要取决于研究成果的质量，一项研究成果需要从四个方面进行评价：一是需要区分研究的目标是创造、阐明还是验证一个理论；二是需要判断资料的效度和信度（Le Compte and Goetz，1982；Sandelowski，1986；Miles and Huberman，1994）；三是需要评价研究的过程是否合适；四是需要判断研究结果及发现是否具有经验性基础（施特劳斯、科宾，1997：280）。

根据这四个方面的标准，对本章扎根理论研究的过程及成果做出如下评价：首先，从研究指向的问题、涉及的内容、得出的结论及发现来看，这一研究属于创造性的理论研究，并非阐明或验证已有的相关理论，因此对该研究的评价应将其定位成一个创造性研究成果；其次，从资料的信度与效度来看，本研究采用两种方式提高资料的信度与效度：一是对个案的深度访谈会分两次进行，互相印证和补充；二是对部分个案样本采用现场观察、调研其所在组织的主管及同事朋友以间接了解的方式获取二手资料作为印证和补充。由于扎根理论研究强调从被研究者角度出发理解他们对现象及问题的意义解释，所以只能依靠深度访谈及观察来捕捉被研究者的心理活动及感受，并从其他渠道获取的相关资料信息只能作为补充和一定程度上的印证；三是本章的研究过程及每个研究环节，都经过了多次论证，在理论构思和实践操作之间反复推敲并相互修正完善。同时，请教同专业领域的学者专家，运用专家调查法收集关于研究过程、方法及理论框架的相关意见及建议，并根据专家意见及建议进行多次优化与完善；最后，本研究的结果及发现，都是在对各行业领域的职场员工进行深度访谈及观察所获取的一手资料基础之上进行编码分析及理论建构得出的，具有良好的经验基础。综上，本章运用程序化扎根理论研究方法对全面薪酬平衡感知的形成机理与作用机理的研究过程及结果，具有良好的研究效度。

## 附录　扎根理论研究中的备忘录节选

※ **备忘录节选一**

既然对人的激励要从未满足的需求出发，那么组织对员工的激励就不能从管理者自己的角度来看问题，应该站在员工的角度去考虑他们的需求是什么以及如何变化。现实中，人的需求的确是全面多元、动态变化的，人的各种不同需求构成了个体的整体需求，就像一个正在等待被装满各种食物的"盘子"一样。事实上，每个人心中都有一个属于自己的无形的"需求盘子"，人人都在为了填满这个盘子而努力追寻着，甚至人生就是为了填满这个"需求盘子"而不断努力的过程。然而，人们心中"需求盘子"的大小容量与形状结构是有差异的，即每个人的整体需求及其构成不同。有的人想在"需求盘子"中装满金钱、有的人想装满权力、有的人想装满名誉、有的人想装满成就、有的人想装满尊重……总之，想装什么的都有，但现实中绝大多数人其实是想把不同的东西按照自己的价值评判准则装进盘子，区别在于盘子里要装的东西及权重不同。大多数人知道自己要装什么、装多少到这个"需求盘子"里，这些人也会采取各种行为填满盘子；但也有少数人不知道自己的"需求盘子"装什么、装多少，甚至没有意识到这样一个"需求盘子"的存在，而事实上这些人也通过各种行为正在填满尚未意识到的"需求盘子"。

其实，是否意识到这个"需求盘子"的存在、知不知道装什么及装多少，对于这个无形的基于个体价值观的"需求盘子"本身来说并不影响其客观存在，而且在任何时刻、任何情境下，"需求盘子"都影响并决定着人们的心理及行为。因此，"需求盘子"就是指个体所关心的各种不同需求构成的整体需求，不同需求在个体整体需求中按其重要性都有某种程度的权重。现实中，可能少数人的需求盘子里只有一种需求，比如仅仅将金钱或成就看作绝对唯一需求的人，倒是很明确自己的"需求盘子"装什么、装多少，这类人毕竟是少数，当他们追求到理想期望的金钱回报或精神成就时，其内心也是平衡的。

### ※ 备忘录节选二

组织中，员工个体的"需求盘子"与其整个生活的"需求盘子"是有差异的。通过大量观察与访谈发现，现代职场人士由于工作压力大、节奏快、时间长，占据了生活的很大一部分时间，所以很多预期的利益回报也都自然地和自己的工作、所在组织等联系起来。通常人们对自己的"需求盘子"的预期回报是比较广大、综合的，可以说人们期望装进去的东西是整个生活的期望，其中最主要的就是通过工作带来的利益，此外也有其他方面的利益。然而，大多数人都清楚"需求盘子"里哪些需求理应是通过在组织供职能够获得的，对于那些组织无法满足的需求仅仅会引起抱怨或对工作产生些许短暂的负面影响，但不会对工作产生根本性的消极影响。

例如，某企业一位员工的父亲生病而无法正常治愈，在这样的情况下（不是因为医疗费而是因为病情本身），该员工清楚想让父亲康复的这一需求不属于组织利益供给的范畴，虽然有可能在此期间对工作有消极反应，但一般不会产生根本性的消极态度。然而，也有将不满或不悦情绪长期转移到工作中的人，对于这类人来说，其"需求盘子"里会自动产生一种希望得到关怀、理解与支持的需求，此时，以人为本的激励将是最适合的方式。因此，大多数职场工作人士都在潜意识里将自己基于人生期望的原始"需求盘子"打造修改成在组织工作中应该有的职场"需求盘子"。换言之，进入职场前人都会自动改造"需求盘子"的大小容量与形状结构，当然这种改造既有来自个体内部的自发调整，也有来自外部的影响，比如组织文化与管理制度的影响与约束。

在任何一类组织中，每位员工心中都有自己的"需求盘子"，虽然各不相同，但同样是基于人性的"需求盘子"本来就有很多共性，再加上所有员工都在同一种组织文化、经营理念、战略目标及管理制度下从事着同一行业、关联度很高的工作，所以员工的"需求盘子"有很大交集，这个交集就是组织所有员工共同的"需求盘子"，组织管理者实施全面薪酬平衡激励要面对的正是这个共同的"需求盘子"。

※ **备忘录节选三**

"需求盘子"通常是稳定的，但在特定情境下会有特殊变化。

"需求盘子"有哪些构成以及各自权重多大，取决于个体的价值观，换言之，是"个体认为什么需求及相应的回报是更值得的"这个因素决定了"需求盘子"。人的价值观在一定时期内是相对稳定的，所以其"需求盘子"的构成及权重也是相对稳定的。然而，当个体在某种特殊情境下，其价值观会随着特定情境而临时突变，所以个体很可能由于受到某种情境因素影响而瞬间改变自己的需求构成及权重，但当情境因素影响逐渐消失后，其需求构成及权重可能又回归到由其根本价值观决定的原来状态。"需求盘子"的构成及权重属于心理范畴，但如果用人的身体健康需求类比，就可以更好地加以理解。人的身体要想维持健康状态，必然对应着一个由真实健康状况所决定的营养需求盘子，且各种营养需求构成及权重也有一个科学合理的比例。人体的营养需求及权重是相对稳定的，但是如果人的身体健康处于特殊情况时，其营养需求权重就会立刻发生改变，比如某个原本健康的人遇到非常饥饿、突然发烧、剧烈运动等情况时，其营养需求的构成及权重会立刻发生改变，而等到这种情况过后，其营养需求盘子及权重结构又会回到之前的状态。这就可以解释，为什么人在情绪激动、失落、亢奋或者过分开心状态下会表现出与平常大不相同的行为，这是因为行为背后的"需求盘子"及其权重结构发生了基于特定情境的突变，而等到心理恢复平静之后，个体很可能会感到之前自己的行为是那么不可思议。

举一实例，一位男性主管在一个重要的会议场合正带着负面情绪指责团队的糟糕业绩表现，此时一位女下属当众出言不逊并指出该主管的业务决策及用人失误，主管的权威受到了公然挑战，恰好又处于情绪激动状态，此时这位男性主管用他自己都意想不到的方式一点情面都不留地指出了女下属的工作失误并严厉批评了她，但这位男性主管平时不会表现出如此暴躁的脾气。平时他总是以温文尔雅的领导形象出现在员工面前，但在这种特定情境下，找回面子的需求却占满了其"需求盘子"。然而，事后这位主管和女下属都非常后悔自己当时的行为。

再举一实例，一位善于沟通和激发下属内在斗志的主管，与一位挑战意识并不强的员工沟通之后安排了一项具有挑战性的工作目标及任务，而下属欣然接受并表示绝对完成任务。在这种情境中，很可能该下属对挑战性的需求由原来权重很低的状态变成了很高的状态，此时接受主管安排的具有挑战性的工作任务便成为一件顺理成章的事。显然，这种情境下，主管的沟通能力和善于激发他人斗志的因素影响了下属对挑战性的需求。然而，现实中，很可能这位下属在具体执行中会回归到保守、不愿挑战的原有状态，这也是为什么实践中管理者安排工作任务容易但实际执行效果却不佳的一个重要原因。

### ※ 备忘录节选四

在用"需求盘子"和"激励套餐"分析员工个体的供需平衡问题时，隐含了一个重要假设：人的"需求盘子"是可知的，为人所知的"需求盘子"是可以反映出个体真实的需求构成及权重的，且"需求盘子"相对于个体来说是适合的。就像每个人的健康需求与膳食结构一样，理论上讲，每个人都应该针对自己的健康状况设计一套适合的膳食套餐，这个套餐里应该有各种具有不同营养功能的食物，而且对于个体来说这些食物必须有一个适合的比例结构，如果这个膳食营养结构适合这个人，那么就可以说此时的膳食营养达到了平衡状态。这里也有一个假设，即人对自己的健康饮食需求有客观正确的认识与掌握，如果一个人不清楚吃什么对健康有利，那么这个人很可能会按照自己的主观偏好或饮食潮流"胡吃海塞"，此时的膳食营养结构可能会带来口感和形式上的满足，但对于真正的个人健康来讲并不是平衡的。需要说明的是，虽然客观健康上是不平衡的，但个体对自己健康饮食的主观评价和感知却是"平衡"的。

同样，有些人想当然地认为某种利益套餐供给就是最适合自己的需求盘子的（实际上是失衡的，但自己并未觉察到，这种情况会出现很多失衡的具体症状），还有些人认为某种已经得到的利益套餐并不符合自己的需求盘子（其实是没有看清楚自己得到的利益套餐究竟是什么，偏狭地认为不符合，这种情况也会出现很多失衡的具体症状）。有些人已经得到了很有价值的利益或回报，但是自己并没有意识到这种价值的存在；或者是对某种所得或利益总认为过少，其实是对这种利益欲望的过分执着。对于过分执着于某种欲望的人来说，很难达到第三方评判的"平衡"，但这类人对"平衡"也有另一种解释，即在外界看来其执着于某种欲望的"失衡"对他们自己来说反而是一种特有的"平衡"，尽管看似荒谬但又是合理存在的。对于这类人而言，更重要的是通过组织文化和相应的管理制度等方式去调整他们的"需求盘子"。

## ※ 备忘录节选五

人们对全面薪酬各维度上感知到的回报及激励程度，综合起来就形成了供需视角下的平衡感知，但在某一维度上只要达到了其最低期望，就不会因为这个方面的感知程度低而导致整体上严重的不平衡。换言之，只要某个维度上的回报达到员工可接受的程度之上，那么这个维度的需求满足程度就不会直接导致心理失衡。同时，如果其他三个维度上的满足程度逐步增高了，也不会因为这个维度上的满足程度保持不变（其实很难保持不变）或相对较低，而导致整个平衡感知下降。

举例来说：某员工在货币收入维度上得到的回报已经达到了最低期望，而在福利待遇、工作环境、工作价值上得到的回报则很好地满足了其需求，此时该员工的平衡感知是较高的，他不会因为在货币收入维度上相对于其他三个维度较低的满足度而导致不平衡感知，其他三个维度上较高的满足状态还会平衡货币收入满足状态，其他三个维度的回报很可能降低了该员工在货币收入维度上的期望和比较标准。可见，员工在四个维度上都有一把"尺子"（员工对全面薪酬激励有一把基于各维度"尺子"的"综合量尺"），都在用尺子衡量着在每个维度及整体需求上的回报之效用，当回报不低于需求上的最低期望时，即尺子的临界值（通常是一个范围）时，这个维度上的供需就是平衡的（平衡程度也有一个范围）。这把尺子以及临界值是每个人基于自己的价值观以及在实践经历多元重复比较后逐步形成的。

### ※ 备忘录节选六

人的"平衡满足需求"是一种与生俱来的需求，人都希望自己所关心的各种需求都能够得到符合期望且相对平衡的满足，不希望各种需求的整体满足状态出现顾此失彼、彼此失调的情形。事实表明，平衡满足需求在每个人身上都有明显体现，深受阴阳五行平衡思想影响的国人来说尤为如此。虽然人在某些特定的情境下，希望自己关心的各种不同需求按照轻重缓急的次序得以满足，但除了极端情况之外（如饥饿至极点的人暂时不考虑其他需求），人所关心的各种需求都会同时表现出等待被满足的状态，只不过各种需求在"需求盘子"中的权重不同而已。从这个角度来看，极端情况也是如此，比如饥饿至极点的人此时的"需求盘子"里其实就只有对食物的需求，这种单一纯粹的需求虽然失去了平衡满足的前提，但是此时的平衡满足需求就等于这种单一纯粹的需求，因为单一纯粹的需求就是全部，只要得以满足，"平衡满足需求"就实现了。

除了极端情况以外，大多数人在正常状态下都会有多种自己关心的需求，都有希望自己所关心的需求都得到相对平衡地满足的需求。人的内心是否和谐平衡就取决于"平衡满足需求"是否得到了较好的满足，如得到较好的满足，就意味着个体具有较高的全面薪酬平衡感知。通过访谈和观察发现，全面薪酬平衡感知低的员工通常表现出"消极怠工、推脱工作、有离职意愿、对组织抱怨、对上级敌视、与同事相处不融洽、心情压抑烦躁"等特征；而全面薪酬平衡感知高的员工多表现出"积极付出、主动承担工作、长期工作打算、维护组织、与上级或同事相处融洽、工作中有不同程度的身心愉悦"等特征。这些积极或消极的特征，都是"平衡满足需求"是否得到较好满足的结果。

### ※ 备忘录节选七

作为被激励者，人通常会把注意力或者关注点聚焦在尚未被较好满足的需求上，而不是聚焦在那些已经被较好满足的需求上。换言之，大多数人对想要而没有得到的回报的关注程度要高于已经得到的回报。然而，现实中也有少部分人，习惯于将注意力或关注点聚焦在那些已经被较好满足的需求上，而不太去想那些没有被满足或较好满足的需求。这两种现象可以用需求盘子及其权重来解释：对于前者来说，那些尚未被满足却很关注的需求在整个需求盘子里的权重很大，而那些已经被较好满足的需求其权重较小；对于后者来说刚好相反，那些已经被较好满足的需求在需求盘子中的权重很大，而尚未被满足的需求其权重却较小。被激励个体对权重较大的需求会表现出非常关注和在意，也非常渴望这种需求被较好地满足；对权重较小的需求则表现出一般化的态度，如果能够被满足固然很好，如果不能被较好地满足即便也会对个体产生负面影响，但这种影响并不会对个体的整个状态起到决定性的作用。但是权重虽小，其被满足的状态却不能突破个体在这种需求上的最低期望，否则即便是权重很小的需求也会使个体失衡。因此，对于前者，被较好满足的需求如果在个体需求盘子里的权重较小，那么这种需求的满足对个体的积极影响并不显著；相反，那些没有被满足的需求如果其权重很大，那么这种需求对个体的消极影响就很显著。对于后者，那些被较好满足的需求其权重相对较大，而没有被满足的需求其权重是相对较小的，很可能会被个体忽视，抱着无所谓的态度，有固然好，没有也无所谓。

个体对于权重较小的需求的态度，表面上类似于双因素理论中的保健因素，满足了没有满意，而不满足则不满意，但实质上是不同的。因为权重较小的需求，不一定就是双因素理论认为的保健因素，也有可能是激励因素，但无论是哪种因素，只要权重较小就说明个体对这种需求的关注程度不高甚至是很低，那么无论这种需求被满足后起到的是激励还是保健作用，其影响都是很小的，相对于那些权重较大的需求来说，有时甚至是可以忽略的。例如，对于一个很不在意工作价值和体验的人来说，对工作本身价值和体验的需求的权重很小，虽然他的工作体验良好并感受到了工作的价值，但这并不会成为一个非常有效的激励因素，因为他有更在乎的需求等待被满足；相反，对于一个很讲求工作条件及环境的人来说，条件和环境就是他需求盘子里权重很大的需求，尽管按照双因素理论的观点工作条件更多地起到保健作用，但是由于他非常在意，那么如果他得以满足，此时条件与环境就会对他产生有效激励。

因此，需求盘子及其构成权重的意义在于，当思考用全面薪酬对员工进行激励时，并不需要刻意区分到底使用激励因素还是保健因素，而应该考虑员工的多元全面需求构成的需求盘子及其内部权重。可想而知，用工作内在价值激励一个根本不在乎工作价值的人，或用货币或物质激励一个根本不在乎物质得失而只在乎精神认可需求的人，其效果都是微乎其微的。

### ※ 备忘录节选八

在任何一类组织中，员工个体如果其所关心的全部需求都得不到较好的满足，那么该员工肯定是消极的，无论是供需平衡感知还是关系平衡感知都非常低，但只要某种需求的满足没有低于自己的最低可接受期望，个体还是很可能会继续留在组织，但工作状态通常是消极被动的，同时会萌发离职的念头；如果员工个体所关心的全部需求都得到了较好的满足，那么该员工的供需平衡感知程度肯定较高，而关系平衡感知程度可能较高也可能较低，这取决于个体对不同回报的认知平衡。然而，大多数情况下，组织中的员工面临的情境是，有些自己所关心的需求得到了较好的满足，有些所关心的需求没有得到较好的满足，甚至是接近或低于最低期望。这类情境下，供需平衡感知与关系平衡感知就会共同作用并决定了员工的全面薪酬平衡感知。

因此，一般情况下，对于个体而言，其供需平衡感知和关系平衡感知都是同时发挥作用的。例如，某企业员工觉得自己的货币薪酬和福利都不足以满足其需求，但企业为其提供了良好舒适的工作环境及条件，同时该员工在工作中也有很好的价值体验，因此该员工认为自己在工作中得到的内在回报及良好舒适的外在工作环境及条件，在一定程度上弥补或替代了自己在货币与福利需求上的满足感的缺失，所以其总体全面薪酬平衡感知还是处于较好的水平的。

但是，如果该员工认为其获得的内在回报及良好舒适的外在工作环境及条件，不能弥补或替代自己在物质需求上的满足缺失时，其全面薪酬平衡感知还是会很低。例如，某员工在一家国有企业工作，其货币收入和福利都特别好，工作环境也令其感到身心愉悦，但他总是觉得在工作中没有体现出自己的专业与价值，工作本身没有乐趣和成就感,每天上班都感觉在养老,特别无聊,这使得他在工作中出现消极、推脱,甚至是抱着"混"的态度在被动应付各种人和事,而且还准备离职创业。显然,该员工的全面薪酬平衡感知是很低的。

# 第 六 章

# 全面薪酬平衡感知量表开发与检验

## 第一节 相近概念辨析

量表开发前,应该对量表所要测量的概念进行准确定义,明确概念的理论边界,阐明概念的核心特征。同时,还应该明确概念的四个方面:一是明确概念属于个体层次还是群体层次;二是明确概念的内部结构及成分,是单维度还是多维度;三是明确所测量概念与其他概念之间的主要因果关系;四是明确所测量概念与其他相近概念的差异(陈晓萍等,2008:234—235)。在第四章和第五章的研究中,已经准确定义了全面薪酬平衡感知概念,明确了概念的理论边界,清晰阐明了全面薪酬平衡感知的特征、形成机理及作用机理。全面薪酬平衡感知是指员工在为组织供职的整个过程中,其内心感知到自己在全面薪酬的四个维度上,即货币收入、福利待遇、工作环境、工作价值与意义,得到的各种有形与无形回报,能够同步协调地满足自己内在与外在需求的程度以及各种需求满足感之间所形成的积极互补与作用关系的一种心理平衡状态。从定义来看,全面薪酬平衡感知是一个属于个体层面的多维度概念,包括供需平衡感知和关系平衡感知两大维度,其中供需平衡感知具体又包括外在供需平衡感和内在供需平衡感,其形成机理和作用机理也明确了这一概念与其他概念之间的因果关系。在开发量表之前,还需要辨析全面薪酬平衡感知与其他相近概念之间的关系。

全面薪酬平衡感知概念是在全面薪酬概念的基础之上，从被激励者心理平衡感的视角提出的。全面薪酬是指员工在为组织供职的整个过程中，所获得或感知到的一切自认为有价值的回报组合，可以从货币收入、福利待遇、工作氛围与环境、工作价值与体验四个方面界定其范围和内容。全面薪酬平衡感知与全面薪酬这两个概念的相同之处在于都是从员工视角出发定义其内涵，而且二者针对员工需求的构成都包含四个方面；不同之处在于，全面薪酬强调员工得到或感知到的有价值的回报本身，全面薪酬平衡感知则强调员工对所得到的回报同步协调满足自己的各种需求以及各种满足感之间积极互补作用关系状态的心理感知。因此，全面薪酬平衡感知与全面薪酬是两个既有联系又有根本区别的独立概念。

与全面薪酬平衡感知内涵相近的概念主要有薪酬满意度和工作满意度。薪酬满意度和工作满意度是指员工个体或群体对自己得到的薪酬或对自己担任的工作感到满意的程度，本质上都是个体对薪酬或工作所持的一种积极或消极的情感态度。薪酬满意度主要是员工对所得的薪酬水平、福利、加薪、薪酬结构与薪酬管理感到满意的程度，工作满意度则是员工对工作本身的价值意义及相关资源条件感到满意的程度。关于薪酬满意度的概念界定及相关研究，学界有两个基础理论，即差异理论（Lawler，1981）与公平理论（Adams，1965）。按照差异理论，薪酬满意度是由个体感知到的实际回报与期望回报之间的差异决定的，即个体对实际回报与期望回报之间的差异做出主观评价后所感知到的满意程度；按照公平理论，薪酬满意度则是由个体将自己的"回报/付出"与他人比较之后的结果决定的，也有研究表明个体与他人的这种"回报/付出"比较对薪酬满意度的影响比薪酬差异更明显（Law and Wong，1998）。尽管研究者从这两个理论视角对薪酬满意度的归因问题进行了诸多研究，但究竟是薪酬差异还是薪酬比较更能够合理解释和预测薪酬满意度，学界尚未达成共识。关于薪酬满意度的测量，早期研究都将其作为工作满意度的一个部分或维度，而测量工作满意度运用最广的测量工具有工作描述指标量表（Job Descriptive Index，简称JDI）和明尼苏达工作满意度问卷（Minnesota Satisfaction Questionnaire，简称MSQ）。JDI对工作满意度的维度划分包括工作本身、升迁、薪酬、管理者与工作伙伴；MSQ将工作满意度划分为内在和外在两个维度，前者是个体对与工作本身密切相关要素的满意度，后者是个体对与工作本身无关要素的满意度，其中后者就包含了个体对薪酬的满意度（贺伟、龙立荣，2009：88）。关于薪酬满意度维度的研究，经历了从单一维度向多维度的演变（于海波、郑晓明，2008），早期的研究将薪酬满意度作为一个单维度概念，Heneman和Schwab（1985）对薪酬满意度进行了多维度结构的研究，开发了薪酬满意度问卷（Pay Satisfaction Questionnaire，简称PSQ），包括薪酬水平满意度、福利满意度、薪酬提升满意度、薪酬结构和薪酬管理满意度四个维度。之后，诸多研究者对薪酬满意度的维度进行了探索，提出了不同的维度结构，如Mulvey等（1992）、Judge（1993）、Sturman和Short（2000）、Fong等（2003）、García等（2009）等都提出了不同的维度结构（贺伟、龙立荣，2009：89）。尽管不同研究者所提出的维度结构略有差异，但都认为薪酬满意度是一个多维度概念，基本上都包含了以上四个维度（陈晶瑛，2010：179—180）。

虽然薪酬满意度与工作满意度的内涵及侧重不同，但如果从全面薪酬视角来看，二者都在某种程度上表达了员工对获得的全面薪酬感到满意的程度。因此，辨析全面薪酬平衡感知与薪酬满意度和工作满意度的关键并不是区分员工对狭义薪酬、工作还是全面薪酬的满意程度，而是在于辨析平衡感知与满意度之间的差异。平衡感知和满意度都是人对事物进行主观评价后的心理感受，区别在于二者是从不同的视角去分析人形成主观评价及心理感受的过程、动因及其影响的。组织中的员工个体可以针对任何自认为有价值的回报或事物进行主观评价并产生满意感，这一过程是基于差异理论或公平理论视角，即个体通过评价自己"实际回报与期望回报的差异"或比较自己的"回报/付出"与他人的"回报/付出"之间的关系，进而对事物做出满意程度的主观评价；平衡感知是基于认知失调理论与阴阳平衡思想视角分析的，即个体通过评价自己得到的各种回报对各种需求的同步协调满足程度以及各种满足状态之间的互补作用关系，从而产生心理平衡感知。由此可见，全面薪酬平衡感知概念与薪酬满意度概念和工作满意度概念在理论分析视角和心理形成过程上是有根本区别的。

全面薪酬平衡感知与薪酬满意度和工作满意度在内涵和维度上也有根本区别。全面薪酬平衡感知概念的内涵强调了个体对两个方面的心理感知：一是个体得到的各种有形与无形回报能够同步协调地满足自己内在与外在需求的程度，即供需平衡感知；二是各种需求满足感之间所形成的互补替代或积极的削弱抑制的平衡关系，即关系平衡感知。显然，薪酬满意度概念与工作满意度概念并没有对关系平衡感知的内涵给予相关的分析与解释，只是与供需平衡感知有相近或相似之处。薪酬满意度强调员工对薪酬水平、福利、薪酬提升、薪酬结构与管理等方面的满意程度，工作满意度主要包括对与工作本身密切相关回报的满意程度和对工作本身以外回报的满意程度；而全面薪酬平衡感知包括供需平衡感知和关系平衡感知，强调的是员工对自己得到的各种有形与无形回报能够同步协调地满足自己内在与外在需求的程度以及各种需求满足感之间平衡关系的感知，突出需求的同步协调满足和满足感之间互补替代与削弱抑制的平衡特征。

全面薪酬平衡感知概念对满足程度或满足状态的归因分析与形成解释，也与薪酬满意度和工作满意度概念对满意度的归因解释不同，前者是基于差异理论和公平理论的整合逻辑进行解释的。"满意"即意愿得以满足，而"满意度"则是意愿得以满足的程度。意愿和心愿本质上是人的需求及期望，也就是说，满意是相对于人的需求及期望来说的，而需求及期望不仅包括付出后想要得到的预期回报，还包括与他人及不同情境下的自我的"回报/付出"比较后的预期感受，换言之，与他人的比较及其结果本身也是人的一种需求与期望。公平理论与差异理论本质上都在比较差异，前者比较的是自己和他人的"回报/付出"之间的差异，后者比较的是自己的实际回报与期望回报之间的差距。分析个体在某种需求及期望上的满足感或满足状态，公平理论与差异理论存在不可分割的内在逻辑关联。当在多种关系的需求上均同步协调形成基于公平理论和差异理论整合逻辑解释的较好的满足感时，说明个体的供需平衡感知比较高。同时，再加上关系平衡感知，才会形成全面薪酬平衡感知。由此可见，从内涵和维度来看，平衡感知与满意度也是两个有根本区别的概念。

综上，本书提出的全面薪酬平衡感知概念与全面薪酬、薪酬满意度、工作满意度等概念虽然具有相近或相似之处，但它们在理论分析视角、内涵与维度、形成机理等方面都存在根本区别。辨析清楚相近概念之间的差异后，以下将针对全面薪酬平衡感知概念，开发面向一般组织中员工个体的测量量表。

## 第二节　初始量表编制

### 一　题项设计

关于初始量表的题项设计，可以通过三种途径来设计：一是根据相关文献研究与观察访谈结果对已有成熟量表的题项进行选择或改编，从而形成初始量表的题项；二是通过研究访谈材料和相关文献建立原始量表的题项库，再运用题项库编制问卷、收集数据并进行统计分析后净化题项；三是开展专家调查与咨询，邀请多位管理学、心理学、经济学、社会学等领域的研究专家就概念的内涵及特征进行深度访谈并征求题项设计意见（耿梅娟、石金涛，2011：73；潘煜等，2014：93）。

由于国内外学界尚无关于全面薪酬平衡感知概念及其测量的研究，全面薪酬平衡感知量表的题项设计并没有现成的量表及题项作为直接参考。本书第二章已经对全面薪酬及其测量量表进行了梳理和分析，虽然全面薪酬概念与全面薪酬平衡感知概念密切相关，但由于现有关于全面薪酬概念的测量量表本身也存在诸多问题与不足，同时，全面薪酬的概念包含了一切员工自认为有价值的回报，所以各种量表的题项数量和质量也相差各异，全面薪酬量表的相关研究现在尚无公认成熟的观点。再者，全面薪酬平衡感知与全面薪酬这两个概念看似有很大关联，但实际上又是有严格区分的。因此，本研究将主要采用第二种和第三种途径来设计全面薪酬平衡感知量表的初始题项。

本研究采用深度焦点访谈法，收集一手资料并形成文本资料记录，然后对资料进行编码分析，提炼范畴和主范畴及其相应的概念特征，为题项设计提供有效的依据。由全面薪酬平衡感知的内涵可知，其包含全面薪酬供需平衡感知和全面薪酬关系平衡感知，所以题项设计分两个部分进行。深度焦点访谈围绕两个核心问题进行，即"被访者在其所供职单位的工作过程中得到或感知到了哪些自认为有价值的回报"和"被访者如何看待其得到或感知到的各种不同回报之间的平衡关系"。按照访谈计划，本研究共对18名有正式雇佣关系的在职人员进行了深度访谈，其中9人来自企业，6人来自事业单位，3人来自外企。其中，中高层管理人员3人，中层管理人员4人，基层及普通员工7人，专业技术人员4人。访谈时间大约40分钟/人，全程录音并对录音进行文本记录[①]。访谈中，首先向被访者解释全面薪酬平衡感知的内涵，然后请被访者开放式地回答以上两个问题，同时做好访谈记录，并运用NVivo10.0质性分析软件，对访谈资料进行编码分析。

关于全面薪酬供需平衡感知的初始题项设计，必须了解全面薪酬究竟包含哪些维度及具体的项目。然而，学界目前对全面薪酬的定义过于宽泛，其构成、维度及具体项目的划分也不一致，尽管本研究采用全面薪酬的四维度结构分析其内涵，但每个维度究竟包含哪些具体的回报，则需要进一步明确。既然全面薪酬是员工自认为有价值的一切回报，而量表的题项是由被激励者来作答的，所以全面薪酬究竟包含什么具体的内容或项目，应该从被激励者的视角出发进行研究。资料收集完成后，对访谈资料进行编码分析时，由于全面薪酬涉及的具体内容或项目非常繁多，所以仅对访谈编码中出现次数较多的概念进行归纳，这也就代表了被访者最关心的回报。共得到69个出现频率较多的重要概念，而后进行归纳，得到13个范畴，进一步归纳得到"内在薪酬"和"外在薪酬"两大主范畴，内在薪酬包括8个范畴，外在薪酬包括5个范畴，如表6—1所示。根据所形成的13个范畴及其特性，可生成关于全面薪酬供需平衡感知的19个初始题项。

关于全面薪酬关系平衡感知的初始题项设计，仍然采用深度焦点访谈法。访谈中，首先向被访者解释全面薪酬、平衡感知、关系平衡的内涵，然后请被访者描述或回忆他们目前或过去是否有过较好满足需求的回报弥补或替代了没有较好满足需求的回报，或者某

---

[①] 此处参考了彭伟等2017年的研究《中国情境下包容型领导量表开发与验证》中的相关做法。

种激励或回报的增强对个人其他过于旺盛或不合理的需求起到了积极的削弱抑制作用,进而平衡了内心的典型关键事件。如果有这类事件,则请被访者详细描述具体事件中的心理活动过程及最后的心理状态,所谈的信息尽可能充分完整并体现真实的内心感受;如果被访者没有遇到或想不起这类事件,则请被访者表达对不同回报之间平衡关系的理解和判断。通过访谈,共收集到了18种典型的关键事件,合并重复的、删除偶尔被提及的或含糊不清的事件,可基于剩余的关键事件生成关于全面薪酬关系平衡感知的12个初始题项。①

表6—1　　　　员工视角下的全面薪酬内容编码分析

| 主范畴 | 范畴 | 初始概念 |
|---|---|---|
| 内在薪酬 | 工作偏好 | 工作乐趣15;个性适合13;能力适合10;能力发挥充分8;与生活相适应7;风险偏好5 |
| | 工作价值 | 工作成就感12;工作在单位的价值10;工作对同事的影响7;工作对社会的影响5 |
| | 工作方式 | 弹性工作时间9;工作自主决策范围10;承担责任的程度8;工作管理规定6;工作任务的繁简11;工作强度9;加班加点13;参与重要决策5 |
| | 个人成长 | 培训机会13;晋升机会12;工作能力提升15;有意义的挑战10;单位重用8;学习新的技能9;支撑职业生涯发展7 |
| | 领导方式 | 安排工作的风格14;对下属的支持帮助12;意见反馈8;对待工作失误的态度7;意见采纳6;对下属的信任5;对下属个人发展的重视4 |
| | 工作氛围 | 组织文化13;经营理念8;人际氛围14;工作中同事关系12;沟通畅通11;协作诚信7 |
| | 雇主声望 | 单位的社会声望7;单位的公众形象5;单位在业界的口碑4;单位在行业的排名3 |
| | 工作条件 | 办公环境8;工作设备6;场地空间4 |

①　此处参考了赵斌等2014年的研究《科技人员主动创新行为:概念界定与量表开发》中的相关做法。

续表

| 主范畴 | 范畴 | 初始概念 |
|---|---|---|
| 外在薪酬 | 货币薪酬 | 工资水平14；奖金12；绩效提成11；年终奖7；绩效分红6；股权收益2 |
| | 薪酬公平 | 付出与薪酬的匹配15；与同行比较12；与内部同事比较9；薪酬差距公平7；与社会比较4；担任岗位与薪酬的匹配6；能力与薪酬的匹配7 |
| | 薪酬提升 | 加薪机制14；加薪频率10；绩效奖励机制9 |
| | 法定福利 | 社会保险18；公积金18；带薪休假16；法定福利政策的执行14 |
| | 自设福利 | 实物类福利9；服务类福利11；活动类福利7；福利项目的评价10 |

注：表中初始概念后的数字代表在编码中出现的次数。

通过以上初始题项的设计，共形成了初始量表的31个备选题项，具体包括：我在目前所供职的单位工作，总体上感觉良好；我从本单位得到了各种自己想要的回报，如货币收入、福利待遇、工作氛围与环境、工作价值与体验等方面；我对本单位实施的各种有形与无形的激励感到满意；我很喜欢目前所做的工作；我觉得自己所做的工作有意义；我认同目前的工作方式及要求；我在本单位工作得到了提升与发展；本单位的社会形象与声望让我感到自豪；本单位给予的货币薪酬水平符合我的期望；我很认可单位目前实行的加薪与绩效奖励做法；本单位对"五险一金""带薪休假"等法定福利政策的实施令我满意；除了法定福利之外，我还获得了多种令人满意的单位自主设立的福利待遇；我从本单位得到了公平合理的货币薪酬；本单位的硬件设施及办公条件是令我满意的；我对本单位的工作氛围感到满意；上级主管的领导方式符合我的期望；我对本单位的各种管理规定总体上是满意的；在本单位工作，我所关心的各种需求都得到了较好的满足；我所期望得到的一些合理回报或激励，单位并没有给予我；单位给予的某些回报或激励，实际上是我不太需要的；我对单位提供的某些回报或激励很满意，对某些回报或激励很不满意；那些令我满意的回报，会让我淡忘那些渴望却尚未满足的需求；虽然没有得到某些想要的回报或激励，但是我并没有因此而变得消极低落；单位给予的令我满意的回报或激励可以弥补替代那些我期望但没有得到的回报或激励；那些令我满意的回报，降低了令我不满的回报产生的消极与沮丧；相比那些不满意或没得到的回报带来的烦恼，那些满意回报带来的喜悦对我的影响更大；每当我想到那些已经得到的满意回报时，就会降低我对那些没有得到的回报的渴望；每当我得不到满意回报时，那些已经得到的满意回报总是可以平衡我的内心；单位给予的那些令我满意的回报或激励，总能让我忘掉烦恼并积极面对工作；虽然从单位得到了满意的回报或激励，但仍然有一些没得到的回报或激励，让我感到消极失落；每当得到某方面满意的回报时，我总是渴望其他方面也同时能得到满意的回报。

### 二 专家评定与题项修正

为了保证初始题项的效度，本研究利用高校和社会资源，共邀请了 10 名专家对初始量表进行评定并给出修改完善意见，其中有 7 名学术研究专家，3 名具有 5 年以上工作经验的行业专家。7 名研究者都是在高校从事人力资源管理、组织行为、心理学研究的教师与研究生，其中有 3 名教授，2 名人力资源管理专业的博士，2 名心理学专业的博士。3 名行业专家都是大型民营企业的人力资源部经理，其中有 1 名是外资企业人力资源总监。这些专家对初始量表进行了多轮次的评定和研讨，进一步增强了量表的内容效度[①]。

专家对量表初始题项的评定和修正工作不是同时面对面进行的，而是先后独立进行分析评定，主要内容包括以下几个方面：一是对量表全部题项的整体内容能否准确全面表达概念内涵进行评

---

[①] 此处参考了王弘钰和崔智淞 2018 年的研究《中国情景下员工建设性越轨行为量表开发与验证》中的相关做法。

定；二是对与概念的内涵界定无关的题项给予删除或修改建议；三是对表述有歧义或表达含糊不清的题项给予删除或修改建议；四是对题项的文字陈述规范性、可读性、通俗性等提出修改建议，确保填写量表的人能够完全清晰地明白题项的意思[①]。

经过专家对以上 31 个初始量表题项的评定，认为量表能够全面准确地表达概念的内涵，同时也提出了各自的删减和修改意见及建议。通过汇总各位专家的意见及建议并进行修正后得到了 22 个题项，在此过程中，共删除了 9 个题项，修正了相关题项的表述。按照多数专家的意见及建议，对初始题项所做的具体删减和修正如下：

第一，由于题项中涉及具体某个方面回报是否满足需求的问项，因此不再重复使用概括式询问的题项，删除以下 5 个题项：我在目前所供职的单位工作，总体上感觉良好；我从本单位得到了各种自己想要的回报，如货币收入、福利待遇、工作氛围与环境、工作价值与体验等方面；我对本单位实施的各种有形与无形的激励感到满意；我很喜欢目前所做的工作；在本单位工作，我所关心的各种需求都得到了较好的满足。

第二，没有实质意义或与其他题目意思有重叠的 2 个题项需要删除，分别是：我对单位提供的某些回报或激励很满意，对某些回报或激励很不满意；虽然从单位得到了满意的回报或激励，但仍然有一些没得到的回报或激励，让我感到消极失落。

第三，删除了不能准确表达概念内涵的 2 个题项，分别是：单位给予的那些令我满意的回报或激励，总能让我忘掉烦恼并积极面对工作；每当得到某方面满意的回报时，我总是渴望其他方面也同时能得到满意的回报。

---

[①] 此处参考了吴志平和陈福添 2011 年的研究《中国文化情境下团队心理安全气氛的量表开发》和邵建平等 2017 年的研究《企业员工加薪价值观量表开发研究》中的相关做法。

第四，对表述不清晰或过于冗长的题项进行了修正，例如：将"单位给予的令我满意的回报或激励可以弥补替代那些我期望但没有得到的回报或激励"修正为"那些令我满意的回报，弥补或替代了那些我想要但没有得到的回报"；将"除了法定福利之外，我还获得了多种令人满意的单位自主设立的福利待遇"修正为"除法定福利外，本单位还提供了令我满意的其他多种福利"。

经专家评定和修正之后形成了 22 个题项的初始量表，如表 6—2 所示。

**表 6—2　　　　　　全面薪酬平衡感知初始量表测量题项**

| 变量 | 测量题项 |
| --- | --- |
| X1 | 我觉得自己所做的工作有意义 |
| X2 | 我认同目前的工作方式及要求 |
| X3 | 我在本单位工作得到了提升与发展 |
| X4 | 本单位给予的货币薪酬水平符合我的期望 |
| X5 | 我很认可单位目前实行的加薪与绩效奖励做法 |
| X6 | 本单位对"五险一金""带薪休假"等法定福利政策的实施令我满意 |
| X7 | 除法定福利外，本单位还提供了令我满意的其他多种福利 |
| X8 | 我从本单位得到了公平合理的货币薪酬 |
| X9 | 本单位的硬件设施及办公条件是令我满意的 |
| X10 | 我对本单位的工作氛围感到满意 |
| X11 | 上级主管的领导方式符合我的期望 |
| X12 | 我对本单位的各种管理规定总体上是满意的 |
| X13 | 本单位的社会形象与声望让我感到自豪 |
| X14 | 我所期望得到的一些合理回报或激励，单位并没有给予我 |
| X15 | 单位给予的某些回报或激励，实际上是我不太需要的 |
| X16 | 那些令我满意的回报，会让我淡忘那些渴望却尚未满足的需求 |
| X17 | 虽然没有得到某些想要的回报或激励，但是我并没有因此而变得消极低落 |

续表

| 变量 | 测量题项 |
| --- | --- |
| X18 | 那些令我满意的回报，弥补或替代了那些我想要但没有得到的回报 |
| X19 | 那些令我满意的回报，降低了令我不满的回报产生的消极与沮丧 |
| X20 | 相比那些不满意或没得到的回报带来的烦恼，那些满意回报带来的喜悦对我的影响更大 |
| X21 | 每当我想到那些已经得到的满意回报时，就会降低我对那些没有得到的回报的渴望 |
| X22 | 每当我得不到满意回报时，那些已经得到的满意回报总是可以平衡我的内心 |

## 第三节　量表提纯与结构探索

### 一　预调查问卷设计

以初始量表的 22 个题项为基础设计预调查问卷，进一步对量表题项进行提纯，并对量表进行探索性因子分析。预调查问卷对全面薪酬、回报等概念做了通俗解释，被调查者在理解相关概念后即可根据自己的实际情况对每个题项进行评分。预调查问卷由个人基本信息问项和量表测量题项两个部分构成。个人基本信息部分包括 6 个问项：我的性别、我的出生年份、我的学历、我目前的工作岗位、我在本单位的工作年限、我的个人月收入。问卷的量表测量部分包括 22 个问项，采用 Likert 5 点量表形式，用 1—5 分别表示个体对某一题项所表达的意思或现象的认可与同意的五种程度，即：1 = 非常不同意、2 = 不同意、3 = 不确定、4 = 同意、5 = 非常同意。问卷制作过程中，尽量将量表的初始题项顺序打乱，以使被调查者不受调查问卷设计者的影响（白凯等，2012：43）。由此，制定了全面薪酬平衡感知预调查问卷，问卷包括性别、年龄、学历、工作岗位、工作年限、月收入等个人基本信息问项和 22 个测量题项。

## 二 样本与数据收集

由于全面薪酬平衡感知是各类组织中员工个体普遍存在的心理现象,因此本研究的调查样本随机选取各类组织不同岗位的员工,通过现场填写和在线填写相结合的方式收集数据。预调查总共随机发放420份问卷,回收了有效问卷305份,问卷回收率达72.6%,同时删除20份无效问卷,剩余的有效问卷为285份,问卷有效率为93.4%。这一问卷数量满足预调查人数是问卷题项数量3—5倍的原则(李宇等,2018:5);同时,样本数量只要大于题项数量的10倍就是可以接受的(Nunnally,1978:296),初始量表的题项是22个,所以预调查收集到的285个样本量是能够接受的。预调查样本描述性统计情况,如表6—3所示。

表6—3 预调查样本描述性统计

| 样本(N=285) | | 人数(人) | 百分比(%) | 样本(N=285) | | 人数(人) | 百分比(%) |
| --- | --- | --- | --- | --- | --- | --- | --- |
| 性别 | 男 | 136 | 47.7 | 出生年份 | 1960—1969 | 31 | 10.9 |
| | 女 | 149 | 52.3 | | 1970—1979 | 53 | 18.6 |
| | | | | | 1980—1989 | 89 | 31.2 |
| 工作岗位 | 高层管理岗 | 17 | 6.0 | | 1990—1999 | 112 | 39.3 |
| | 中层管理岗 | 36 | 12.6 | 学历 | 高中及以下 | 19 | 6.7 |
| | 基层管理岗 | 61 | 21.4 | | 高职/大专 | 68 | 23.9 |
| | 专业技术岗 | 55 | 19.3 | | 大学本科 | 152 | 53.3 |
| | 普通业务岗 | 116 | 40.7 | | 硕士及以上 | 46 | 16.1 |
| 本单位的工作年限 | 1年及以下 | 59 | 20.7 | 个人每月收入 | 3000元及以下 | 65 | 22.8 |
| | 2—5年 | 97 | 34.0 | | 3001—6000元 | 106 | 37.2 |
| | 6—10年 | 76 | 26.7 | | 6001—10000元 | 64 | 22.5 |
| | 11—15 | 37 | 13.0 | | 10001—15000元 | 30 | 10.5 |
| | 16年及以上 | 16 | 5.6 | | 15001元及以上 | 20 | 7.0 |

针对样本的数据收集都是采用被调查者自我报告的形式完成，可能会造成同源偏误（Podsakoff et al.，2003）。然而，在大多数情况下，收集关于个体全面薪酬平衡感知这类内心感受和想法的数据，运用其他方式很可能无法有效实现。例如，采用领导和同事的评价有可能会减小同源偏误（Ngand and Feldman，2012），但对于这类数据的收集不一定可行和有效（Binnewies and Wornlein，2011）。因此，采用自我报告形式收集的数据比其他人观察得到的数据更加精确（翁清雄等，2018：124）。

### 三 量表题项净化

在进行探索性因子分析之前，首先通过分析 Cronbach's alpha 来评估多维度量表的内部一致性，并结合单项—总体校正的相关系数（CITC），净化初始量表的测量题项。通常来说，可以使用 Cronbach's alpha 评价量表的内部一致性（李宇等，2018：5）。按照探索性研究所采用的标准，量表题项的 Cronbach's alpha 值应该大于 0.7，并且 CITC 值应该不低于 0.5 才可以保留，否则应该删除对应的题项（Nunnally，1978；Churchill，1979）。本研究运用 SPSS19.0，按照 Cronbach's alpha 值与 CITC 值要求的交集，对初始量表题项进行净化。[①]

数据分析结果显示，全面薪酬平衡感知初始量表的 Cronbach's alpha 的值为 0.936，表明量表总体信度较好。如表 6—4 所示，22 个题项的 Cronbach's alpha 值均大于 0.90，但 X14 的 CITC 值是 0.068，X15 的 CITC 值是 0.168，这两个题项的 CITC 值均明显小于 0.5，因此需要删除"X14 我所期望得到的一些合理回报或激励，单位并没有给予我"和"X15 单位给予的某些回报或激励，实际上

---

① 此处参考了赵斌等 2014 年的研究《科技人员主动创新行为：概念界定与量表开发》和潘煜等 2014 年的研究《中国文化背景下的消费者价值观研究——量表开发与比较》中的相关做法。

是我不太需要的"两个题项。题项净化后保留 20 个题项，并检验新量表的 Cronbach's alpha 值和各题项的 CITC 值，且处理后的全面薪酬平衡感知量表 Cronbach's alpha 值上升为 0.946，且各题项的 CITC 值也均大于 0.5。经过信度分析与题项提纯后，初始量表测量题项为 20 个，接下来进一步做探索性因子分析。

表 6—4　　　　　Cronbach's alpha 与 CITC 值检验

| 题项变量 | 该项已删除的刻度均值 | 该项已删除的刻度方差 | 校正的该项总计相关性 | 该项已删除的 Cronbach's Alpha 值 |
| --- | --- | --- | --- | --- |
| X1 | 66.91 | 219.165 | 0.600 | 0.933 |
| X2 | 67.25 | 215.420 | 0.747 | 0.931 |
| X3 | 67.28 | 215.831 | 0.721 | 0.931 |
| X4 | 67.45 | 217.755 | 0.652 | 0.933 |
| X5 | 67.53 | 215.024 | 0.686 | 0.932 |
| X6 | 67.08 | 219.680 | 0.508 | 0.936 |
| X7 | 67.67 | 213.688 | 0.678 | 0.932 |
| X8 | 67.48 | 213.102 | 0.772 | 0.930 |
| X9 | 67.01 | 214.281 | 0.710 | 0.932 |
| X10 | 67.09 | 215.168 | 0.732 | 0.931 |
| X11 | 67.08 | 215.430 | 0.687 | 0.932 |
| X12 | 67.11 | 214.292 | 0.812 | 0.930 |
| X13 | 66.93 | 222.126 | 0.558 | 0.934 |
| X14 | 67.20 | 236.504 | 0.068 | 0.942 |
| X15 | 67.72 | 233.211 | 0.168 | 0.940 |
| X16 | 66.94 | 220.007 | 0.592 | 0.934 |
| X17 | 66.70 | 221.083 | 0.580 | 0.934 |
| X18 | 67.13 | 217.747 | 0.701 | 0.932 |
| X19 | 67.08 | 218.550 | 0.655 | 0.933 |
| X20 | 66.85 | 220.795 | 0.650 | 0.933 |
| X21 | 67.21 | 221.859 | 0.568 | 0.934 |
| X22 | 67.11 | 220.341 | 0.667 | 0.933 |

## 四 探索性因子分析

经初始量表题项提纯后,接下来对剩余的20个测量题项进行探索性因子分析(Exploratory Factor Analysis,EFA)。统计分析结果显示,20个测量题项的KMO值为0.944,高于经验标准0.70,表明变量之间的共同因子较多。Bartlett球形检验卡方值为3838.805,达到显著性水平($p<0.001$),代表母群体的相关矩阵间有共同因素存在,这说明其很适合做因子提取分析。

在以往的相关研究中,不同的研究者开发量表时,均以因子载荷大小作为题项删除的标准,有些研究者以0.35作为取舍题项的临界值,如Lederer和Sethi(1991),但以0.40作为题项取舍的临界值比较普遍(Hinkin,2005)。每个题项在所对应的因子上的载荷须接近1.0,但在其他因子上的载荷须接近0(翁清雄等,2018:116)。因此,本研究采取以下三个标准作为删除题项的原则:第一,如果某个题项在所有因子上的载荷均小于0.40,则应删除该题项;第二,如果某个题项与其他题项之间存在交叉载荷且横跨两个因子以上的载荷均超过0.40,则应删除该题项;第三,如果某个题项的内涵与测量同一因子的其他题项不一致,则应删除该题项。

研究采用主成分分析法进行因子分析,按特征值大于1的原则抽取因子,并采用最大方差法旋转,进行多次迭代。[①] 通过因子分析,共提取出3个公因子,同时发现有4个题项符合删除的原则:"X5 我很认可单位目前实行的加薪与绩效奖励做法"这一题项在其中两个因子上的载荷分别是0.606和0.444,均超过了0.40的临界值,故而将其删除;"X9 本单位的硬件设施及办公条件是令我满意

---

[①] 此处参考了罗兴武等2018年的研究《中国转型经济情境下的商业模式创新:主题设计与量表开发》中的相关做法。

的"这一题项在其中两个因子上的载荷分别是 0.586 和 0.429，均超过了 0.40 的临界值，故而将其删除；"X12 我对本单位的各种管理规定总体上是满意的"这一题项在其中两个因子上的载荷分别是 0.716 和 0.404，均超过了 0.40 的临界值，故而将其删除；"X17 虽然没有得到某些想要的回报或激励，但是我并没有因此而变得消极低落"这一题项在其中两个因子上的载荷分别是 0.531 和 0.418，均超过了 0.40 的临界值，故而将其删除。

经过多次因子分析后，共删除 4 个题项，得到具备较好区分性的因子结构，修订后的全面薪酬平衡感知量表包含 16 个题项。EFA 分析的最终结果，如表 6—5 所示。3 个公因子累计方差解释率达到 66.896%。结果表明，全面薪酬平衡感知的结构主要包括 3 个因子，根据各因子所对应的题项所表达的含义对这三个因子进行命名：因子 1 命名为"内在供需平衡感知"，因子 2 命名为"关系平衡感知"，因子 3 命名为"外在供需平衡感知"。根据 Hinkin（2005）的建议，编制量表时，每个维度的最佳题项数为 4—6 条，表明本研究编制的全面薪酬平衡感知量表在题项数量上是比较合理的。可见，探索性因子分析的结果，进一步验证了之前质性研究阶段所得出的全面薪酬平衡感知的结构。

表 6—5　　　　　　　初始量表题项探索性因子分析结果

| 题项 | 因子 1<br>（内在供需平衡感知） | 因子 2<br>（关系平衡感知） | 因子 3<br>（外在供需平衡感知） |
| --- | --- | --- | --- |
| X1 我觉得自己所做的工作有意义 | 0.825 | 0.182 | 0.025 |
| X2 我认同目前的工作方式及要求 | 0.771 | 0.200 | 0.344 |
| X10 我对本单位的工作氛围感到满意 | 0.728 | 0.311 | 0.240 |
| X3 我在本单位工作得到了提升与发展 | 0.715 | 0.303 | 0.248 |
| X11 上级主管的领导方式符合我的期望 | 0.713 | 0.244 | 0.267 |

续表

| 题项 | 因子1<br>（内在供需<br>平衡感知） | 因子2<br>（关系平衡<br>感知） | 因子3<br>（外在供需<br>平衡感知） |
|---|---|---|---|
| X13 本单位的社会形象与声望让我感到自豪 | 0.619 | 0.170 | 0.227 |
| X21 每当我想到那些已经得到的满意回报时，就会降低我对那些没有得到的回报的渴望 | 0.097 | 0.812 | 0.193 |
| X22 每当我得不到满意回报时，那些已经得到的满意回报总是可以平衡我的内心 | 0.186 | 0.794 | 0.288 |
| X19 那些令我满意的回报，降低了令我不满的回报产生的消极与沮丧 | 0.216 | 0.758 | 0.242 |
| X18 那些令我满意的回报，弥补或替代了那些我想要但没有得到的回报 | 0.284 | 0.743 | 0.258 |
| X20 相比那些不满意或没得到的回报带来的烦恼，那些满意回报带来的喜悦对我的影响更大 | 0.299 | 0.725 | 0.158 |
| X16 那些令我满意的回报，会让我淡忘那些渴望却尚未满足的需求 | 0.378 | 0.642 | 0.023 |
| X6 本单位对"五险一金""带薪休假"等法定福利政策的实施令我满意 | 0.076 | 0.193 | 0.837 |
| X7 除法定福利外，本单位还提供了令我满意的其他多种福利 | 0.399 | 0.225 | 0.689 |
| X8 我从本单位得到了公平合理的货币薪酬 | 0.477 | 0.303 | 0.643 |
| X4 本单位给予的货币薪酬水平符合我的期望 | 0.305 | 0.275 | 0.634 |
| 测试题项数 | 6 | 6 | 4 |
| 特征值 | 4.124 | 3.958 | 2.622 |
| 累计方差解释率 | 25.773% | 50.511% | 66.896% |
| 题项总体信度（Cronbach's alpha） | | 0.931 | |
| KMO（Kaiser-Meyer-Olkin）值 | | 0.926 | |
| Bartlett 球形检验 Approx. Chi-square | | 2822.431 | |
| Bartlett 球形检验 df | | 120 | |
| Bartlett 球形检验 Sig. | | 0.000 | |

通过 EFA 得出，全面薪酬平衡感知量表包括内在供需平衡感

知、外在供需平衡感知、关系平衡感知三个因子。其中，内在供需平衡感知和外在供需平衡感知就是全面薪酬平衡感知中的供需平衡感知的两个方面。

在此，需要对每个维度及其包含的具体题项进行说明：

内在供需平衡感知维度，主要测量员工个体所关心的内在需求被组织给予的激励供给满足的程度，满足程度越高，其内在供需平衡感知就越高，反之则越低。内在需求主要包括对工作内在的价值诉求和与工作相关的无形需求，个体在所关心的这些需求上一般都是得到相应的无形回报或激励。该维度测量题项包括：我觉得自己所做的工作有意义；我认同目前的工作方式及要求；我对本单位的工作氛围感到满意；我在本单位工作得到了提升与发展；上级主管的领导方式符合我的期望；本单位的社会形象与声望让我感到自豪。

外在供需平衡感知维度，主要测量员工个体所关心的外在需求被组织给予的经济或物质回报满足的程度，满足程度越高，其外在供需平衡感知就越高，反之则越低。外在需求主要包括个体对货币性报酬和物质性福利等方面的需求，这些需求一般都会得到相应的有形回报或激励。该维度测量题项包括：本单位给予的货币薪酬水平符合我的期望；我从本单位得到了公平合理的货币薪酬；本单位对"五险一金""带薪休假"等法定福利政策的实施令我满意；除法定福利外，本单位还提供了令我满意的其他多种福利。

关系平衡感知维度，主要测量的是员工个体内心对自己所关心的各种需求的满足程度及状态之间平衡关系的评价，即个体对自己所获得的各种回报之间形成积极的互补替代与作用关系的程度。如果个体感知到不同的回报之间可以起到积极的互补替代与作用关系，那么其关系平衡感知就较高，反之则较低。该维度测量题项包括：那些令我满意的回报，会让我淡忘那些渴望却尚未满足的需求；那些令我满意的回报，弥补或替代了那些我想要但没有得到的回报；那些令我满意的回报，降低了令我不满的回报产生的消极与沮丧；相比那些不满意或没得到的回报带来的烦恼，那些满意回报带来的喜悦对我的影响更大；每当我想到那些已经得到的满意回报时，就会降低我对那些没有得到的回报的渴望；每当我得不到满意回报时，那些已经得到的满意回报总是可以平衡我的内心。

## 第四节 量表结构验证分析

### 一 正式调查问卷与样本

为了进一步检验量表结构的稳定性和有效性，本研究实施了第二次正式调查。正式调查问卷，是根据初始量表经题项净化和探索性因子分析之后的修正量表设计的，包括6个基本信息问项和量表提纯后的16个题项，同时问卷还加入了三个效标变量的量表题项，其中关于个人基本信息的问项和预调查问卷中的相同。正式调查问卷中，除了关于个人基本信息的问项以外，其他量表题项均采用Likert 5点量表形式，题项的分值及顺序设置和预调查问卷中的一致。正式调查问卷样本来源于不同类型组织中的各类岗位工作人员，问卷调查采取随机抽样方式。通过对正式调查收集到的数据进行验证性因子分析（Confirmatory Factor Analysis，CFA），可以验证之前探索性因子分析（EFA）得出的三维度因子结构是否可以得到其他样本数据的支持。

正式调查总共随机发放问卷600份，回收问卷426份，问卷回收率达71.0%，同时删除无效问卷23份，剩余的有效问卷为403份，问卷有效率为94.6%。样本描述性统计情况，如表6—6所示。

表6—6　　　　　　　　正式调查样本描述性统计

| 样本（N=403） | | 人数（人） | 百分比（%） | 样本（N=403） | | 人数（人） | 百分比（%） |
|---|---|---|---|---|---|---|---|
| 性别 | 男 | 199 | 49.4 | 出生年份 | 1960—1969 | 37 | 9.2 |
| | 女 | 204 | 50.6 | | 1970—1979 | 71 | 17.6 |
| | | | | | 1980—1989 | 128 | 31.8 |
| 工作岗位 | 高层管理岗 | 25 | 6.2 | | 1990—1999 | 167 | 41.4 |
| | 中层管理岗 | 56 | 13.9 | 学历 | 高中及以下 | 23 | 5.7 |
| | 基层管理岗 | 73 | 18.1 | | 高职/大专 | 80 | 19.9 |
| | 专业技术岗 | 62 | 15.4 | | 大学本科 | 237 | 58.8 |
| | 普通业务岗 | 187 | 46.4 | | 硕士及以上 | 63 | 15.6 |
| 本单位的工作年限 | 1年及以下 | 75 | 18.6 | 个人每月收入 | 3000元及以下 | 52 | 12.9 |
| | 2—5年 | 195 | 48.4 | | 3001—6000元 | 107 | 26.6 |
| | 6—10年 | 86 | 21.3 | | 6001—10000元 | 125 | 31.0 |
| | 11—15年 | 26 | 6.5 | | 10001—15000元 | 81 | 20.1 |
| | 16年及以上 | 21 | 5.2 | | 15001元及以上 | 38 | 9.4 |

## 二 验证性因子分析

为了验证由探索性因子分析获得的三因子模型，本研究运用Amos 24.0软件对保留的16个题项进行验证性因子分析（CFA）。CFA同时验证了三因子结构和二因子结构，二因子结构即将内在供需平衡感知与外在供需平衡感知两个因子合并为一个因子"供需平衡感知"，并和"关系平衡感知"一同构成了二因子模型。经过CFA分析，得出全面薪酬平衡感知量表的三因子模型和二因子模型的主要拟合度指标，如表6—7所示。

表6—7　　　　　　　　量表结构的拟合度指标对比

| 拟合指标 | $\chi^2$ | df | $\chi^2$/df | CFI | NFI | IFI | TLI | RMSEA | RMR | PNFI | PGFI |
|---|---|---|---|---|---|---|---|---|---|---|---|
| 三因子模型 | 293.301 | 101 | 2.900 | 0.943 | 0.916 | 0.943 | 0.932 | 0.069 | 0.049 | 0.771 | 0.679 |
| 二因子模型 | 423.507 | 103 | 4.110 | 0.905 | 0.879 | 0.906 | 0.889 | 0.088 | 0.065 | 0.754 | 0.656 |

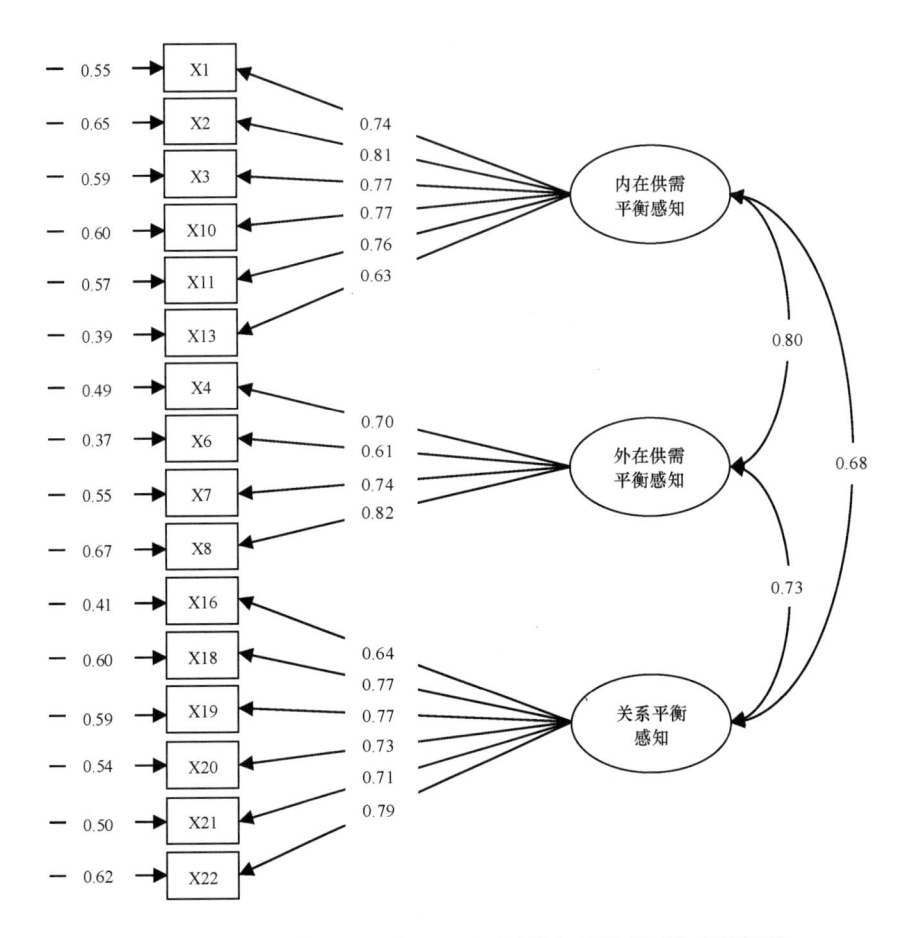

**图 6—1　全面薪酬平衡感知三因子结构方程模型标准化路径图**

将两个模型的主要拟合指标进行对比分析，发现两个模型都是可以接受的，但三因子模型拟合度更好。其中：绝对拟合优度指标 $\chi^2$ 为 293.301，自由度 df 为 101，$\chi^2/df$ 值则为 2.900，如果 $\chi^2$ 是自由度的 2—5 倍，则模型可以接受（刘军，2008：124）；绝对拟合优度指标 RMSEA 值越小说明模型的拟合度越好，管理学研究中 RMSEA 的临界值一般是 0.080，本研究的 RMSEA 是 0.069，说明是可以接受的，也有学者认为小于 0.10 也是可以接受的（李宇等，2018：7）；相对拟合优度指标 CFI 为 0.943，

NFI 为 0.916，IFI 为 0.943，TLI 为 0.932，通常它们的值大于 0.90 则说明模型的拟合度可以接受；均方根残差 RMR 的值为 0.049，小于 0.05，符合要求；简约拟合优度指数 PNFI 和 PGFI 的值分别为 0.771 和 0.679，均大于 0.5 的要求。由此可见，三因子结构的各种拟合优度指标系数均处于可接受范围内，且比二因子模型的拟合度更好，说明全面薪酬平衡感知量表的三因子模型是合理且可以接受的。

还可以通过 CFA 分析得到的因子载荷来检验效度，所得出的全面薪酬平衡感知三因子结构方程模型标准化路径图，如图 6—1 所示。

CFA 分析结果表明，模型中的每一个题项在相应的因子上的标准化载荷值都介于 0.61—0.82 之间（大于 0.50），而且全部通过了 t 检验，在 $P<0.001$ 的水平上显著，各个测量题项的误差均小于 0.70。说明每一个测量题项对各个因子都具有较好的解释力。

## 第五节　量表信度与效度检验

### 一　信度检验

在测量中，研究者用"信度"来评价量表及其测验结果的一致性（Consistency）、稳定性（Stability）以及可靠性（Reliability）。最常用的量表信度评价方法就是根据 Cronbach's alpha 来评价量表的内部一致性与可靠性。在应用中，一般是按照 Nunnally（1978）的标准，要求 Cronbach's alpha 值要达到或大于 0.70，但这只是为了在研究初期检验模型的可行性，在一般的基础性或应用性研究中信度要求达到 0.80，当测量分数用于重要决策时应高于 0.90（陈晓萍等，2012：338—339）。

为了评估全面薪酬平衡感知三因子结构的可靠性，需要计算每个因子的结构信息，以评价全面薪酬平衡感知测量量表的内部一致性。本研究发现，全面薪酬平衡感知的三个因子信度系数均大于 0.80，量表整体信度系数为 0.926，表明本研究设计的全面薪酬平衡感知量表具有较高的信度，如表 6—8 所示。

表 6—8　　　　　　　　　　量表的信度检验结果

| | 内在供需平衡感知 | 外在供需平衡感知 | 关系平衡感知 | 总量表 |
| --- | --- | --- | --- | --- |
| Cronbach's alpha | 0.882 | 0.811 | 0.875 | 0.926 |
| 题项数量 | 6 | 4 | 6 | 16 |

## 二　内容效度检验

内容效度（Content Validity）是指量表实际测量的内容在多大程度上反映或代表了研究者所要测量的概念（Haynes et al., 1995），即开发的测量量表在内容上是否包含了概念想要测量的东西（陈晓萍等，2008：335）。一个量表要具备较好的内容效度须满足两个条件：一是要确定好测量的内容范围，并使测量的全部题项均在这一范围内；二是测量题项应该是已界定的内容范围的代表性样本（吴志平、陈福添，2011：78）。内容效度包括量表清晰界定研究领域及其结构，以及在其题项中清晰反映样本特性。对于量表的内容效度检验，通常采用逻辑分析法，主要思路是邀请相关专家对测量题项与原定内容范围的吻合程度做出定性判断（耿梅娟、石金涛，2011：75）。

本研究中形成全面薪酬平衡感知初始量表的所有题项，都是基于深度访谈及扎根分析得来的，同时参考了相关的研究文献。为了确保量表内容的准确性、清晰性与简洁性，在初始题项设计过程中，对原始材料进行编码分析并提炼范畴进而生成题项，对每一个题项进行了严格筛选与科学分类,并运用定量分析方法对初始量表进行了题项提纯与初步修正。同时,本研究邀请了学界和业界专家对初始量表进行了多轮评价与审定,并对所有题项的内容及表述进行反复研讨,每次经过专家评定与意见反馈后,都对量表及题项进行修正与完善。经过多轮专家评审,可以保证量表题项的全面性、合理性、有效性。除了访谈和专家评审外,本研究还通过量表的小规模预测试的方式,让被试者通过填写量表来反馈意见,并根据反馈意见进一步对量表题项的内容针对性、语义准确性、表述易懂性、评分尺度合理性等方面进行优化与完善。鉴于以上三个方面,本研究认为最终开发的量表能够较好地反映全面薪酬平衡感知的内涵与结构,量表具有较好的内容效度。

### 三 建构效度检验

建构效度是指,量表能够测量出理论特质或概念的程度,也就是实际测量分值能够解释某一理论特质或概念的程度,主要包括对收敛效度(Convergent Validity)和区分效度(Discriminant Validity)的检验。收敛效度是指运用不同方式测量同一个概念时,所观测到的数值之间应该是高度相关的。区分效度是指运用不同方法测量不同的概念时,所观测到的数值之间应该是能够加以区分的(陈晓萍等,2008:340)。本研究通过CFA来检验量表的建构效度。

评估收敛效度的标准有三项:一是所有标准化的因子载荷大于0.5且达到显著水平($p < 0.05$);二是组合信度(CR)大于0.7;三是平均方差抽取量(AVE)超过0.5(Bagozzi,1981;Hair et al.,2009)。如表6—9所示,全面薪酬平衡感知各个因子的组合信度(CR)均大于0.7,平均方差抽取量(AVE)均超过0.5。由此可判断,全面薪酬平衡感知量表具有较好的收敛效度。

表6—9　　　　　　　　量表的收敛效度检验结果

| 因子 | 组合信度（CR） | 平均方差抽取量（AVE） |
|---|---|---|
| 内在供需平衡感知 | 0.84 | 0.56 |
| 外在供需平衡感知 | 0.83 | 0.52 |
| 关系平衡感知 | 0.87 | 0.54 |

关于各维度因子之间是否存在足够的区分效度，常用两种方法进行评估：一是两个构成变量之间的相关系数须小于0.85，否则会形成多重共线性问题；二是比较各维度因子之间完全标准化相关系数和所涉及的各维度 AVE 平方根值的大小，当前者小于后者时，表明各维度之间存在足够的区别效度，反之则表明区别效度不足（吴明隆，2010）。换言之，当潜变量的 AVE 平方根大于该潜变量与其他变量的相关系数时，表明量表具有较好的区分效度。

根据以上两种评估区分效度的方法，本研究模型中，内在供需平衡感知、外在供需平衡感知、关系平衡感知这三个潜变量（因子）之间的相关系数分别是0.66、0.61、0.62，均小于评估规定的0.85标准值；三个潜变量的 AVE 算术平方根值分别是0.75、0.72、0.74，都明显大于该潜变量与其他潜变量之间的相关系数。因此，说明本量表具有足够的区分效度。区分效度的检验结果，如表6—10所示。

表6—10　　　　　　　　量表的区分效度检验结果

| | 平均值 | 标准差 | 内在供需平衡感知 | 外在供需平衡感知 | 关系平衡感知 |
|---|---|---|---|---|---|
| 内在供需平衡感知 | 3.36 | 0.83 | (0.75) | | |
| 外在供需平衡感知 | 2.99 | 0.92 | 0.66** | (0.72) | |
| 关系平衡感知 | 3.35 | 0.81 | 0.61** | 0.62** | (0.74) |

注：n=403；*表示 $p<0.05$，**表示 $p<0.01$；对角线上括号里的数值为因子的 AVE 值的平方根。

综合上述分析可认为，本研究开发的全面薪酬平衡感知量表具有较好的收敛效度和足够的区别效度，也即说明该量表具有较好的建构效度。

### 四　效标关联效度检验

效标关联效度是指量表与外在效标变量之间的关联程度，量表与外在效标之间的相关度越高，表明该量表的效标关联效度越高。按照效标数据搜集的时间，效标关联效度可分为预测效度（Predictive validity）和同时效度（Concurrent validity），前者是量表与效标将来的数据状态之间的关联程度，后者是量表与效标目前的数据状态之间的关联程度（吴志平、陈福添，2011：78）。Devellis（2016）认为效标关联效度除了有预测效度和同时效度之外，还可能有后测效度（Postdictive validity），即量表与效标之前的数据状态之间的关联程度，这三种称谓从逻辑上讲，无论效标是先于或后于抑或是同时于量表，所研究的都是同一类效度问题。效标关联效度的检验并不是对过程的理解，而仅是对结果的预测，其最重要的不是效标与量表的测定数据之间的先后顺序，而是二者之间经验关系的强弱（德威利斯，2016：63—64）。根据本研究的性质及拟选择的效标类型，对量表效标关联效度的检验为同时效度。

关于效标关联效度检验中的效标变量选取，所选的结果变量应该具备如下条件：一是结果变量与研究情境相关；二是结果变量是被广泛研究的理论构念（Colquitt，2001）。除此之外，所选取的效标还应该能作为可以被量表预测的结果变量。本书第五章通过扎根理论研究得出，全面薪酬平衡感知对努力意愿有正向影响，而对离职倾向有负向影响，因此首先考虑选择这两个变量作为效标变量，同时也是对这两种影响关系的实证检验。但由于学界对努力意愿并没有形成统一公认的测量工具，所以选用额外努力意愿作为效标变量。另外，相关实证研究直接或间接表明，全面薪酬对员工个体的组织认同有正向影响，全面薪酬平衡感知是建立在全面薪酬理论基础之上的，可推论全面薪酬平衡感知也有同样的影响，所以也将组织认同作为一个效标变量。额外努力意愿、离职倾向、组织认同这三个效标变量都是学界广泛应用于研究的变量，且都已形成公认成熟的量表。鉴于此，本研究选取它们作为效标变量，并以性别、出生年份、学历、岗位层级、工作年限、月收入等人口统计学变量作为控制变量，通过检验全面薪酬平衡感知与三个效标变量之间的因果关系来检验全面薪酬平衡感知量表的效标关联效度。

对组织认同的测量，选择 Mael 和 Ashforth（1992）开发的组织认同量表，包括 6 个测量题项，Cronbach's α 系数为 0.87，采用 Likert 5 点量表；对离职倾向的测量，选择 Farh（1998）开发的离职倾向量表，包括 4 个测量题项，Cronbach's α 系数为 0.92，采用 Likert 5 点量表；对额外努力意愿的测量，选择 Ramamoorthy 和 Flood（2002）开发的量表，包括 3 个测量题项，Cronbach's α 系数为 0.72（张正堂等，2017：104），采用 Likert 5 点量表。运用本量表和三个效标变量的测量量表编制问卷，与正式调研一起发放并收集数据，采用 SPSS19.0 统计软件对数据进行分析。经分析，人口统计学变量、全面薪酬平衡感知的三个因子变量与额外努力意愿、组织认同、离职倾向的均值、标准差以及各变量之间的相关系数，如表6—11 所示。

从表6—11 的相关系数可以看出，全面薪酬平衡感知的三个因子与三个效标变量之间均有显著的相关关系。内在供需平衡感知与额外努力意愿、组织认同正相关（$r=0.58$，$p<0.01$；$r=0.70$，$p<0.01$），与离职倾向负相关（$r=0.63$，$p<0.01$）；外在供需平衡感知与额外努力意愿、组织认同正相关（$r=0.46$，$p<0.01$；$r=0.59$，$p<0.01$），与离职倾向负相关（$r=0.49$，$p<0.01$）；

## 表6—11　各变量的均值、标准差和相关系数

| | 均值 | 标准差 | 1 | 2 | 3 | 4 | 5 | 6 | 7 | 8 | 9 | 10 | 11 |
|---|---|---|---|---|---|---|---|---|---|---|---|---|---|
| 1. 性别 | 1.51 | 0.50 | | | | | | | | | | | |
| 2. 出生年份 | 2.51 | 0.73 | -0.09 | | | | | | | | | | |
| 3. 学历 | 3.75 | 0.73 | 0.02 | -0.16** | | | | | | | | | |
| 4. 工作岗位 | 3.65 | 1.63 | -0.16** | 0.24** | 0.18** | | | | | | | | |
| 5. 工作年限 | 2.60 | 1.52 | -0.07 | 0.66** | -0.13** | 0.38** | | | | | | | |
| 6. 月收入 | 4.36 | 1.25 | -0.11** | 0.20** | 0.28** | 0.45** | 0.43** | | | | | | |
| 7. IBP | 3.36 | 0.83 | -0.11* | 0.10* | -0.12* | 0.10 | -0.06 | -0.09 | | | | | |
| 8. EBP | 2.99 | 0.92 | -0.10 | 0.10* | -0.12* | 0.07 | -0.02 | 0.07 | 0.66** | | | | |
| 9. RBP | 3.35 | 0.81 | -0.03 | 0.04 | -0.07 | 0.14** | -0.05 | 0.02 | 0.61** | 0.62** | | | |
| 10. EWH | 3.65 | 1.10 | -0.02 | 0.11* | -0.04 | -0.02 | -0.01 | -0.13** | 0.58** | 0.46** | 0.57** | | |
| 11. OI | 3.40 | 0.81 | -0.05 | 0.07 | -0.15** | 0.05 | -0.02 | -0.09 | 0.70** | 0.59** | 0.69** | 0.70** | |
| 12. TI | 2.47 | 1.12 | 0.02 | -0.06 | 0.15** | 0.003 | 0.02 | 0.17** | -0.63** | -0.49** | -0.59** | -0.72** | -0.75** |

注:n=403;**表示$P<0.01$,*表示$P<0.05$。性别:1=男性,2=女性;出生年份:1=2000年及以后,2=1990—1999年,3=1980—1989年,4=1970—1979年,5=1960—1969年,6=1959年及以前;学历:1=初中及以下,2=高中/中专,3=高职/大专,4=本科,5=硕士,6=博士;工作岗位:1=其他,2=普通业务,3=专业技术,4=基层管理,5=中层管理,6=高层管理;工作年限:1=1年及以下,2=2—5年,3=6—10年,4=11—15年,5=16—20年,6=21—30年,7=31年及以上;月收入:1=3000元及以下,2=3001—6000元,3=6001—10000元,4=10001—15000元,5=15001—20000元,6=20001元以上;IBP=内在供需平衡感知,EBP=外在供需平衡感知,RBP=关系平衡感知,EWH=额外努力意愿,OI=组织认同,TI=离职倾向。

**表 6—12　量表的效标关联效度检验**

| 自变量 | 组织认同 β | 组织认同 t | 组织认同 β | 组织认同 t | 额外努力意愿 β | 额外努力意愿 t | 额外努力意愿 β | 额外努力意愿 t | 离职倾向 β | 离职倾向 t | 离职倾向 β | 离职倾向 t |
|---|---|---|---|---|---|---|---|---|---|---|---|---|
| 性别 | -0.03 | -0.58 | 0.001 | 0.04 | -0.02 | -0.41 | 0.006 | 0.15 | -0.02 | 0.26 | 0.01 | -0.48 |
| 年龄 | 0.12 | 0.79 | -0.03 | -0.65 | 0.12** | 2.90 | 0.07 | 1.42 | 0.04 | -1.27 | -0.08 | 0.91 |
| 学历 | -0.15** | -2.78 | -0.03 | -0.92 | 0.02 | 0.36 | 0.12** | 2.79 | 0.01 | 1.98 | 0.11 | 0.14 |
| 岗位层级 | 0.12 | 2.13 | -0.04 | -1.00 | 0.03 | 0.55 | -0.11 | -2.40 | 0.05 | -1.71 | -0.10 | 1.07 |
| 工作年限 | -0.13 | -1.81 | 0.08 | 1.68 | -0.08 | -1.09 | 0.10 | 1.73 | -0.14* | 0.63 | 0.05 | -2.58 |
| 个人月收入 | -0.07 | -1.08 | -0.07 | -1.60 | -0.16 | -2.54 | -0.15** | -3.13 | 0.17* | 2.92 | 0.18** | 3.67 |
| 内在供需平衡感知 | | | 0.41** | 8.99 | | | 0.35** | 6.38 | | | -0.40** | -7.64 |
| 外在供需平衡感知 | | | 0.08 | 1.72 | | | 0.03 | 0.50 | | | -0.03 | -0.62 |
| 关系平衡感知 | | | 0.40** | 9.42 | | | 0.37** | 7.33 | | | -0.35** | -7.17 |
| $F$ | | | 270.499** | | | | 36.235** | | | | 43.473** | |
| $R^2$ | | | 0.618** | | | | 0.453** | | | | 0.499** | |

注：$N = 403$；** 表示 $P < 0.01$，* 表示 $P < 0.05$。

关系平衡感知与额外努力意愿、组织认同正相关（r = 0.57，p < 0.01；r = 0.69，p < 0.01），与离职倾向负相关（r = 0.59，p < 0.05）。进一步分析量表与三个效标变量之间的因果关系，分析结果如表6—12所示。

由表6—12可知，内在供需平衡感知对组织认同和额外努力意愿两个因变量均有显著正向的影响关系，内在供需平衡感知对离职倾向有显著负向影响关系；关系平衡感知对组织认同和额外努力意愿两个因变量也有显著的正向影响关系，关系平衡感知对离职倾向也有显著的负向影响关系；外在供需平衡感知与三个因变量均没有显著的影响关系。基于这一分析结果，本研究认为三个效标变量都与自我决定理论中的动机密切相关，换言之，个体是否愿意努力工作、是否认同组织、是否想离职，都是个体受到内外部激励后所产生的内在状态及表现。根据自我决定理论，内在动机的关键驱动因素是，任务和行为选择是否被认为是由自我决定的（Kanfer et al., 2017），该理论能够很好地解释关于回报和激励在何种条件下产生积极和消极影响的争论（Grant and Shin，2011）。当员工受到内在激励时，通常会对其动机有积极正面的影响；而外在回报对员工的内在动机的影响是消极的还是积极的，并不取决于外在回报本身，而是取决于所产生的激励如何被个体解释，即个体将外在回报理解为尊重支持还是监管控制。因此，根据自我决定理论，员工受到外在回报的激励后其行为或绩效结果会在一定范围之内变动（Kanfer and Chen，2016）。

自我决定理论可以很好地解释以上回归分析的结果，尤其是可以解释外在供需平衡感知与三个因变量均没有显著影响关系的原因。内在供需平衡感知和关系平衡感知都是个体经内部心理机制所形成的内在动机，其结果是个体在工作态度及行为上做出的选择是自我决定的；而外在供需平衡感知是个体对自己外在需求得到平衡满足程度的感知，是否能让个体在工作态度及行为上做出"自我决定"或"非自我决定"的选择，关键取决于这种平衡感知如何被个体所解释，例如员工得到了较好的外在激励并感到自己的各种外在需求都得到了平衡满足，但同时也感到外在激励的背后是组织力度更强的监管控制，那么此时个体并不会因为外在需求得以平衡满足而认同于组织、忠诚于组织或愿意努力工作。因此，外在供需平衡感知与三个效标变量之间并不存在稳定显著的因果关系。然而，作为整体概念的全面薪酬平衡感知与三个效标变量之间存在稳定显著的因果关系。综上，本研究认为全面薪酬平衡感知量表具有较好的效标关联效度。

## 第六节　正式量表形成

上文首先通过深度访谈和观察收集关键事件信息与资料，运用扎根理论研究方法分析提炼被访谈者理解的全面薪酬概念、范畴与主范畴，并以此为依据设计量表初始题项，形成初始量表；其次运用专家评价法对初始题项进行筛选和调整，并对初始量表进行修正与评估；再次实施预调查及统计分析，对专家修正评估后的初始量表题项进行提纯和结构分析，优化初始量表；最后开展正式调查，对量表的信度、内容效度、收敛效度、区分效度及效标关联效度进行检验，同时进一步修饰完善量表的题项表述。最终形成的全面薪酬平衡感知量表，如表6—13所示。

表6—13　　　　　　　　全面薪酬平衡感知量表

| 概念定义：员工在为组织供职的整个过程中，其内心感知到自己在全面薪酬的四个维度上，即货币收入、福利待遇、工作环境、工作价值与意义，得到的各种有形与无形回报能够同步协调地满足自己内在与外在需求的程度以及各种需求满足感之间所形成的积极互补与作用关系的一种心理平衡状态 |
|---|

续表

| 评价者：员工自评 |
| --- |
| 引导语：请根据你在目前所供职单位工作的实际情况和真实感受对以下题项所描述的事件或现象进行评价并打分。5 点量表，1～5 代表从"非常不同意"到"非常同意" |

量表正文：

1. 我觉得自己所做的工作有意义

2. 我认同目前的工作方式及要求

3. 我在本单位工作得到了提升与发展

4. 上级主管的领导方式符合我的期望

5. 我对本单位的工作氛围感到满意

6. 本单位的社会形象与声望让我感到自豪

7. 本单位给予的货币薪酬水平符合我的期望

8. 我从本单位得到了公平合理的货币薪酬

9. 本单位对"五险一金""带薪休假"等法定福利政策的实施令我满意

10. 除法定福利外，本单位还提供了令我满意的其他多种福利

11. 那些令我满意的回报，弥补或替代了那些我想要但没有得到的回报

12. 那些令我满意的回报，降低了令我不满的回报产生的消极与沮丧

13. 每当我得不到满意回报时，那些已经得到的满意回报总是可以平衡我的内心

14. 每当我想到那些已经得到的满意回报时，就会降低我对那些没有得到的回报的渴望

15. 那些令我满意的回报，会让我淡忘那些渴望却尚未满足的需求

16. 相比那些不满意或没得到的回报带来的烦恼，那些满意回报带来的喜悦对我的影响更大

维度信息：

维度 1（$\alpha = 0.882$）：内在供需平衡感知，题项 1—6

维度 2（$\alpha = 0.811$）：外在供需平衡感知，题项 7—10

维度 3（$\alpha = 0.875$）：关系平衡感知，题项 11—16

# 第七章

# 基于全面薪酬平衡感知的平衡激励

## 第一节 平衡激励与平衡感知的关系

通常情况下，员工具有较高的全面薪酬平衡感知会对个人产生积极的影响，组织管理者应该通过提高员工的全面薪酬平衡感知，使员工具有积极的工作态度及行为，从而提高其工作绩效。如前所述，全面薪酬平衡感知是员工个体受到组织给予的全面薪酬激励之后产生的一种心理平衡感，而组织管理者要想提高员工的全面薪酬平衡感知，必须平衡地运用全面薪酬对员工实施激励。本书用"全面薪酬平衡激励"这一概念来表达组织管理者为了提高员工全面薪酬平衡感知所采取的一系列全面薪酬激励的做法。在此，将全面薪酬平衡激励定义为：组织管理者运用全面薪酬对员工进行平衡互补的组合激励以使员工达到和保持较高的全面薪酬平衡感知的系统管理过程及激励策略，简称"平衡激励"。与"平衡激励"相反的是"失衡激励"，即导致员工较低的全面薪酬平衡感知或使工产生失衡感知的全面薪酬激励策略。任何组织中的员工都具有全面多元的需求，组织管理者理应运用全面多元的有形与无形回报对员工进行相对平衡的激励。因此，本书认为组织对员工的激励本来就应该是全面薪酬平衡激励。

然而，现实中由于组织和员工双方都过于关注货币与物质激励，所以才导致出现诸多管理者的"失衡激励"与员工的"失衡感知"现象。全面薪酬平衡激励与全面薪酬平衡感知是一对互为支撑的概念，员工的全面薪酬平衡感知需要组织实施全面薪酬平衡激励才能得以保持和提高，所以员工较高的全面薪酬平衡感知应以组织管理者有效的全面薪酬平衡激励为前提和基础；组织管理者的全面薪酬平衡激励就是为了保持和提高员工的全面薪酬平衡感知并以员工平衡感知的高低来评价平衡激励的质量，所以组织所实施的全面薪酬平衡激励应以员工的全面薪酬平衡感知保持和提高为目标与评价标准。尽管员工的全面薪酬平衡感知受到其自身内部认知系统的自我协调与平衡，但个体的这种内部自我协调与平衡也是受到外部的全面薪酬平衡激励刺激后才产生的。因此，如果一个组织中，员工整体的全面薪酬平衡感知越高，则越是说明该组织对员工实施了有效的全面薪酬平衡激励。

可见，全面薪酬平衡感知和全面薪酬平衡激励是分别从员工和管理者的视角来描述员工激励过程中的"平衡"问题的：全面薪酬平衡感知包括供需平衡感知和关系平衡感知，即个体对自己所关心的需求同步协调得到较好满足的程度和各种需求满足状态或满足感之间形成的互补作用关系的平衡感知；全面薪酬平衡激励也应该包括两个对应的功能，即管理者所提供的激励供给能够同步协调地满足员工的需求盘子，同时管理者所提供的各种回报或激励之间能够形成积极的互补作用关系。因此，对于组织管理者而言，提高员工的全面薪酬平衡感知就意味着要有效实施全面薪酬平衡激励。

## 第二节 平衡激励的实施框架

事实上，全面薪酬平衡激励并不仅仅是管理者向员工实施单向激励刺激的管理行为，而是一个包含了管理者、员工、激励策略、激励情境等因素在内的系统化管理过程。基于全面薪酬平衡激励的定义及其与全面薪酬平衡感知的内在关系，可以从以下几个方面理解全面薪酬平衡激励的主要任务：第一，全面薪酬平衡激励是组织管理者通过分析组织员工整体需求盘子，设计提供适合的全面四维薪酬激励，以实现员工全面多元需求与激励供给之间的供需平衡，使员工具有较高的供需平衡感知；第二，组织管理者通过组织文化、管理制度、激励沟通来引导和调节员工的内部认知系统，使员工获得较高的关系平衡感知，同时影响和调整员工需求盘子构成使其更加符合组织战略发展的需要；第三，由于内外部环境发生变化而导致员工需求构成发生动态变化时，员工原有的全面薪酬平衡感知也随之发生改变，此时管理者需要动态调整全面薪酬平衡激励策略，使员工再次获得较高的全面薪酬平衡感知。

现实中，一些组织已经不同程度地实施了全面薪酬平衡激励，其员工整体的全面薪酬平衡感知也较高，也在一定程度上验证了平衡激励与平衡感知之间的关系，而大多数组织并未有效开展平衡激励。通过实地观察和访谈发现，实践中的组织管理者实施全面薪酬平衡激励主要面临以下问题：对员工的全面薪酬平衡感知状态无法进行准确评价与判断；不知道究竟针对员工的哪些需求实施平衡激励，仅仅按照管理者自己认为正确的方式对员工实施激励，显然无法有效提高员工的全面薪酬平衡感知；管理者手中没有充足或适合的资源对员工实施全面薪酬平衡激励；组织没有建立起能够支撑和实现全面薪酬平衡激励的组织文化与管理制度；组织管理者不知道如何实施全面薪酬平衡激励，缺乏相应的实施策略；组织各层级管理者对员工实施权变激励时没有足够的能力消除或降低员工的失衡感；组织管理者与员工双方都没有深刻认识到需求的多元性与平衡性，且管理者与员工对有效激励的认知并不一致；管理者潜意识里认为激励是程序化的管理工作，一旦某项激励制度被实施就应该起到明显的效果，而不会过多地从员工视角出发考虑其需求是否得到了充分平衡的满足，同时会认为只要激励制度得以实施就会产生持续的效果，没有认识到员工的需求构成与平衡感知会随着内外部环境的改变而动态变化。

根据全面薪酬平衡激励的定义、主要任务及其与全面薪酬平衡感知的内在关系，可建立如图7—1所示的全面薪酬平衡激励实施框架。由图可知，组织管理者要想提高员工的全面薪酬平衡感知，就要综合平衡运用全面薪酬四个维度的激励措施，对员工实施全面薪酬平衡激励，这一过程的关键是识别员工的需求盘子和平衡满足需求并给予适合的全面薪酬激励供给。在一个组织中，每位员工心里都有自己的需求盘子，虽然各不相同，但同样是基于人性的需求盘子本来就有很多共性，再加上所有员工都在同一种组织文化、经营理念、战略目标及管理制度下从事着同一行业、关联度很高的工作，所以员工的需求盘子是有很大交集的。理论上讲，所有员工需求盘子的最大交集就是组织管理者对员工群体实施全面薪酬平衡激励的基础和出发点。

全面薪酬平衡激励的实施框架可以从以下几个方面理解：第一，在现行的组织战略、文化、资源及制度环境下，管理者根据员工全面多元的需求构成及权重情况，运用内在直接薪酬（IDC）、内在间接薪酬（IIC）、外在直接薪酬（EDC）和外在间接薪酬（EIC），设计适合的全面薪酬组合激励供给以满足员工的全面多元需求；第二，员工受到来自组织的全面薪酬平衡激励后会对照自己的全面多元需求进行满足程度的评价和对各种激励回报关系的内部认知平衡，管理者在这一过程中应通过有效沟通和权变管理引导帮助员工进行正确的评价与认知平衡；第三，组织通过文化变革和制度建设，逐步调整或改变员工的需求盘子及其权重构成，使其与组

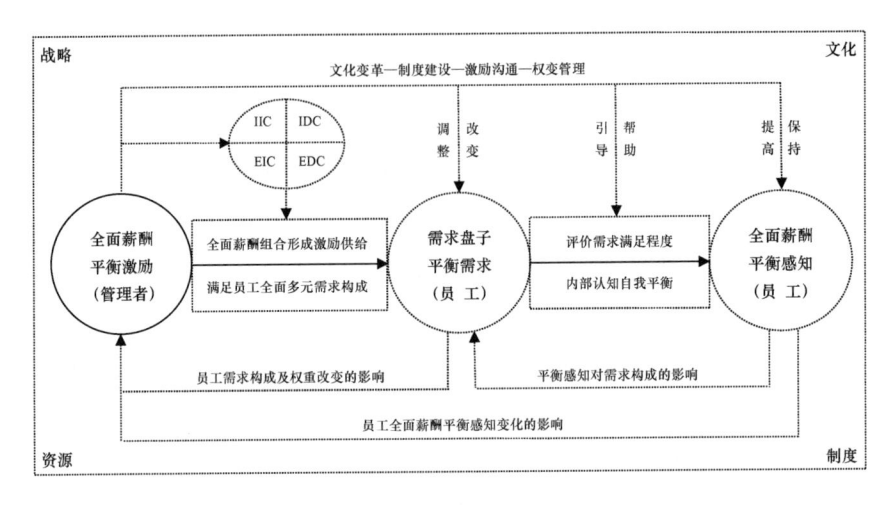

**图7—1 基于全面薪酬平衡感知的平衡激励实施框架**

织战略发展更加契合;第四,管理者需要根据员工需求盘子的构成和平衡感知的变化及其带来的影响,动态调整平衡激励策略。现实中,员工的全面薪酬平衡感知是动态变化的,主要是因为员工的需求盘子会随着内外部环境变化而变化,因此,组织管理者必须适时调整策略进行动态平衡激励。此外,由于组织的各种激励资源及条件是有限的,不可能完全足额满足员工动态变化的需求盘子,这其中又存在"有限资源"与"完全满足"之间的平衡。平衡激励追求的并不是绝对的"平衡",而是达到在正常可接受范围之内的相对平衡,况且对员工完全足额的需求满足很可能会导致个体产生懒惰或贪欲,反而会负面影响其工作积极性。所以,平衡激励并不是完全足额满足员工的需求盘子,而是在各种资源与条件的约束下为员工提供动态的相对平衡激励。

总之,全面薪酬平衡激励是一项系统管理工作,除了需要重点考虑全面薪酬平衡感知这一核心目标之外,组织管理者还需要考虑战略、文化、资源、制度、管理者能力、薪酬管理与绩效管理等诸多因素,而这些因素的某种现实组合就构成了管理者实施全面薪酬平衡激励的具体情境。因此，组织管理者实施的全面薪酬平衡激励可以看作员工全面薪酬平衡感知和管理情境的函数。

## 第三节 平衡激励的管理流程

根据全面薪酬平衡感知的内涵、形成与作用机理以及全面薪酬平衡激励的实施框架，结合实践中影响组织管理者实施平衡激励的主要因素及面临的相关问题，可构建一个包含五个步骤的全面薪酬平衡激励管理流程，如图 7—2 所示，五个步骤包括测评员工全面薪酬平衡感知、分析员工全面多元需求构成、制定全面薪酬平衡激励决策、实施平衡激励并进行动态调整、评估平衡激励效果与意见反馈。

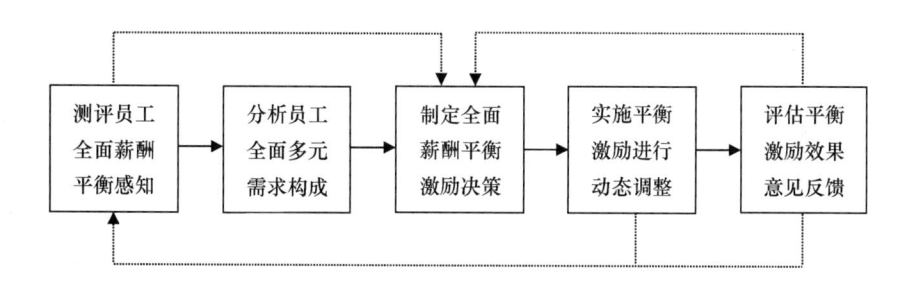

图 7—2 全面薪酬平衡激励的管理流程

### 一 测评员工全面薪酬平衡感知

组织管理者应该及时掌握员工的全面薪酬平衡感知状态，只有如此，管理者才能做出全面薪酬平衡激励的各项决策。然而，现实中，对于管理者来说，要及时准确掌握员工的全面薪酬平衡感知并不容易。一方面，管理者很可能没有系统地认识目前组织正在实施的全面薪酬激励策略，也没有明确各种激励措施的功能定位，更多的是关注经济性和物质性激励手段或自己认为有作用的激励方式；另一方面，当组织员工的积极性和创造性出现日益下降现象时，管理者会习惯性地认为是现行的激励策略出了问题，从而强化激励力度或调整激励策略，而不会刻意去从员工个体视角反思导致工作积极性下降的平衡感知原因；此外，即使管理者认为现行激励策略存在问题，也没有适合的方法或工具进行诊断。这些问题都阻碍了管理者了解员工全面薪酬平衡感知的真实状况。

组织管理者应该选择适当的时机，根据本书第六章开发的全面薪酬平衡感知量表编制平衡感知内部调研问卷，并加入必要的开放式问题，对员工全面薪酬平衡感知进行测量与评价。通常来说，运用量表进行测量的结果能反映出员工全面薪酬平衡感知程度的高低，也可以反映出员工的哪些需求没有被较好满足以及各种回报之间是否形成了互补平衡与作用的关系，但对于深层次的原因及量表结果的解释还需要进一步运用开放式问题、深度访谈、员工意见反馈等途径来实现。换言之，对员工全面薪酬平衡感知状态的掌握需要定量测量与定性评价相结合，管理者应特别关注那些测量值低于一般水平的员工，要进行重点关注和沟通，发现其全面薪酬平衡感知低的真实原因。

## 二 分析员工全面多元需求构成

根据对员工全面薪酬平衡感知的测评结果，结合组织实际情况，分析员工的需求构成及其权重分布，这又是一项组织容易忽视却十分重要的工作。虽然全面薪酬平衡感知的测评能够告诉管理者哪些员工、哪些方面出现了不平衡的情况，但组织管理者实施的平衡激励策略不是针对某个特殊员工的，而是面向组织全体员工的，即使掌握了组织员工整体的全面薪酬平衡感知水平，也需要进一步了解员工究竟需要什么、哪些需求没有被较好地满足。因此，这一步的工作就是通过分析每位员工的需求盘子,从而得到组织全体员工共同的需求盘子及权重结构。

组织管理者可以通过使用问卷调查和自下而上意见反馈的方式分析员工全面多元需求构成。问卷的设计可以包含选择性题目和开放式题目,在组织内部进行匿名问卷调查;意见反馈方式,即支持员工向组织专门机构反馈其在该组织供职过程中所关心的需求与期望得到的回报,以及哪些需求得到或尚未得到较好的满足。总之,组织管理者应该采取多种有效方式,了解员工群体真实的需求盘子,为制定全面薪酬平衡激励决策提供重要依据。

### 三 制定全面薪酬平衡激励决策

全面薪酬平衡激励决策是组织管理者关于如何对员工进行全面薪酬平衡激励以使员工具有较高全面薪酬平衡感知所做出的一系列选择,其依据和基础就是前面两个步骤得到的结果。平衡激励决策要服务于组织战略,受到组织文化和制度的影响,也受到各种资源条件的限制,同时还要考虑平衡激励决策与组织绩效管理体系的契合程度,这是一个需要管理者综合考虑多种因素的复杂决策过程。正如明茨伯格所言,所有迹象都表明,管理工作极为复杂,是一项浩大的工程,管理者的工作程序中易于描述的很少,而很多都特别复杂(明茨伯格,2017:165)。复杂的一个重要原因就是管理者的平衡激励决策是根据不同的情境制定的,以上的各种影响因素综合起来就构成了某种特定的情境,基于情境的决策包括制度层面的平衡激励决策和权变层面的平衡激励决策。通常情况下,管理者可以从员工当前的全面薪酬平衡感知状态、员工需求构成、组织战略、组织文化、管理制度、资源条件、绩效与薪酬管理等主要因素出发,进行综合考虑后做出平衡激励决策。

平衡激励决策的内容包括以下几个方面:一是关于设计什么样

的全面薪酬平衡激励的决策。决策的依据主要是员工的需求构成及各种需求的权重差异，决策的目标是让设计出来的全面薪酬平衡激励模式能够服务于组织战略、满足员工的多元需求构成并达到供需平衡和关系平衡；二是关于如何优化原有的平衡激励模式的决策。决策依据主要是员工目前的全面薪酬平衡感知状态，决策的目标即是让现行的平衡激励模式及策略得到优化以提升员工的平衡感知；三是关于如何调整或改变员工整体需求盘子的决策。这是一项战略性工作，需要逐步完成，决策的依据主要是组织文化和管理制度，但如果文化和制度无益于平衡激励的实施，则需要重塑组织文化、重构管理制度，决策的目标即是通过改造需求盘子使其更加符合组织战略、文化与制度的需要；四是关于如何引导员工对全面薪酬激励做出"平衡"的评价并达到内部认知平衡的决策。这项决策仍需要组织文化和制度的支撑，并运用激励沟通来实现。需要明确的是，全面薪酬平衡激励决策可能是战略层面的决策，也可能是文化或制度层面的决策，还可能是权变操作层面的决策。

### 四　实施平衡激励并进行动态调整

全面薪酬平衡激励的具体实施过程中，一方面要按照既定的各项决策予以执行，另一方面也需要对具体的激励策略进行动态调整。全面薪酬平衡激励的终极目标是通过提高并保持员工的全面薪酬平衡感知来提高组织绩效，任何一项激励措施都要指向这一终极目标，因此，全面薪酬平衡激励必须与绩效管理和薪酬管理两项职能配合同步实施。组织的绩效管理与薪酬管理两项职能需整合才能有效推动组织战略落地执行。平衡计分卡（BSC）和平衡计酬卡（BCC）作为战略性绩效管理和战略性薪酬管理工具，可分别回应基于平衡绩效的战略执行和员工全面薪酬平衡激励的问题。按照BSC和BCC，组织追求的绩效是全面平衡的，管理者对员工的激励也应该是全面平衡的，且二者应有机整合。因此，组织可根据战略性绩效管理和薪酬管理两项相互匹配的职能，使平衡激励有效驱动战略实施。同时，平衡激励的实施本质上是一个动态管理过程，需要根据员工全面薪酬平衡感知的变化做出动态调整。平衡激励实施过程中，管理者应动态观测员工的全面薪酬平衡感知，并根据员工全面薪酬平衡感知的变化，动态调整全面薪酬平衡激励的相关策略。一般情况下，组织不需要频繁调整平衡激励整体战略，主要是针对平衡激励的实施策略和管理者的权变激励措施进行动态调整。

### 五　评估平衡激励效果并处理员工意见反馈

组织管理者需要对全面薪酬平衡激励的效果进行阶段性评估，征集并处理员工意见反馈。通常，组织管理者可以与绩效周期同步，对本周期实施的全面薪酬平衡激励决策及其实施效果进行评估，效果评估以本周期结束时员工整体的全面薪酬平衡感知测量结果为主要指标，同时重点参考本周期内员工在工作态度及行为、工作绩效等方面的表现及改进情况，建立定量指标与定性指标相结合的评估体系，对平衡激励效果进行多元化评估。与此同时，组织管理者应积极从员工角度了解其对全面薪酬平衡激励的相关意见及建议，并合理运用于全面薪酬平衡激励新一轮的决策或调整。这一步的效果评估与意见反馈工作与下一个平衡激励周期的工作是紧密衔接的。

## 第四节　平衡激励有效实施的支撑条件

### 一　培育平衡导向的组织文化

全面薪酬平衡激励是否可以有效实施，很大程度上取决于组织是否拥有平衡导向的组织文化。管理者面对的员工是具有差异性的，尽管员工群体的需求盘子有共同之处，但识别共同之处则是激励的难点所在。当组织规模较大、人数众多的时候，管理者无法针对每位员工给予适合的平衡激励，此时需要在整个员工群体范围内构建一个共同的需求盘子，并使这个需求盘子最大化地符合员工群体的共同利益需求。这个共同的需求盘子就是管理者面对组织员工群体实施全面薪酬平衡激励的重要依据。组织文化的本质是组织共同信守和遵从的核心价值观，平衡导向的组织文化即组织的核心价值观中应该蕴含平衡看待各种相互关联事物的价值及得失的准则，这与中国传统文化和哲学思想体系中的阴阳平衡思想是一致的。

  事实上，无论是管理者还是员工，其价值观和思维模式都受到阴阳平衡思想的重要影响，因此，培育平衡导向的组织文化既可以满足管理者与员工对平衡的诉求，也可以为平衡激励的有效实施提供有利的文化环境。拥有平衡导向文化的组织，其全体员工需求盘子的共同之处就越多，员工对于各种需求也会从平衡的视角去认知和评价。如果组织在引进人才时就选择那些价值观与组织文化一致或相近的人，那么组织管理者的平衡激励就更容易找到符合员工群体的需求盘子。对于平衡导向文化较弱的组织，管理者需要通过逐步建立平衡导向的文化来统一员工群体的需求盘子，以便更有效地实施平衡激励。员工的需求盘子主要取决于其个人的价值观，而对于员工群体的共同需求盘子来说，则主要取决于组织的核心价值观。如果员工和管理者的价值观都没有平衡的意识，那么员工的平衡感知就会被管理者甚至员工自己所忽视，管理者的平衡激励更无从谈起。

  现实中，一方面，很多组织对激励的看法还局限在传统的货币性和物质性激励中，即使很多管理者意识到了非货币性与非物质性激励的重要性，也没有用平衡的思想去看待激励问题；另一方面，员工也常深陷于唯金钱物质不能激励的定势思维与苦恼之中，并没有意识到自己已经得到的非经济或非物质性回报的价值。平衡导向的组织文化提倡管理者与员工都从全面平衡的视角看待得失，从而改变员工的需求构成和内部认知协调，也可以改变管理者的激励方式，这对于组织有效实施全面薪酬平衡激励具有重要的支撑意义。

## 二 构建战略性绩薪整合管理体系

虽然全面薪酬平衡激励是以提高员工全面薪酬平衡感知为导向，以使员工具有积极的工作态度及行为，但其最终目的还是要促使员工实现其个人的工作绩效目标，从而实现组织的战略目标。全面薪酬平衡激励应该以组织战略为导向，与组织的战略性绩效管理与薪酬管理相融合匹配，才能得以有效实施，否则容易出现全面薪酬平衡激励与员工绩效目标及组织战略相割裂的问题。组织的绩效管理和薪酬管理两大职能是密切关联且相互支撑的，二者须发挥协同整合功能才能在战略落地实施中发挥核心驱动功能。因此，全面薪酬平衡激励有效实施的一个重要条件，就是在组织中构建战略性绩薪整合管理体系。

组织构建战略性绩薪整合管理体系，需要用"平衡"管理思想来整合绩效管理与薪酬管理的功能，而平衡计分卡（BSC）和平衡计酬卡（BCC）则为绩效管理与薪酬管理的平衡整合管理提供了有效的思想方法和理论工具。BSC作为一种战略性绩效管理工具，可以帮助组织将基于战略的四维绩效目标层层分解落地，而平衡计酬卡（BCC）正是配合BSC在战略实施中对员工进行战略性全面四维薪酬平衡激励的管理工具（董青等，2015：46）。彼得·德鲁克（Peter F. Drucker）于1954年在《管理的实践》中提出目标管理（Management By Objectives，MBO）的概念，其核心思想是，让员工用自我控制来取代上级的强制管理（德鲁克，2009：96）。MBO的本质在于通过目标沟通与分解，赋予员工相适应的责任感，并对员工进行适合有效的激励，以此实现员工的自我管理，德鲁克认为经济报酬与其他因素"合力"才能起到作用，而激励的关键在于工作本身，工作必须能让员工有可能取得成就。这里的"合力"就是全面薪酬平衡激励的综合作用（董青等，2015：42）。MBO 在绩效管理和薪酬管理中的同步应用，为绩薪整合管理体系的构建提供了重要支撑。

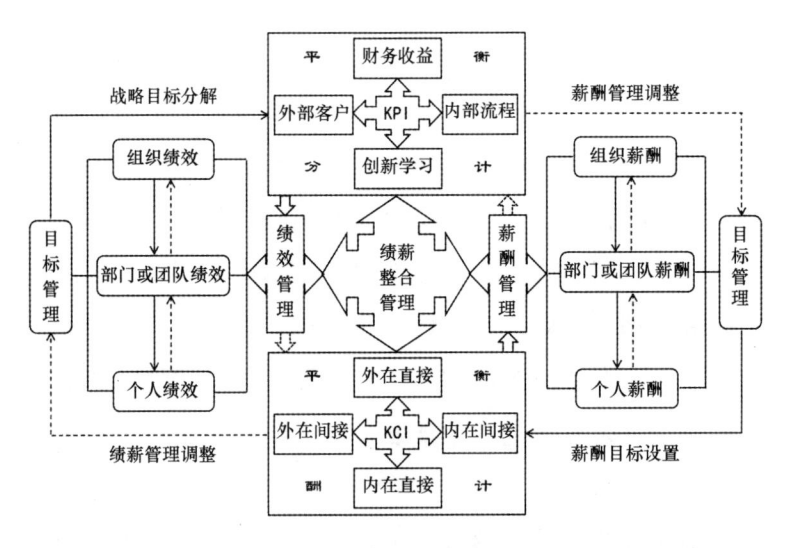

图7—3 基于 BSC – BCC – MBO 的组织战略性绩薪整合管理体系

组织需要将 BSC 和 MBO 应用于绩效管理系统，同时将 BCC 和 MBO 应用于薪酬管理系统，然后再将两个系统有机融合，从而构建绩薪整合管理体系。将 BSC 和 MBO 应用于绩效管理系统时，应将组织战略目标转化为财务收益、外部客户、内部流程、创新学习四个维度的多个关键绩效指标（Key Performance Indicator，简称 KPI），通过双向沟通，从组织、部门或团队、员工三个层面自上而下系统分解 KPI 并设置相应的目标值，明确员工的工作任务及相应的关键绩效目标。与此同步，将 BCC 和 MBO 应用于薪酬管理系统时，应为各级员工设置与 KPI 匹配的关键薪酬指标（Key Compensation Indicator，简称 KCI），并从内在直接、内在间接、外在直接、外在间接四个维度，通过双向沟通，设置组织、部门或团队、员工三个层面的全面薪酬 KCI 目标值，明确员工的关键薪酬目标。然后，通过四维关键绩效目标和四维关键薪酬目标的匹配平衡设置以及二者的有机衔接整合，即可构建基于 BSC－BCC－MBO 的战略性绩薪整合管理体系（董青等，2015：43），如图 7—3 所示。

### 三 设计高效的激励沟通渠道

实践中，管理者与员工双方在激励问题上经常处于一种信息不对称的状态。管理者无法完全避免从自己的视角和立场出发看待如何激励员工的局限，所以会习惯采取那些自认为有用的各种激励手段对员工实施激励，但并没有意识到员工受到激励后能否积极投入工作关键取决于员工如何看待这些激励对各种需求的满足程度以及各种满足感之间的平衡关系，也正因为如此，很多激励的效果并未达到预期；同时，员工很多情况下也并不清楚组织为什么会采取某种激励措施，也并没有明确地意识到自己实际的需求满足状态和各种满足状态之间形成的可以对个人起到平衡作用的互补替代与削弱抑制关系。因此，全面薪酬平衡激励的有效实施，必须建立在组织与员工双方充分沟通的基础之上，而从某种意义来看，良好的"激励沟通"本身就是一种有效的激励方式。

激励沟通的根本目的是，让管理者明确员工真实的需求盘子及权重结构，让员工明确组织实施的平衡激励的资源约束背景与现实针对意义，最大化地避免双方对彼此理解和认知的误区，同时管理者可以借助激励沟通引导和调整员工的内部认知系统，帮助员工达到认知平衡。访谈调查中的一个实例可以说明激励沟通在帮助员工达到认知平衡方面的重要意义。某事业单位一员工，由于他关心的一些需求没有被组织给予较好的满足，有些甚至到了他的最低期望水平，因此其全面薪酬平衡感知很低，出现了消极被动甚至是离职跳槽的倾向。然而，经与该员工深度沟通并帮助其客观梳理已经得到的较好回报后发现，他很关心的几个需求都得到了较好的满足，只是在没有沟通之前他并没有意识到需求已被较好满足这一事实。沟通后，该员工发自内心地意识到自己的确从单位得到了很多无形的回报与好处，比如他承认通过担任有挑战性的工作提高了业务能力和思想境界，还承认单位给他提供长时间深造但并未扣减任何薪酬待遇的机会，还承认自己的孩子在单位办的知名学校读书从而省去了很多付出与麻烦等。此时，该员工的全面薪酬平衡感知会因为其对这些事实的有意识觉察而明显提升。该员工显然是经与其他人的沟通或被他人强调，才觉察到自己关心的某些需求已经得到较好满足。可见，激励沟通不仅可以让员工客观认识自己的全面薪酬并帮助员工提高其全面薪酬平衡感知，还可以为管理者的平衡激励提供重要决策依据。

因此，组织应该建立高效的激励沟通渠道，管理者可以设计正式沟通渠道和非正式沟通渠道，支持员工通过各种适合的方式与管理者进行沟通。正式沟通渠道，即组织通过向全体员工下发关于激励的各种制度文件、召开专题工作会议或正式约谈等方式向员工传达并说明全面薪酬平衡激励的相关问题。非正式沟通渠道，即管理者以全面薪酬平衡激励相关制度为前提，根据具体情境，针对特定员工的激励失衡或无效现象所采取的灵活权变的沟通方式，或者可以邀请相关领域专家进入组织，与员工进行访谈沟通并帮助员工分析发现激励失衡或无效的原因。

### 四 建立制度层和权变层同步平衡的激励机制

从激励实践来看，员工激励包括制度激励和权变激励两个层面：制度激励，即组织针对全体员工建立总体激励政策与制度，对员工行为进行整体推动与约束，使员工个人行为与组织目标统一起来；权变激励，即管理者针对不同情境下的员工个体或团队，运用灵活适合的权变措施对员工进行激励，使员工朝着既定目标积极努力工作。组织可以通过本章构建的平衡激励实施框架和管理流程建立统一的平衡激励制度，但组织对员工激励的实际效果则是制度激励和权变激励共同作用的结果。激励制度一旦制定便是相对稳定的，但制度相对于层出不穷、性质各异的具体管理问题来说往往会出现不同程度的滞后，制度通常无法应对那些尚未出现的特殊管理问题，即便要修正或完善一项制度也需要一个较长期的"试错"过程。因此，面对千变万化的管理情境和层出不穷的管理问题，员工激励的实际效果往往取决于管理者能否在既定的激励政策和制度框架下，因时、因地、因人、因事采取适合有效的权变激励措施并进行动态平衡调整。在中国文化背景下，组织中管理者和员工的思想及行为方式都会表现出不同程度的阴阳平衡倾向，管理制度在特定情境下解决具体问题时也需要权变执行。实践中，员工会充分利用既定的激励制度追求个人回报及效用最大化，管理者应以既定激励制度为纲要，采取适合的权变激励措施及行为，以提高激励的效果。

因此，平衡激励应该建立制度激励层面和权变激励层面同步平衡的机制。一方面，组织要以平衡为导向设计面向全体员工的激励政策与制度并有效推行；另一方面，各级管理者要面对具体情境对员工做出权变激励决策并进行动态平衡调整。制度层面的平衡激励制度和权变层面的平衡激励权变相结合，才能有效提高并动态保持员工的全面薪酬平衡感知。平衡激励政策与制度的设计与推行，主要依靠组织对文化、经营战略、员工整体需求及其构成、外部市场环境及内部各种资源等重要因素的综合考虑和集体决策；权变激励层面平衡激励的实施则主要依靠管理者的个人领导力。虽然权变激励是管理者在既定的激励制度下面对特定情境展开的具体激励，但由于激励情境是千变万化的，所以管理者需要做出灵活适宜的激励决策及行为，否则即便是组织制定了理想的平衡激励制度，也会因为权变激励层面的决策和执行不当导致员工全面薪酬平衡感知低下。管理者在权变激励层面采取什么样的激励决策及行为，对员工全面薪酬平衡感知是至关重要的。

权变激励中，管理者不但要考虑采取何种具体措施或手段对员工实施激励，而且更重要的是及时动态掌握员工对激励的反馈及影响，并以此为依据对原有激励措施做出相应的动态平衡调整，即在总体平衡激励政策与制度指导下，根据实际激励情境，做出权变激励措施及动态平衡调整的决策，帮助员工提高并保持较高的全面薪酬平衡感知。诸多实践表明，管理者对员工的权变激励决策会涉及以下五个核心问题：第一，在什么时机、什么场合进行激励？第二，激励的落实及兑现应执行什么标准？第三，采用正面激励措施还是负面激励措施？第四，用什么具体方式或手段进行激励？第五，激励方式或手段运用的力度要多大才适合？由这五个核心问题可以看出，管理者在某种情境下的权变激励决策涉及五个核心要素，即时机、标准、倾向、手段、力度。这五个因素正是管理者进行权变层面员工平衡激励决策的出发点，也是管理者动态平衡调整权变激励措施的着力点。面对具体激励情境，管理者应从这五个因素进行系统分析并基于综合平衡考虑，选择或调整权变层面的平衡激励措施及行为。时机是指管理者应该在恰当的时间或场合，面对员工特定的行为表现和业绩成果进行激励；标准是指管理者对员工进行具体激励奖惩时所参照的标准，包括按既定规则对已有工作成果进行奖惩的标准和在当下制定的对未来工作成果进行激励的兑现标准；倾向是指管理者倾向于采取正面还是负面的形式进行激励，正面激励是运用正面奖励或表彰激发员工斗志，而负面激励则是通过运用负面惩罚或批评迫使问题员工积极起来，修正其态度与行为，也就是威胁激励；手段是指具体的激励方式，正面激励和负面激励各有多种具体的手段，激励措施可能包含一种手段或几种手段的组合；力度是指在某种情境下运用某种激励手段的力度或程度。管理者运用以上五个因素决策时，应做到互补协调，平衡五个因素之间的内在关系，以便在权变层面做出适合的平衡激励决策。

全面薪酬平衡激励的有效实施，需要组织制定全面平衡关注员工需求的激励制度，同时还需要管理者对员工进行平衡导向的权变激励。组织应该建立在制度层面和权变层面同步推行平衡激励的机制，尤其是在制定了合理的平衡激励制度后，还须关注那些在具体情境中实施平衡激励操作的管理者，让他们深刻领会组织的平衡导向文化、理解平衡激励制度，同时提升管理者的领导力，使制度激励层和权变激励层的同步平衡得到保障。

# 第八章

# 结论与展望

## 第一节 主要结论

本书在激励理论、全面薪酬理论、平衡计酬卡理论的基础之上，借助认知平衡理论和中国传统文化与哲学思想体系中的阴阳平衡思想，围绕组织员工个体平衡满足需求引发的全面薪酬平衡感知这一主题，从实践现象出发，运用多种研究方法，逐层深入地研究并回答了本书绪论中提出的五个研究问题。通过本书的研究，可以得出以下主要结论。

第一，组织中员工基于"平衡满足需求"会产生"全面薪酬平衡感知"。

人总是试图保持其个体内部认知系统的和谐与平衡。员工在组织中供职，不但有各种所关心的需求，而且还有一种隐含在各种需求背后的重要需求，即追求各种所关心的需求能够得到平衡满足的需求，以实现个体内部认知协调，这种需求就是"平衡满足需求"。基于"平衡满足需求"，个体会通过为组织供职而追求各种期望的回报，其内心也会对自己所获得或感知到的所有回报进行主观评价，这种评价既包括对自己关心的各种需求同步平衡满足程度的评价，也包括对各种需求满足感之间形成的积极互补和作用关系的评价。这两种评价交织在一起，使个体产生内部认知协调，进而在内心形成一个具有"中和之美"的"平衡态",即本书所研究的"全面薪酬平衡感知"概念。无论在哪类组织从事哪种工作的员工,面对组织给予的全面薪酬,都会产生全面薪酬平衡感知这一心理现象。

全面薪酬平衡感知的内涵可以界定为:员工在为组织供职的整个过程中,其内心感知到自己在全面薪酬的四个维度上,即货币收入、福利待遇、工作环境、工作价值与意义,得到的各种有形与无形回报能够同步协调地满足自己内在与外在需求的程度以及各种需求满足感之间所形成的积极互补与作用关系的一种心理平衡状态。全面薪酬平衡感知是建立在人固有的全面多元需求以及平衡满足需求基础之上的,平衡感知越高的人其内心越是处于和谐积极的状态。员工个体的全面薪酬平衡感知有程度高低之分,其评判标准是个体基于其自身价值观的主观认知与感受,且会随着内外部环境的变化而动态改变,对个体的工作态度及行为也会产生重要影响。由于组织中的全体员工同时受到组织实施的全面薪酬激励的影响,所以尽管不同员工的全面薪酬平衡感知有所差异,但在员工群体中也会基于整体的价值取向、共有的需求盘子、统一的激励策略以及员工之间的相互影响等因素,从而形成组织员工的整体性全面薪酬平衡感知。

第二,全面薪酬平衡感知的形成是一个复杂的多重心理比较过程。

员工个体全面薪酬平衡感知的形成会受到多种内外部情境因素的影响。员工在组织供职过程中,会将自己从组织得到或感知到的包含多种不同回报的全面薪酬激励套餐,与自己内心由多种所关心的需求构成的需求盘子进行对照评价。员工得到的激励套餐包括货币收入、福利待遇、工作环境、工作价值四类,而员工的需求则包括货币需求、福利需求、环境需求、价值需求以及平衡满足各种需求。对照与评价的认知过程包括将实际所得与期望对比和多元综合比较两个几乎同步进行的环节,实际所得与最低期望及理想期望之间的对比关系和内外部多元综合比较的结果,共同决定了个体是否感到自己所关心的各种需求都同步平衡地得到了较好的满足,这种感知到的平衡满足状态即"供需平衡感知"。

员工所关心的各种需求上的满足状态之间也会产生两种关系,一是互相弥补或替代的关系,二是积极的削弱或抑制的作用关系,个体对这两种关系的内部认知就构成了"关系平衡感知"。"关系平衡"可以理解为不同需求满足感之间积极的互补替代与削弱抑制关系,可能发生在任意两种或多种回报之间,有几种典型的情况,包括:个体在某种或某些关心的需求上没有得到较好的回报,但在其他需求上得到了较好的回报,此时后者弥补了前者的不足;个体在某种或某些关心的需求上没有得到回报,但在其他需求上得到了较好的回报,此时后者替代前者发挥了部分或全部功效;个体在某些需求上有过多欲望或处于失衡状态时,其他需求满足感的增强会对这种过于旺盛的需求或失衡的满足状态产生具有积极意义的削弱或抑制作用。

供需平衡感知和关系平衡感知之间也存在互相影响的关系,二者对全面薪酬平衡感知有交互作用。供需平衡感知和关系平衡感知会受到两个重要因素的影响,一是最低期望,二是需求满足觉察。如果某种需求上的实际所得低于个体对该需求的最低期望,且个体的这种需求在其需求盘子中的权重较大,那么这种需求上的供需平衡感知就非常低,即使是经过多元综合比较也不容易提高其供需平衡感知,同时其他需求即使得到了很好的满足,也不容易对其进行弥补或替代,此时关系平衡感知也会很低。另外,需求满足觉察如果很低,则会导致供需平衡感知和关系平衡感知都会降低,从而导致全面薪酬平衡感知也很低。

第三，全面薪酬平衡感知对个体态度及行为的作用受多种情境因素的影响。

全面薪酬平衡感知对个体受到全面薪酬激励后的态度及行为会产生直接影响，集中体现为个体努力意愿和离职倾向的变化，即是否愿意继续留在本组织并积极努力工作。如果不考虑其他情境因素的影响，当员工有较高的全面薪酬平衡感知时，其内心通常会处于一种和谐积极的状态，会表现出较高的工作积极性，努力意愿更强，离职倾向更低。然而，实际情况并非如此，拥有较高或较低全面薪酬平衡感知的员工，也会因其所处情境不同而表现出不同的态度及行为反应。

员工个体的全面薪酬平衡感知对其努力意愿的正向影响关系和对离职倾向的负向影响关系，会受到个人内在驱动、自我效能感、外部工作机会、第二职业回报四个重要因素的调节作用。个人内在驱动和自我效能感对这两种影响关系均起到正向调节作用，外部工作机会对这两种影响关系均起到负向调节作用。外部工作机会发挥调节作用的同时，也会对员工个体的全面薪酬平衡感知产生负向影响，外部工作机会的可能性与预期回报越大，这种负向影响就越大，从而会降低员工的全面薪酬平衡感知，那么此时外部工作机会的负向调节作用将随之变得更加明显和强烈。

第二职业回报对这两种影响关系的调节作用会因不同情境而有所差异：如果员工从事的第二职业与本职工作密切相关，此时第二职业回报对全面薪酬平衡感知与努力意愿之间的正向影响关系起负向调节作用，对全面薪酬平衡感知与离职倾向之间的负向影响关系起正向调节作用。这类第二职业回报对员工个体的全面薪酬平衡感知也有影响，但影响较小，某种程度上说，此时的第二职业回报反而成为一个调整并维持个体全面薪酬平衡感知的重要外部因素；如果员工从事的第二职业与本职工作无关，此时第二职业回报对个体全面薪酬平衡感知与努力意愿之间的正向影响关系起负向调节作用，对全面薪酬平衡感知与离职倾向之间的负向影响关系也起负向调节作用。这类第二职业回报对员工个体的全面薪酬平衡感知影响较大，如果个体比较第二职业和本职工作的"回报/付出"后认为本职工作公平性较低，那么个体的全面薪酬平衡感知就会降低，此时第二职业回报的负向调节作用也会更加明显。

第四，开发的量表工具可以有效测量组织员工的全面薪酬平衡感知水平。

本书针对全面薪酬平衡感知概念开发的量表，可以对组织中员工的全面薪酬平衡感知水平进行有效测量。该量表信度良好，总体量表的 $\alpha$ 系数为 0.926，内在供需平衡感知维度 $\alpha$ 系数为 0.882，外在供需平衡感知维度 $\alpha$ 系数为 0.811，关系平衡感知维度 $\alpha$ 系数为 0.875。该量表可以对员工的组织认同和额外努力意愿有正向的预测关系，对离职倾向有负向的预测关系。运用该量表时，让被测试者根据在本单位工作的实际情况和真实感受对量表题项所描述的事件或现象进行判断并打分，采用 Likert 5 点量表，1—5 分别代表从"非常不同意"到"非常同意"。根据被测试者对量表作答的总分和各维度得分来判断其全面薪酬平衡感知程度以及各维度平衡感知程度。量表共有 16 个测量题项，其中：内在供需平衡感知是指个体在工作价值及体验、工作氛围及其他非经济性或非物质性的各种需求上同步平衡得到满足的程度，包括 6 个测量题项；外在供需平衡感知维度是指个体在货币收入、福利及其他经济性或物质性的需求上同步平衡得到满足的程度，包括 4 个测量题项；关系平衡感知维度是指个体所关心的各种需求的满足状态或个体得到的各种回报之间产生积极的互补替代和削弱抑制作用关系的程度，包括 6 个测量题项。

第五，提高员工的全面薪酬平衡感知应实施全面薪酬平衡激励。

全面薪酬平衡激励即是组织管理者运用全面薪酬对员工进行平衡互补的组合激励以使员工达到和保持较高的全面薪酬平衡感知的系统管理过程及激励策略。全面薪酬平衡感知以全面薪酬平衡激励为前提和基础，全面薪酬平衡激励以全面薪酬平衡感知提升和维持为目标与评价标准。全面薪酬平衡激励的实施框架包括四个方面：一是组织在现有的战略、文化、资源及制度环境下，管理者根据员工全面多元的需求构成及权重情况，运用内在直接薪酬、内在间接薪酬、外在直接薪酬以及外在间接薪酬组合激励策略，设计适合的全面薪酬激励供给以满足员工的需求；二是员工受到来自组织的全面薪酬激励后会对照自己的全面多元需求进行满足程度的评价和对各种回报关系的内部认知平衡，管理者在这一过程中应通过有效沟通和权变管理引导和帮助员工进行正确的评价与认知平衡；三是组织通过文化变革和制度建设，逐步调整或改变员工的需求构成，使其与组织的战略目标更加契合；四是组织管理者需要根据员工需求构成和平衡感知的变化及其带来的影响，动态调整全面薪酬平衡激励策略。组织实施全面薪酬平衡激励追求的并不是绝对的"平衡"，而是达到正常可接受范围之内的相对平衡。

全面薪酬平衡激励是一个动态平衡的过程，组织实施全面薪酬平衡激励的一般化管理流程包括五个主要步骤，包括：测评员工全面薪酬平衡感知、分析员工全面多元需求构成、制定全面薪酬平衡激励决策、实施平衡激励与动态调整、评估平衡激励效果与意见反馈。同时，为了有效实施全面薪酬平衡激励，组织管理者需要建立平衡导向的组织文化、战略性绩薪整合管理体系、高效的激励沟通渠道、制度层和权变层同步平衡的激励机制等重要支撑条件。

## 第二节　研究贡献

本书既以推动理论发展为目的，同时也以服务管理实践为导向，研究贡献主要体现在理论和实践两个方面。本书的研究是对现有激励理论、全面薪酬理论以及平衡计酬卡理论解释组织中的员工激励现象及问题的有益补充和新的理论探索，在一定程度上拓展了理论视野和研究领域，同时也为实践中组织管理者解决常态化的激励失衡及无效问题提供了新的分析视角与应对思路。

本书研究的理论贡献集中体现在以下几个方面：

首先，明确组织中员工"平衡满足需求"的存在及其重要意义。本书在相关理论基础之上，将认知平衡理论和中国传统文化与哲学思想体系中的阴阳平衡思想，引入基于员工个体视角如何看待与评价组织给予的全面薪酬激励这一心理活动之中，明确员工除了有各种自己所关心的需求之外，还有一种平衡满足各种需求的需求，即希望自己所关心的各方面需求能够在为组织供职的整个过程中得到同步协调的平衡满足，本书将这种需求称为"平衡满足需求"。现有激励理论都是从人未满足的需求及相应的动机出发讨论如何给予人有效激励的问题，但并没有对平衡满足需求及其相应的现象给予明确合理的解释，"平衡满足需求"为组织员工激励问题的理论研究提供了新的线索。

其次，提出"全面薪酬平衡感知"这一新的概念。本书基于平衡满足需求，针对现实中典型激励现象进行反思和理论假设，并通过多组个案的对比分析得出相关结论，在此基础之上发现组织员工个体面对全面薪酬激励时会产生心理平衡感知，由此提炼出核心概念——全面薪酬平衡感知，并构建了概念模型。全面薪酬平衡感知是从个体对自己得到的各种不同回报之间关系的认知这一新的视角出发，分析、描述和研究组织中员工个体受到全面薪酬激励之后心理"平衡态"的一个概念。现有的激励理论、全面薪酬理论及平衡计酬卡理论，都没有涉及对这一概念相关现象及问题的研究，这一概念为全面薪酬和员工激励研究提供了新的方向，同时拓展和丰富了平衡计酬卡理论。

再次，揭示组织员工个体全面薪酬平衡感知的形成机理与作用机理。本书建构的全面薪酬平衡感知形成机理与作用机理模型，从"平衡"视角解释了组织中员工个体受到组织给予的全面薪酬激励后的心理平衡感知状态及其形成与变化过程，以及对个体工作态度及行为造成的影响，也解释了为什么员工得到了组织给予的全面薪酬激励而无法产生预期效果。形成机理与作用机理的揭示及理论模型的建构，有益于激励理论和全面薪酬理论对人的需求、动机、期望、满足、态度及行为更加充分的解释与分析；同时也是对平衡计酬卡理论在微观个体层面的平衡激励更深层次的理论解释与深化；而且也从全面薪酬平衡感知和平衡激励这一新的匹配视角，揭示了组织管理者的激励与员工态度及行为之间相互作用的机理。全面薪酬平衡感知的形成机理与作用机理的揭示与理论模型建构，不仅对深入理解全面薪酬平衡感知有重要理论价值，而且也丰富了对组织中员工工作态度及行为类后果变量的前因解释。

最后，开发的全面薪酬平衡感知量表，为今后研究这一概念与其他变量之间的因果关系提供了可靠有效的测量工具，同时，该量表的开发也为平衡计酬卡理论中四个维度薪酬的关键薪酬指标的设计提供了测量和分析的依据。

此外，在案例研究和扎根理论研究过程中，还发现了一些很有理论研究价值的新的概念，如需求的最低期望、多元综合比较、需求满足觉察、互补替代平衡、削弱抑制平衡等，这些新的概念可以为组织行为领域的相关质性研究和量化研究提供新的研究视角与假设方向。

反观现实，各类组织中常存在"激励无效或失衡"的现象，组织管理者常陷入无法对员工进行持续有效激励的困境中。一方面管理者想方设法提高激励效果，另一方面管理者却并不清楚激励无效或失衡的原因以及如何实施有效激励。具有全面多元需求的员工也常陷入工作不开心、报酬不满意、氛围不愉快、领导或同事关系不和谐、职位晋升不通畅等种种苦恼之中，一方面希望能够得到更多的经济或物质回报，另一方面也希望其他各种所关心的需求都能得到较好的满足。组织中普遍存在激励不充分不平衡的现象，而管理者与员工双方在激励问题上始终处在信息不对称的状态。管理者无法完全避免从自己的视角出发看待问题的局限，也没有意识到员工受到全面薪酬激励后能否积极投入工作关键取决于员工如何看待其得到的全面薪酬这一问题的重要性。本书正是从实践中被激励者的视角出发去分析员工对全面薪酬激励的心理平衡感知。

根据以上现实问题来看，本书研究的实践价值及管理建议主要体现为：

第一，呼吁实践中的组织管理者充分关注员工隐含的"平衡满足需求"，在实际激励工作中聚焦关注员工的"全面薪酬平衡感知"现象。理解全面薪酬平衡感知是什么、为何产生以及对员工有何重要影响，可以帮助组织管理者从员工平衡感知的角度发现员工积极性不足、努力意愿不够、离职率居高的重要原因。

第二，全面薪酬平衡感知的形成与作用机理，不仅有理论创新价值，而且还可以为实践中的组织管理者如何基于员工复杂心理变化给予员工适合有效的全面薪酬激励，提供重要决策依据。具体来说，可以帮助实践中的组织管理者了解员工全面薪酬平衡感知产生的原因和员工的心理变化过程，在管理中多关注这些原因，如管理者应该动态了解员工到底需要什么、哪些回报或激励可以弥补替代员工未较好满足的需求、哪些回报或激励反而会对员工的内在动机产生消极影响、员工对满足需求的觉察等，了解这些情况的目的是为了对激励制度和管理手段进行改进与优化。

第三，启发实践中的组织管理者，对员工的激励要用"全面薪酬平衡激励"的思维去考虑如何满足员工的"平衡满足需求"。管理者可以借助本书开发的量表工具，掌握员工全面薪酬平衡感知的真实状态及其原因，并以此作为激励决策的重要依据，全面平衡地运用货币报酬、福利待遇、工作环境、工作价值及体验等方面的各种回报对员工实施平衡激励，而不应该仅用传统单一的经济性或物质性手段，一味地进行以追求短期效果为目的的失衡激励，破解当前组织管理者常陷入的激励困局。组织管理者应该从员工视角和需求出发，分析判断员工对现行激励策略是否感到平衡，对员工的平衡感知进行评价，找到平衡感知缺失的真正原因，根据组织的实际情况，分析员工全面多元需求的整体构成，以平衡满足员工需求为导向，制定基于全面薪酬的平衡激励政策，并建立平衡激励管理系统。

第四，为组织管理者在实践中实施全面薪酬平衡激励，提供可以借鉴的实施框架与管理流程。本书提出的平衡激励实施框架和管理流程，是在实践调查和案例研究基础之上建立的，所以能够作为实践中管理者实施全面薪酬平衡激励的重要参照。管理者可以根据实施框架中的核心任务与管理流程中的关键步骤，结合组织的实际情况，制定全面薪酬平衡激励的实施方案和具体操作流程，以提升与保持员工较高的全面薪酬平衡感知。

第五，建议管理者培育平衡导向的组织文化、构建战略性绩薪整合管理体系、设计高效的激励沟通渠道、建立制度层面与权变层面同步平衡的激励机制等，为有效实施全面薪酬平衡激励提供重要的支撑条件。通过培育平衡导向的组织文化与管理制度，逐步调整并改变员工和管理者对职业回报的认知与需求构成,使其与组织的战略发展更加契合;通过构建战略性绩薪整合管理体系,建立与平衡激励管理系统相匹配的平衡绩效管理系统,使员工激励与绩效管理实现同步平衡,发挥协同作用;通过设计高效的激励沟通渠道并开展关于平衡感知与平衡激励的有效沟通,引导和帮助员工对各种激励回报进行平衡导向的认知与评价,尤其是对那些内在无形激励回报价值的认知与评价;通过在制度激励层面设计平衡激励制度、在权变激励层面提升管理者的平衡导向领导力,使员工的全面多元需求得以更加充分与平衡的满足,有效提高并保持员工的工作积极性和创造性,同时使员工拥有更好的获得感和幸福感。

## 第三节　未来展望

本书围绕全面薪酬平衡感知的概念、形成机理、作用机理进行了理论探索与建构,并基于理论建构开发了全面薪酬平衡感知量表,全面系统阐述了组织中员工个体的全面薪酬平衡感知是什么、如何形成、如何产生作用、如何测量以及以提高平衡感知为导向的平衡激励如何实施等重要问题。随着现实中员工和管理者越来越意识到全面薪酬平衡感知与平衡激励对组织管理日益凸显的重要性,理论研究者也将会逐渐聚焦于这一研究主题,关注从被激励者心理平衡视角出发研究员工激励的平衡性问题。本书的研究是关于员工全面薪酬平衡感知和组织全面薪酬平衡激励的初步理论探索,未来仍有继续探索和研究的重要理论价值与现实意义。

未来相关实证研究,可以从以下几个方面展开:首先,本书建构了全面薪酬平衡感知的概念模型、形成机理模型、作用机理模型,这些理论模型中包含了多种变量之间的因果关系,同时还涉及一些重要的中介变量与调节变量,未来研究可以运用这些变量的量表工具收集适合的数据，对理论模型中的各种因果关系、中介效应、调节效应等进行实证分析，也可以挖掘更多的相关变量并建立与模型中关键变量之间的假设关系，开展有价值的实证研究；其次，运用本书开发的全面薪酬平衡感知量表，进行相关的实证研究，探讨全面薪酬平衡感知与各种前因变量和其他后果变量之间的因果关系，探讨全面薪酬平衡感知作为中介变量或调节变量如何影响其他变量之间因果关系的问题；最后，针对在案例研究和扎根理论研究过程中发现的一些新的重要概念，例如需求的最低期望、多元综合比较、需求满足觉察、互补替代平衡、削弱抑制平衡等，开发相应的测量量表并进行信度与效度检验，利用这些新的概念及其测量量表，开展这些概念与其他变量之间关系的实证研究。

未来相关质性研究，可以从以下几个方面展开：第一，继续在实践中寻找不同于本书中典型激励现象的其他激励现象及问题，仍然从员工平衡感知视角出发，运用适合的质性研究方法，选取典型个案并运用多种方式收集不同来源的丰富数据资料，展开新的理论探索与建构，并与本书建构的全面薪酬平衡感知理论进行对比，对相关问题进行拓展性研究，持续完善和发展全面薪酬平衡感知理论；第二，本书研究发现了员工全面薪酬平衡感知作用机理的四种主要情境影响因素，未来可以继续在组织激励实践中深入观察和访谈，从更多行业领域、更多类型的组织中发现是否存在关于员工全面薪酬平衡感知作用机理的新的情境影响因素并展开深入研究；第三，本书在扎根理论研究中主要分析了员工个体的需求盘子及特性，未来可以进一步探索组织中员工群体的需求盘子及整体特性，进而可以研究员工群体的全面薪酬平衡感知如何理解、如何形成、如何对群体行为产生影响以及如何测量等问题；第四，针对本书提出的全面薪酬平衡激励概念，可以进一步运用适合的质性研究方法对不同行业、不同类型的组织进行研究，对全面薪酬平衡激励实施框架和管理流程进行情境化的应用研究，探讨在不同情境下管理者如何权变运用框架和管理流程分析解决组织管理实践中的激励问题；第五，围绕全面薪酬平衡激励有效实施的支撑条件，针对某类或特定组织展开适合的案例研究，例如，如何培育符合自身特点的平衡导向的组织文化、如何将全面薪酬平衡激励管理系统与基于平衡计分卡的员工绩效管理系统有机整合、如何建立高效的全面薪酬平衡激励沟通渠道、如何在制度层面建立全面薪酬平衡激励制度、如何在权变层面提升管理者平衡导向的领导力等。

# 参考文献

冯友兰:《中国哲学简史》,涂又光译,北京大学出版社2013年版。

[加] 亨利·明茨伯格:《管理工作的本质》,方海萍等译,浙江人民出版社2017年版。

[美] 安塞尔姆·L.施特劳斯、朱丽叶·M.科宾:《质性研究概论》,徐宗国译,巨流图书有限公司1997年版。

[美] 巴尼·G.格拉泽:《扎根理论研究概论:自然呈现与生硬促成》,费小冬译,(美国) 社会学出版社2009年版。

[美] 彼得·德鲁克:《管理的实践》,齐若兰译,机械工业出版社2009年版。

[美] 凯瑟琳·马歇尔、格雷琴·B.罗斯曼:《设计质性研究:有效研究计划的全程指导》(第5版),何江穗译,重庆大学出版社2015年版。

[美] 劳埃德·拜厄斯、莱斯利·鲁:《人力资源管理》(第七版),李业昆等译,人民邮电出版社2005年版。

[美] 利昂·费斯汀格:《认知失调理论》,郑全全译,浙江教育出版社1999年版。

[美] 罗伯特·F.德威利斯:《量表编制:理论与应用》(第3版),席仲恩、杜珏译,重庆大学出版社2016年版。

[美] 罗伯特·K.殷:《案例研究方法的应用》(第3版),周海

涛、夏欢译，重庆大学出版社 2014 年版。

［美］罗伯特·K. 殷：《案例研究：设计与方法》（原书第 5 版），周海涛、史少杰译，重庆大学出版社 2017 年版。

［美］迈尔斯、休伯曼：《质性资料的分析：方法与实践》（第 2 版），张芬芬译，重庆大学出版社 2008 年版。

［美］乔治·T. 米尔科维奇、杰里·M. 纽曼：《薪酬管理》（第六版），董克用等译，中国人民大学出版社 2002 年版。

［美］泰勒、佩普劳、希尔斯：《社会心理学》（第十版），谢晓非等译，北京大学出版社 2004 年版。

［美］约瑟夫·J. 马尔托奇奥：《战略薪酬管理》，杨东涛、钱峰译，中国人民大学出版社 2010 年版。

［美］朱丽叶·M. 科宾、安塞尔姆·L. 施特劳斯：《质性研究的基础：形成扎根理论的程序与方法》（第 3 版），朱光明译，重庆大学出版社 2015 年版。

［英］凯西·卡麦兹：《建构扎根理论：质性研究实践指南》，边国英译，陈向明校，重庆大学出版社 2009 年版。

［英］约翰·E. 特鲁普曼：《薪酬方案：如何制定员工激励机制》，胡零、刘智勇译，上海交通大学出版社 2002 年版。


陈国权：《组织行为学》，清华大学出版社 2006 年版。

陈向明：《质的研究方法与社会科学研究》，教育科学出版社 2000 年版。

陈向明：《质性研究：反思与评价》，重庆大学出版社 2008 年版。

陈晓萍、徐淑、樊景立：《组织与管理研究的实证方法》（第二版），北京大学出版社 2012 年版。

陈晓萍、徐淑英、樊景立：《组织与管理研究的实证方法》，北京大学出版社 2008 年版。

邓铁涛、欧明：《伤寒论集要》，广东科技出版社1985年版。

黄希庭：《简明心理学辞典》，安徽人民出版社2004年版。

乐国安、管健：《社会心理学》（第2版），中国人民大学出版社2013年版。

李宝元：《平衡计酬卡：超越BSC的战略管理新工具》，中信出版社2015年版。

李宝元、王文周、焦豪：《绩效薪酬整合管理》，清华大学出版社2014年版。

李宝元：《薪酬管理：原理·方法·实践》，清华大学出版社、北京交通大学出版社2009年版。

李宝元、于然、李静：《现代人力资源管理学》，北京师范大学出版社2011年版。

李怀祖：《管理研究方法论》，西安交通大学出版社2000年版。

林崇德、杨治良、黄希庭：《心理学大辞典》（上卷），上海教育出版社2003年版。

刘军：《管理研究方法原理与应用》，中国人民大学出版社2008年版。

刘昕：《薪酬管理》（第5版），中国人民大学出版社2017年版。

潘慧玲：《教育研究的取经：概念与应用》，华东师范大学出版社2005年版。

吴明隆：《问卷统计分析实务——SPSS操作与应用》，重庆大学出版社2010年版。

徐淑英、刘忠明：《中国企业管理的前沿研究》，北京大学出版社2004年版。

白凯、倪如臣、白丹：《旅游管理专业的学科认同：量表开发与维度测量》，《旅游学刊》2012年第27卷第5期。

陈红、刘东霞:《资源型企业低碳创新行为驱动研究——基于涉煤企业的多案例扎根分析》,《软科学》2018年第32卷第8期。

陈晶瑛:《制造业员工的薪酬满意度实证研究》,《管理世界》2010年第1期。

陈琳、李珍珍:《内在激励问题述评》,《经济学家》2009年第7期。

成琼、曹兴:《研究型大学教师全面薪酬激励效应的实证研究》,《系统工程》2009年第27卷第11期。

成琼文:《高校教师薪酬激励效应研究——以研究型大学的中青年教师为例》,博士学位论文,中南大学,2010年。

成琼文、李小、邓建:《研究型大学教师全面薪酬激励要素研究》,《科技进步与对策》2009年第26卷第24期。

崔维军、王丽娜、陈凤:《基于全面薪酬视角的科技人员薪酬激励路径研究》,《科技管理研究》2015年第4期。

董青、李宝元、仇勇、张静:《企业绩薪整合管理体系及运作流程设计——基于BSC、BCC、MBO的综合分析》,《中国人力资源开发》2015年第16期。

范培华、高丽、侯明君:《扎根理论在中国本土管理研究中的运用现状与展望》,《管理学报》2017年第14卷第9期。

高友民:《多元化战略的薪酬管理及其契合与协同机制研究》,博士学位论文,天津大学,2012年。

耿梅娟、石金涛:《基于质性研究的胜任特征量表开发》,《上海管理科学》2011年第33卷第4期。

顾琴轩、朱勤华:《可口可乐中国公司的薪酬制度变化及其启示》,《管理现代化》2003年第5期。

何地、郭燕青:《传统制造型企业互联网转型的驱动机理——基于扎根理论的探索》,《企业经济》2018年第9期。

贺伟、龙立荣：《内外在薪酬组合激励模型研究》，《管理评论》2011年第23卷第9期。

贺伟、龙立荣：《薪酬满意度的维度及其作用研究评述》，《软科学》2009年第23卷第11期。

胡江霞：《人民美好生活"心理平衡感"的缺失与满足》，《人民论坛》2018年5月下。

黄顺春：《非货币性薪酬若干问题探讨》，《企业经济》2007年第11期。

黄志坚：《动漫人才全面报酬、敬业度和绩效之间的作用关系》，《科技管理研究》2013年第3卷第4期。

黄志坚：《全面报酬、敬业度和绩效的作用关系研究：基于动漫技能人才的实证》，博士学位论文，武汉大学，2010年。

姜金秋、杜屏：《内外在薪酬对中小学教师的激励效应研究》，《上海教育科研》2014年第4期。

蒋胜永：《现代薪酬管理模式的选择与应用》，《企业经济》2008年第2期。

景怀斌：《扎根理论编码的"理论鸿沟"及"类故理"跨越》，《武汉大学学报》（哲学社会科学版）2017年第70卷第6期。

柯闻秀、黄健柏：《人性假设：人力资源管理思想的哲学基础》，《求索》2012年第2期。

李宝元：《关于"平衡计酬卡"的构想——基于战略性广义薪酬整合激励的综合平衡设计》，《中国人力资源开发》2011年第3期。

李宝元、王文周：《从平衡计分卡到平衡计酬卡——现代组织人力资源战略性激励焦点整合管理框架》，《中国人力资源开发》2013年第17期。

李宝元、王文周、王明华、田雅琳：《中国企业如何打造"战略中心型组织"——基于青啤BSC导入实践的案例研究》，《中国人力资源开发》2013年第21期。

李宝元：《现代组织薪酬管理演化的历史脉络及前沿走势——基于历史与逻辑相统一的文献梳理及理论透视》，《财经问题研究》2012年第7期。

李大元、陈应龙：《东方人性假设及中国管理流派初探》，《经济管理》2006年第17期。

李芳：《全面薪酬的"立体锥结构"构成》，《中国人力资源开发》2005年第8期。

李海红、刘永安：《高科技企业研发人员全面薪酬战略研究》，《科技管理研究》2010年第30卷第24期。

李焕荣、周建涛：《基于全面薪酬战略的我国知识型员工激励问题研究》，《科技管理研究》2008年第28卷第9期。

李坦英、王素珍：《我国中小企业高层管理者薪酬激励探析》，《企业经济》2010年第5期。

李卫东、刘洪、陶厚永：《企业研发人员工作激励研究述评》，《外国经济与管理》2008年第30期。

李文博：《集群情景下大学衍生企业创业行为的关键影响因素——基于扎根理论的探索性研究》，《科学学研究》2013年第31卷第1期。

李宇、王佳、毛培培：《面向产业创新升级的企业规模质量：概念界定、量表开发及检验》，《科研管理》2018年第39卷第8期。

刘爱东：《全面薪酬体系初探》，《中国人力资源开发》2004年第3期。

刘刚、吕文静、雷云：《现代企业管理中阴阳学说新述》，《北京工商大学学报》（社会科学版）2014年第29卷第6期。

刘丽虹、张积家：《动机的自我决定理论及其应用》，《华南师范大学学报》（社会科学版）2010年第4期。

刘昕：《从薪酬福利到工作体验——以 IBM 等知名企业的薪酬管理为例》，《中国人力资源开发》2005 年第 6 期。

刘战、解学文：《综合人假设：人性假设理论的新阶段》，《东岳论丛》2015 年第 36 卷第 3 期。

吕力：《归纳逻辑在管理案例研究中的应用：以 AMJ 年度最佳论文为例》，《南开管理评论》2014 年第 17 卷第 1 期。

罗兴武、刘洋、项国鹏、宁鹏：《中国转型经济情境下的商业模式创新：主题设计与量表开发》，《外国经济与管理》2018 年第 40 卷第 1 期。

罗燕：《基于 RS-ANN 模型的酒店知识型员工绩效评估及激励研究》，博士学位论文，天津大学，2009 年。

毛基业、李高勇：《案例研究的"术"与"道"的反思——中国企业管理案例与质性研究论坛（2013）综述》，《管理世界》2014 年第 2 期。

毛基业、张霞：《案例研究方法的规范性及现状评估——中国企业管理案例论坛（2007）综述》，《管理世界》2008 年第 4 期。

孟万金：《心理平衡：积极心理健康教育的心理健康观新解》，《中国德育》2014 年第 20 期。

潘煜、高丽、张星、万岩：《中国文化背景下的消费者价值观研究——量表开发与比较》，《管理世界》2014 年第 4 期。

彭伟、于小进、郑庆龄、祝振铎：《资源拼凑、组织合法性与社会创业企业成长——基于扎根理论的多案例研究》，《外国经济与管理》2018 年第 40 卷第 12 期。

彭伟、于小进、朱晴雯：《中国情境下包容型领导量表开发与验证》，《科技进步与对策》2017 年第 34 卷第 10 期。

邵建平、单文婷、司侠青：《企业员工加薪价值观量表开发研究》，《管理学报》2017 年第 14 卷第 9 期。

宋培林：《基于不同人性假设的管理理论演进》，《经济管理》2006年第11期。

苏郁锋、吴能全、周翔：《制度视角的创业过程模型——基于扎根理论的多案例研究》，《南开管理评论》2017年第20卷第1期。

孙健、韩峰：《海信技术人员的全面薪酬体系》，《中国人才》2007年第15期。

孙丽：《"理性经济人"假设基于儒家思想的扩展——中国经济学人性行为假设初探》，《经济理论与政策研究》2013年第12期。

所静、李祥飞、张再生、肖凤翔：《工作年限对知识型员工组织承诺的影响作用研究——基于内外在薪酬的调节作用》，《西安交通大学学报》（社会科学版）2013年第33卷第2期。

谭安洛：《全面薪酬理论与员工激励的有效模式》，《求实》2009年第S1期。

谭春平、景颖、王烨：《员工的随和性会降低全面薪酬水平吗？——来自中国文化与组织情境下的实证检验》，《上海财经大学学报》2018年第20卷第4期。

谭爽、李晖：《"中国式"邻避冲突如何由"破"到"立"？——基于多案例的扎根研究》，《中国地质大学学报》（社会科学版）2018年第18卷第4期。

谭亚伟：《企业员工全面薪酬要素组合模式实证研究》，《湖南科技大学学报》（社会科学版）2011年第14卷第4期。

童忠民：《城市商业银行薪酬激励方案的设计思路》，《中国人力资源开发》2013年第13期。

王弘钰、崔智淞：《中国情景下员工建设性越轨行为量表开发与验证》，《科技进步与对策》2018年第35卷第15期。

王吉鹏：《薪酬发放的艺术》，《企业管理》2014年第1期。

王建明、王俊豪：《公众低碳消费模式的影响因素模型与政府管制政策——基于扎根理论的一个探索性研究》，《管理世界》2011年第4期。

王念祖：《扎根理论三阶段编码对主题词提取的应用研究》，《图书馆杂志》2018年第37卷第5期。

王平换、王瑛：《全面报酬体系模型的改进及其启示》，《商业时代》2007年第10期。

王玉珍：《利他行为的"道德人"分析》，《当代经济研究》2003年第12期。

翁清雄、胡啸天、陈银龄：《职业妥协研究：量表开发及对职业承诺与工作倦怠的预测作用》，《管理世界》2018年第4期。

翁银陶：《论孔子的心理平衡法》，《福建师范大学学报》（哲学社会科学版）1993年第3期。

吴刚：《工作场所中基于项目行动学习的理论模型研究——扎根理论方法的应用》，博士学位论文，华东师范大学，2013年。

吴喜雁：《弹性薪酬制度影响员工工作表现实证研究》，《商业研究》2011年第7期。

吴毅、吴刚、马颂歌：《扎根理论的起源、流派与应用方法述评——基于工作场所学习的案例分析》，《远程教育杂志》2016年第35卷第3期。

吴志平、陈福添：《中国文化情境下团队心理安全气氛的量表开发》，《管理学报》2011年第8卷第1期。

邢赛鹏、赵琛徽、张扬、刘丹：《全面薪酬激励如何驱动企业人力资本价值提升？——基于国家电网湖北电力公司的案例研究》，《中国人力资源开发》2017年第11期。

徐伟、王新新、刘伟：《老字号真实性的概念、维度及特征感知——基于扎根理论的质性研究》，《财经论丛》2015年第11期。

薛俊峰：《浅析企业管理中的全面薪酬体系》，《人口与经济》2009

年第 S1 期。

薛琴：《全面薪酬理论及其对企业员工激励的启示》，《企业经济》2007 年第 8 期。

杨菊兰、杨俊青：《员工整体薪酬感知结构化及其对组织认同的影响——来自双因素理论的解释》，《经济管理》2015 年第 37 卷第 11 期。

杨冉冉、龙如银：《基于扎根理论的城市居民绿色出行行为影响因素理论模型探讨》，《武汉大学学报》（哲学社会科学版）2014 年第 67 卷第 5 期。

杨玉梅、李梦薇、熊通成、宋洪峰：《北京市事业单位人员总报酬对工作满意度的影响——薪酬公平感的中介作用》，《北京行政学院学报》2017 年第 1 期。

姚凯：《自我效能感研究综述——组织行为学发展的新趋势》，《管理学报》2008 年第 5 卷第 3 期。

姚延波、张丹、何蕾：《旅游企业诚信概念及其结构维度——基于扎根理论的探索性研究》，《南开管理评论》2014 年第 17 卷第 1 期。

于海波、郑晓明：《薪酬满意度的测量、影响因素和作用》，《科学管理研究》2008 年第 26 卷第 1 期。

曾湘泉、周禹：《薪酬激励与创新行为关系的实证研究》，《中国人民大学学报》2008 年第 22 卷第 5 期。

占南：《科研人员个人学术信息管理行为研究》，博士学位论文，武汉大学，2015 年。

张健、张再生、赵丽华：《基于全面薪酬的科技工作者激励组合优化研究》，《软科学》2010 年第 24 卷第 12 期。

张康洁、蒋辉、张怀英：《基于扎根理论的网购消费行为影响机制研究——以唯品会网站评论为例》，《企业经济》2017 年第

12 期。

张灵聪：《自我控制的一种机制——平衡需求》，《漳州师范学院学报》（哲学社会科学版）2001 年第 2 期。

张廷君：《科技工作者三维绩效系统激励机制研究》，博士学位论文，天津大学，2010 年。

张廷君、张再生：《科研员工忠诚度二维模型及其影响因素实证分析》，《中国科技论坛》2010 年第 12 期。

张廷君：《职业驱力、全面薪酬满意度对科研绩效的激励路径》，《理论与现代化》2014 年第 4 期。

张正堂、刁婧文、丁明智：《领导者非权变惩罚行为、组织政治知觉与员工额外努力意愿的关系——情感信任的调节效应》，《华南师范大学学报》（社会科学版）2017 年第 2 期。

赵斌、栾虹、李新建、毕小青、魏津瑜：《科技人员主动创新行为：概念界定与量表开发》，《科学学研究》2014 年第 32 卷第 1 期。

赵燕梅、张正堂、刘宁、丁明智：《自我决定理论的新发展述评》，《管理学报》2016 年第 13 卷第 7 期。

郑烨、吴建南：《政府支持行为何以促进中小企业创新绩效？——一项基于扎根理论的多案例研究》，《科学学与科学技术管理》2017 年第 38 卷第 10 期。

周生辉、周轩：《基于中医阴阳平衡法破解管理理论或策略对立问题的案例分析》，《管理学报》2018 年第 15 卷第 4 期。

周文斌、张萍、蒋明雅：《中国企业新生代员工的敬业度研究——基于薪酬满意度视角》，《经济管理》2013 年第 35 卷第 10 期。

周文辉：《知识服务、价值共创与创新绩效——基于扎根理论的多案例研究》，《科学学研究》2015 年第 33 卷第 4 期。

朱德友：《高校教师激励机制研究》，博士学位论文，武汉大学，2010 年。

朱菲菲、杜屏：《中小学教师流动意向的实证探析：基于全面薪酬理论视角》，《教育学报》2016年第12卷第2期。

Adams, J. S., 1965, "Inequity in Social Exchange. In Berkowitz, L. (Ed.)", *Advances in Experimental Social Psychology*, Vol. 2.

Agar, M. H., 1986, *Speaking of Ethnography*, Beverly Hills and CA: SAGE.

Alderfer, C. P., 1969, "An Empirical Test of a New Theory of Human Needs", *Organizational Behavior and Human Performance*, Vol. 4, No. 2.

Ambos, T. C., and Birkinshaw, J., 2010, "How Do New Ventures Evolve? An Inductive Study of Archetype Changes in Science-based Ventures", *Organization Science*, Vol. 21, No. 6.

Ambrose, M. L., and Kulik, C. T., 1999, "Old Friends, New Faces: Motivation Research in the 1990s", *Journal of Management*, Vol. 25, No. 3.

Bagozzi, R. P., 1981, "Evaluating Structural Equation Models with Unobservable Variables and Measurement Error: A Comment", *Journal of Marketing Research*, Vol. 18, No. 3.

Bandura, A., 1986, *Social Foundation of Thought and Action: A Social Cognitive Theory*, Upper Saddle River and NJ: Prentice Hall.

Binnewies, C. and Wörnlein, S. C., 2011, "What Makes a Creative Day? A Diary Study on the Interplay Between Affect, Job Stressors, and Job Control", *Journal of Organizational Behavior*, Vol. 32, No. 4.

Bhave, D. P., and Glomb, T. M., 2016, "The Role of Occupational Emotional Labor Requirements on the Surface Acting-job Satisfaction

Relationship", *Journal of Management*, Vol. 42, No. 3.

Black, A., 2007, "Total Rewards", *Benefits and Compensation Digest*, Vol. 44, No. 11.

Campbell, D. T., 1969, "Reforms as Experiments", *American Psychologist*, Vol. 24, No. 4.

Cerasoli, C. P., Nicklin, J. M., and Ford, M. T., 2014, "Intrinsic Motivation and Extrinsic Incentives Jointly Predict Performance: A 40-Year Meta-analysis", *Psychological Bulletin*, Vol. 140, No. 4.

Charmaz, K., 2006, *Constructing Grounded Theory: A Practical Guide Through Qualitative Analysis*, London: SAGE.

Chen, C. C., Ford, C. M., and Farris, G. F., 1999, "Do Rewards Benefit the Organization? The Effects of Reward Types and the Perceptions of Diverse R&D Professionals", *IEEE Transactions on Engineering Management*, Vol. 46, No. 1.

Churchill, G. A., 1979, "A Paradigm for Developing Better Measures of Marketing Constructs", *Journal of Marketing Research*, Vol. 16, No. 1.

Colquitt J. A., 2001, "On the Dimensionality of Organizational Justice: A Construct Validation of a Measure", *Journal of Applied Psychology*, Vol. 86, No. 3.

Corbin, J. M., and Strauss, A. L., 2008, *Basics of Qualitative Research: Techniques and Procedures for Developing Grounded Theory* (3rd ed.), London: SAGE.

Corbin, J. M., and Strauss, A. L., 2014, *Basics of Grounded Theory: Techniques and Procedures for Developing Grounded Theory* (4th ed.), Thousand Oaks: SAGE.

Deci, E. L., 1972, "The Effects of Contingent and Noncontingent Rewards and Controls on Intrinsic Motivation", *Organizational Behavior and Human Performance*, Vol. 8, No. 2.

Deci, E. L., and Ryan, R. M., 2000, "The 'What' and 'Why' of Goal Pursuits: Human Needs and the Self-determination of Behavior", *Psychological Inquiry*, Vol. 11, No. 4.

Diesing, P., 1971, *Patterns of Discovery in the Social Sciences*, Chicago: Aldine Atherton.

Dulebohn, J. H., and Werling, S. E., 2007, "Compensation Research Past, Present, and Future", *Human Resource Management Review*, Vol. 17, No. 2.

Eisenberger, R., 1992, "Learned Industriousness", *Psychological Review*, Vol. 99, No. 2.

Eisenhardt, K. M., 1989, "Building Theories from Cases Study Research", *Academy of Management Review*, Vol. 14, No. 4.

Eisenhardt, K. M., 1991, "Better Stories and Better Constructs: The Case for Rigor and Comparative Logic", *Academy of Management Review*, Vol. 16, No. 3.

Eisenhardt, K. M., and Graebner, M. E., 2007, "Theory Building from Cases: Opportunities and Challenges", *Academy of Management Review*, Vol. 50, No. 1.

Farh, J. L., Tsui, A. S., Xin, K., and Cheng, B. S., 1998, "The Influence of Relational Demography and Guanxi: The Chinese Case", *Organization Science*, Vol. 9, No. 4.

Festinger, L., 1957, *A Theory of Cognitive Dissonance*, Stanford, CA: Stanford University Press.

Festinger, L., and Carlsmith, J. M., 1959, "Cognitive Consequences of Forced Compliance", *The Journal of Abnormal and Social*

*Psychology*, Vol. 58, No. 2.

Fong, S., and Shaffer, M., 2003, "The Dimensionality and Determinants of Pay Satisfaction: A Cross-cultural Investigation of a Group Incentive Plan", *The International Journal of Human Resource Management*, Vol. 14, No. 4.

Gagné, M., and Deci, E. L., 2005, "Self-determination Theory and Work Motivation", *Journal of Organizational Behavior*, Vol. 26, No. 4.

García, M. F., Posthuma, R. A., Mumford, T., and Quiñones, M., 2009, "The Five Dimensions of Pay Satisfaction in a Maquiladora Plant in Mexico", *Applied Psychology*, Vol. 58, No. 4.

Gerhart, B., and Milkovich, G. T., 1993, *Employee Compensation: Research and Practice*, Handbook of Industrial and Organizational Psychology.

Giancola, F. L., 2009, "Is Total Reward a Passing Fad?", *Compensation and Benefits Review*, Vol. 41, No. 4.

Gist, M. E., and Mitchell, T. B., 1992, "Self-efficacy: A Theoretical Analysis of its Determinants and Malleability", *Academy of Management Review*, Vol. 17, No. 2.

Glaser, B. and Holton, J., 2007, *The Grounded Theory Seminar Reader*, Mill Valley: Sociology Press.

Glaser, B. G., and Strauss, A. L., 1967, *The Discovery of Grounded Theory: Strategies for Qualitative Research*, Chicago: Aldine Publishing Company.

Grant, A. M., 2008, "The Significance of Task Significance: Job Performance Effects, Relational Mechanisms, and Boundary Conditions", *Journal of Applied Psychology*, Vol. 93, No. 1.

Grant, A. M., and Shin, J., 2012, "Work Motivation: Directing, Energizing, and Maintaining Effort (and Research)", Ryan, R. M.: *The Oxford Handbook of Human Motivation*, Oxford University Press.

Gross, S. E., and Friedman, H. M., 2004, "Creating an Effective Total Reward Strategy: Holistic Approach Better Supports Business Success", *Benefits Quarterly*, Vol. 20, No. 3.

Guba, E. G., 1981, "Criteria for Assessing the Trustworthiness of Naturalistic Inquiries", *ECTJ*, Vol. 29, No. 2.

Hair, J. F., Black, W. C., Babin, B. J., and Anderson, R. E., 2009, *Multivariate Data Analysis (7th Edition)*, New Jersey: Prentice Hall.

Hammersley, M., 1992, "What's Wrong with Ethnography?", *College Composition and Communication*, Vol. 19, No. 6.

Hansen, D. T., 1992, *Qualitative Inquiry in Education: The Continuing Debate*, New York: Teachers College Record and Columbia University.

Harder, J. W., 1991, "Equity Theory Versus Expectancy Theory: The Case of Major League Baseball Free Agents", *Journal of Applied Psychology*, Vol. 76, No. 3.

Haynes, S. N., Richard, D. C. S., and Kubany, E. S., 1995, "Content Validity in Psychological Assessment: A Functional Approach to Concepts and Methods", *Psychological Assessment*, Vol. 7, No. 3.

Heneman, H. G., and Schwab, D. P., 1985, "Pay Satisfaction: Its Multidimensional Nature and Measurement", *International Journal of Psychology*, Vol. 20, No. 1.

Hinkin, T. R., 1995, "A Review of Scale Development Practices in the Study of Organizations", *Journal of Management*, Vol. 21, No. 5.

Hinkin, T. R., 1998, "A Brief Tutorial on the Development of Measures for Use in Survey Questionnaires", *Organizational Research Methods*, Vol. 1, No. 1.

Hinkin, T. R., 2005, "Scale Development Principles and Practices", *Research in Organizations: Foundations and Methods of Inquiry* (Chapter 10), San Francisco: Berrett-Koehler Publishers.

Hinojosa, A. S., Gardner, W. L., Walker, H. J., Cogliser, C., and Gullifor, D., 2017, "A Review of Cognitive Dissonance Theory in Management Research: Opportunities for Further Development", *Journal of Management*, Vol. 43, No. 1.

Hulkko-Nyman, K. H., Sarti, D., Hakonen, A., and Sweins, C., 2012, "Total Rewards Perceptions and Work Engagement in Eldercare Organizations: Findings from Finland and Italy", *International Studies of Management and Organization*, Vol. 42, No. 1.

Huseman, R. C., Hatfield, J. D., and Miles, E. W., 1987, "A New Perspective on Equity Theory: The Equity Sensitivity Construct", *Academy of Management Review*, Vol. 12, No. 2.

Judge, T. A., 1993, "Validity of the Dimensions of the Pay Satisfaction Questionnaire: Evidence of Differential Prediction", *Personnel Psychology*, Vol. 46, No. 2.

Kanfer, R., 1990, *Motivation Theory and Industrial and Organizational Psychology*, Handbook of Industrial and Organizational Psychology (Vol. 1), Consulting Psychologists Press.

Kanfer, R., and Chen, G., 2016, *Motivation in Organizational Be-*

havior: History, Advances and Prospects, *Organizational Behavior and Human Decision Processes*.

Kanfer, R., Frese, M., and Johnson, R. E., 2017, "Motivation Related to Work: A Century of Progress", *Journal of Applied Psychology*, Vol. 102, No. 3.

Kaplan, R. S., and Norton, D. P., 1992, "The Balanced Scorecard-measures that Drive Performance", *Harvard Business Review*, Vol. 70, No. 1.

Kaplan, S. L., 2007, "Business Strategy, People Strategy and Total Rewards—Connecting the Dots", *Benefits and Compensation Digest*, Vol. 44, No. 9.

Katzell, R. A., and Thompson, D. E., 1990, "Work Motivation: Theory and Practice", *American Psychologist*, Vol. 45, No. 2.

Kochanski, J., and Ledford, G., 2016, "'How to Keep Me'—Retaining Technical Professionals", *Research Technology Management*, Vol. 44, No. 3.

Kochanski, J., Mastropolo, P., and Ledford, G., 2003, "People Solutions for R&D", *Research Technology Management*, Vol. 46, No. 1.

Kwon, J., and Hein, P., 2013, "Employee Benefits in a Total Rewards Framework", *Benefits Quarterly*, Vol. 29, No. 1.

Law, K. S., and Wong, C. S., 1998, "Relative Importance of Referents on Pay Satisfaction: A Review and Test of a New Policy-capturing Approach", *Journal of Occupational and Organizational Psychology*, Vol. 71, No. 1.

Lawler, E. E., 1981, *Pay and Organization Development*, New Jersey: Prentice Hall, Inc.

Le Compte, M. D., and Goetz, J. P., 1982, "Problems of Reliability and Validity in Ethnographic Research", *Review of Educational Research*, Vol. 52, No. 1.

Lederer, A. L., and Sethi, V., 1991, "Critical Dimensions of Strategic Information Systems Planning", *Decision Sciences*, Vol. 22, No. 1.

Levy, S., Mitchell, H., Guled, G., and Coleman, J., 2010, "Total Reward: Pay and Pension Contributions in the Private and Public Sectors", *Economic and Labour Market Review*, Vol. 4, No. 9.

Li, P. P., 2012, *Toward Research-practice Balancing in Management: The Yin-yang Method for Open-ended and Open-minded Research*, Research Methodology in Strategy and Management.

Li, X., 2014, "Can Yin-yang Guide Chinese Indigenous Management Research?", *Management and Organization Review*, Vol. 10, No. 1.

Lincoln, Y. S. and Guba, E. G., 1985, *Naturalistic Inquiry*, Beverly Hills: SAGE.

Lincoln, Y. S., 1990, *Toward a Categorical Imperative for Qualitative Research*, London: SAGE.

Mael, F., and Ashforth, B. E., 1992, "Alumni and Their Alma Mater: A Partial Test of the Reformulated Model of Organizational Identification", *Journal of Organizational Behavior*, Vol. 13, No. 2.

Markus, M. L., 1983, "Power, Politics, and MIS Implementation", *Communications of the ACM*, Vol. 26, No. 6.

Miles, E. W., Hatfield, J. D., and Huseman, R. C., 1989, "The Equity Sensitivity Construct: Potential Implications for Worker Performance", *Journal of Management*, Vol. 15, No. 4.

Miles, M. B., and Huberman, A. M., 1994, *Qualitative Data Analy-*

sis: *A Sourcebook of New Methods* (2th ed.), Thousand Oaks, CA: SAGE.

Milkovich, G. T., and Newman, J. M., 2004, *Compensation* (8th ed.), UK: McGraw Hill Higher Education.

Mitchell, T. R., and Biglan, A., 1971, "Instrumentality Theories: Current Uses in Psychology", *Psychological Bulletin*, Vol. 76, No. 6.

Mitchell, T. R., and Daniels, D., 2003, *Motivation. Handbook of Psychology* (Vol. 12): *Industrial Psychology*, NY: Wiley.

Mulvey, P. W., Miceli, M. P., and Near, J. P., 1992, "The Pay Satisfaction Questionnaire: A Confirmatory Factor Analysis", *The Journal of Social Psychology*, Vol. 132, No. 1.

Nazir, T., Shah, H. S. F., and Zaman, K., 2012, "Literature Review on Total Rewards: An International Perspective", *African Journal of Business Management*, Vol. 6, No. 8.

Ngand, T. W. H., and Feldman, D. C., 2012, "Employee Voice Behavior: A Meta-analytic Test of the Conservation of Resources Framework", *Journal of Organizational Behavior*, Vol. 33, No. 2.

Nunnally, J. C., 1978, *Psychometric Theory*, New York: McGraw-Hill.

O'Neal, S., 1998, "The Phenomenon of Total Rewards", *ACA Journal Autumn*, Vol. 7, No. 3.

Panaccio, A., Vandenberghe, C., and Ayed, A. K. B., 2014, "The Role of Negative Affectivity in the Relationships Between Pay Satisfaction, Affective and Continuance Commitment and Voluntary Turnover: A Moderated Mediation Model", *Human Relations*, Vol. 67, No. 7.

Pandit, N. R., 1996, "The Creation of Theory: A Recent Application of the Grounded Theory Method", *The Qualitative Report*, Vol. 2, No. 4.

Pettigrew, A. M., 1990, "Longitudinal Field Research on Change: Theory and Practice", *Organization Science*, Vol. 1, No. 3.

Pfau, B. N., and Kay, I. T., 2002, "The Five Key Elements of a Total Rewards and Accountability Orientation", *Benefits Quarterly*, Vol. 18, No. 3.

Podsakoff, P. M., MacKenzie, S. B., Lee, J. Y., and Podsakoff, N. P., 2003, "Common Method Biases in Behavioral Research: A Critical Review of the Literature and Recommended Remedies", *The Journal of Applied Psychology*, Vol. 88, No. 5.

Poster, C. Z., and Scannella, J., 2001, "Total Rewards in an Ideal World", *Benefits Quarterly*, Vol. 17, No. 3.

Ramamoorthy, N., and Flood, P. C., 2002, "Employee Attitudes and Behavioral Intentions: A Test of the Main and Moderating Effects of Individualism-collectivism Orientations", *Human Relations*, Vol. 55, No. 9.

Rumpel, S., and Medcof, J. W., 2006, "Total Rewards: Good Fit for Tech Workers", *Research-Technology Management*, Vol. 49, No. 5.

Ryan, R. M., and Deci, E. L., 2000a, "Intrinsic and Extrinsic Motivations: Classic Definitions and New Directions", *Contemporary Educational Psychology*, Vol. 25, No. 1.

Ryan, R. M., and Deci, E. L., 2000b, *When Rewards Compete with Nature: The Undermining of Intrinsic Motiv-ation and Self-regulation, Intrinsic and Extrinsic Motivation: The Search for Optimal Motivation* and *Performance* (*Chapter* 2), New York: Academic Press.

Sandelowski, M., 1986, "The Problem of Rigor in Qualitative Research", *Advances in Nursing Science*, Vol. 8, No. 3.

Schaufeli, W. B., Salanova, M., Gonzálezromá, V., and Bakker, A. B., 2002, "The Measurement of Engagement and Burnout: A Two Sample Confirmatory Factor Analytic Approach", *Journal of Happiness Studies*, Vol. 3, No. 1.

Scott, S. G., and Bruce, R. A., 1994, "Determinants of Innovative Behavior: A Path Model of Individual Innovation in the Workplace", *Academy of Management Journal*, Vol. 37, No. 3.

Shalley, C. E., Zhou, J., and Oldham, G. R., 2004, "The Effects of Personal and Contextual Characteristics on Creativity: Where Should We Go from Here?", *Journal of Management*, Vol. 30, No. 6.

Sheldon, K. M., Turban, D. B., Brown, K. G., Barrick, M. R., and Judge, T. A., 2003, *Applying Self-determination Theory to Organizational Research*, Research in Personnel and Human Resources Management.

Shipp, A. J., Furst-Holloway, S., Harris, T. B., and Rosen, B., 2014, "Gone Today but Here Tomorrow: Extending the Unfolding Model of Turnover to Consider Boomerang Employees", *Personnel Psychology*, Vol. 67, No. 2.

Sims, H. P., Szilagyi, A. D., and Keller, R. T., 1976, "The Measurement of Job Characteristics", *The Academy of Management Journal*, Vol. 19, No. 2.

Stajkovic, A. D., and Luthans, F., 1998, "Self-efficacy and Work-related Performance: A Meta-analysis", *Psychological Bulletin*, Vol. 124, No. 2.

Strauss, A. L., 1987, *Qualitative Analysis for Social Scientists*, New York: Cambridge University Press.

Sturman, M. C., and Short, J. C., 2000, "Lump-sum Bonus Satisfaction: Testing the Construct Validity of a New Pay Satisfaction Dimension", *Personnel Psychology*, Vol. 53, No. 3.

Sutton, R. I., and Staw, B. M., 1995, "What Theory is Not", *Administrative Science Quarterly*, Vol. 40, No. 3.

Tornikoski, C., 2011, "Fostering Expatriate Affective Commitment: A Total Reward Perspective", *Cross Cultural Management: An International Journal*, Vol. 18, No. 2.

Trevor, C. O., Gerhart, B., and Boudreau, J. W., 1997, "Voluntary Turnover and Job Performance: Curvilinear and the Moderating Influences of Salary Growth and Promotions", *Journal of Applied Psychology*, Vol. 82, No. 1.

Van Eerde, W., and Thierry, H., 1996, "Vroom's Expectancy Models and Work-related Criteria: A Meta-analysis", *Journal of Applied Psychology*, Vol. 81, No. 5.

Vandenberghe, C., St-onge, S., and Robineau, É., 2008, "An Analysis of the Relation Between Personality and the Attractiveness of Total Rewards Components", *Relations Industrielles/Industrial Relations*, Vol. 63, No. 3.

Vroom, V. H., 1964, *Work and Motivation*, New York: Wiley.

Westphal, J. D., and Bednar, M. K., 2008, "The Pacification of Institutional Investors", *Administrative Science Quarterly*, Vol. 53, No. 1.

Wolcott, H. F., 1990, *Writing up Qualitative Research*, Newbury Park: SAGE.

Yin, R. K., 1994, *Case Study Research: Design and Methods* (2nd ed.), Beverly Hills, CA: SAGE.

Yin, R. K., 2003, *Case Study Research: Design and Methods* (3rd ed.), Thousand Oaks, CA: SAGE.

Yin, R. K., 2012, *Applications of Case Study Research* (3rd ed.), Thousand Oaks, CA: SAGE.

Yin, R. K., 2014, *Case Study Research: Design and Methods* (5th ed.), Thousand Oaks, CA: SAGE.

Zhao, B., and Olivera, F., 2006, "Error Reporting in Organizations", *Academy of Management Review*, Vol. 31, No. 4.

Cao, Z., Chen, J., and Song, Y., 2013, "Does Total Rewards Reduce the Core Employees' Turnover Intention?", *International Journal of Business and Management*, Vol. 8, No. 20.

Zingheim, P. K., and Schuster, J. R., 2000, "Total Rewards for New and Old Economy Companies", *Compensation and Benefits Review*, Vol. 32, No. 6.

Zingheim, P. K., and Schuster, J. R., 2006, "Career Directions for Total Rewards Professionals", *Compensation and Benefits Review*, Vol. 38, No. 3.